园长教你做

60款亲子入门折纸

园长老师带你一起玩折纸

（日）川并知子 著
佟晓南 译

河南科学技术出版社
· 郑州 ·

Introduction
前　言

折纸是魔法纸。不论在什么时代
孩子们都喜欢玩折纸。

折纸是在女性、儿童文化繁荣的江户时代开始盛行的。本书中介绍的小家伙、纸鹤、尖角香盒、有脚三方都是从那个时代传承至今的。

父母教给孩子，孩子教给孙子，就这样一代一代传承下来的折纸文化是非常重要的智慧财富。如今孩子们的游戏逐渐被西方化，我们想把日本独特的折纸文化持续保持下去。如果疏于传承，这些知识财富转瞬间就会被大家遗忘。

无论什么时代，孩子们都喜欢玩折纸。
无论什么地方，只要有一个小小的空间就能够玩折纸。
只要大人稍加指点，孩子在很短的时间里就能够学会自己玩。
如果和家里人一起折，孩子肯定会很开心。
和孩子面对面相处，能够发现孩子更多的潜在优点。
和孩子们一起折也是开心的游戏。
多和孩子一起玩耍，不但可以加强他们与人的交流能力，还可以相互交换信息、相互学习。

折纸的特点在于重复上下、左右、正反的折法。这种重复作业孩子非常容易记住，并可以教给其他小朋友。所以只要孩子记住了就会愿意反复地折。

用自己的双手可以让一张折纸变化出各种形状。

有时折纸还可以发出声音，还可以飞翔，平面的东西在吹入空气后瞬间可以鼓起来。大的纸折还可以戴在头上，披在身上。

用蜡笔、彩笔画上图案、表情，剪剪贴贴，让孩子自由地融入自己的想法。

本书介绍了多种用孩子幼小的双手也可以折的折纸。

如你愿意尝试将是我们的幸运。

圣德大学附属幼儿园园长
川并知子

Contents
目　录

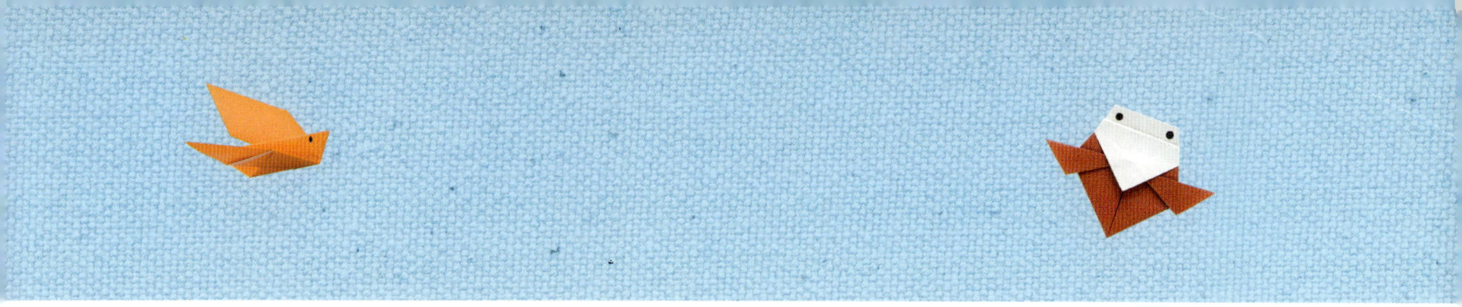

虫子和水中生物的折纸

园长的小总结

花和食物的折纸

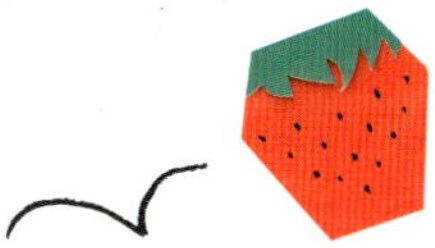

园长的小总结

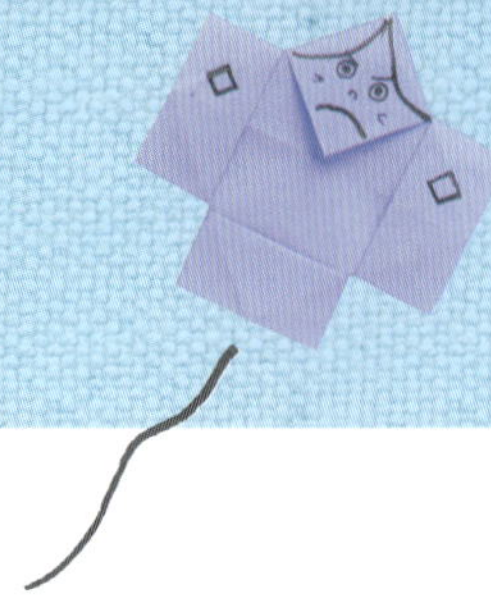

可以做游戏的折纸

园长的小总结

传统折纸

园长的小总结

本书的使用方法

介绍本书中各页的看法及使用方法。

作品完成照片

在作品的完成照片中有的画上了表情和图案，这些只是举例，可以按照自己的喜好随意画上各种表情或图案。

难易度

折法的难易度以“小班”“中班”“大班”表示。这里难易度只是个大体的基准，可按照孩子的喜好选择。

大小

在本书中有将几张折纸组合在一起的作品。组合时，面部与身体、根部与树叶的比例请参照此处。

折法

基本折法用解说图表示，重点及难点部分的折法附有照片解释。

- 本书中的作品使用了15cm×15cm的折纸。
- 孩子使用工具的时候大人一定要协助，特别是在用剪刀的时候，大人要在孩子身旁。
- 用于抛掷的折纸，向远处抛的时候一定要先确认周边的安全。

折纸的种类和工具

在商店里能够买到不同大小、各种颜色和花纹的折纸。
本书中主要使用单色折纸，
按照孩子的爱好使用其他种类的折纸也会很有意思。
另外，工具按照需要准备。

便于孩子使用的折纸的大小

边长7.5~15cm的正方形折纸是最适合孩子使用的。请多多准备不同颜色的折纸。

请按照孩子手的大小准备合适的折纸。市面上出售的边长7.5~15cm的正方形折纸最适合孩子使用。3岁的孩子更适合使用边长7.5~12cm的正方形折纸。折纸的颜色请准备得丰富些，这样可以培养孩子对色彩的感觉。

各种各样的折纸

有的折纸带有花纹，有的两面都有颜色，折纸的种类非常多。其中两面都有颜色的折纸和日式折纸比较厚，其中含有大量的纤维，所以不容易折出折痕，不太适合孩子使用，如需使用请大人协助孩子。

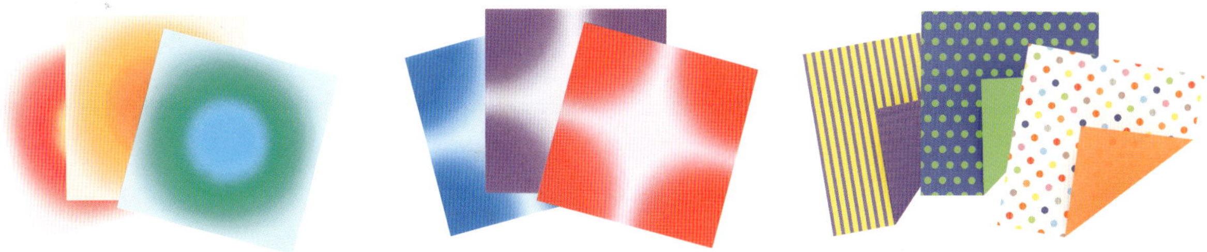

如何保管折纸

除了放在现成的折纸袋中，也可以放在空盒子里。另外还可以用家里的信封做一个折纸袋。

1 按照折纸的大小裁剪信封。

2 把底部折一下，做出折痕。

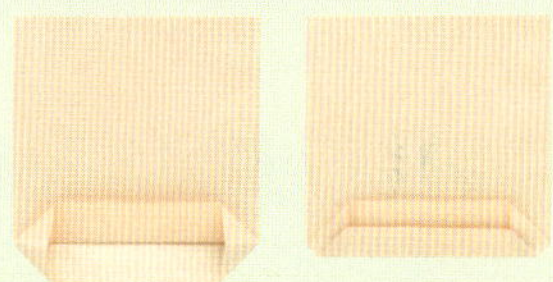

3 沿折痕打开，把两侧推入，下部留1/3向上折起，将重叠部分粘在一起。

4 把折纸放进去，套上橡皮筋就完成了。

工具

彩色铅笔、彩色水笔、蜡笔等

用于给完成的作品画上表情、花纹。按照孩子的喜好准备即可。

胶水

将尾巴粘在躯体上、叶子粘在果实上或根部时使用胶水。孩子最好使用容易控制量的瓶装胶水。

剪刀

本书介绍了需使用剪刀的作品。请选择圆头剪刀。使用时大人一定要在孩子身边。

不要忘了准备垃圾箱

孩子玩耍时会把周围弄乱，事先准备好垃圾箱比较好。

有些幼儿园也会按照孩子们的需要准备透明胶和订书机之类的工具。在家中家长也可以根据孩子的情趣准备工具。但是在使用需要小心的工具时，大人一定要在孩子身边。

基本折法与记号

谷形折

折线在纸的内侧的折法。
对孩子说“你好的折法”应该更容易理解。
做折痕的时候可以对孩子说“轻轻地像熨衣服一样”。

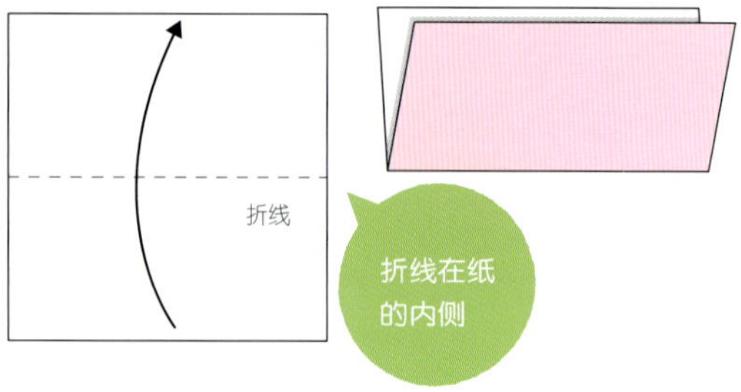

山形折

折线在纸的外侧的折法。
对孩子说“再见的折法”应该更容易理解。
做折痕的时候可以对孩子说“轻轻地像熨衣服一样”。

折出折痕

折出折痕。进行谷形折或山形折后将折纸打开后的痕迹就是折痕。

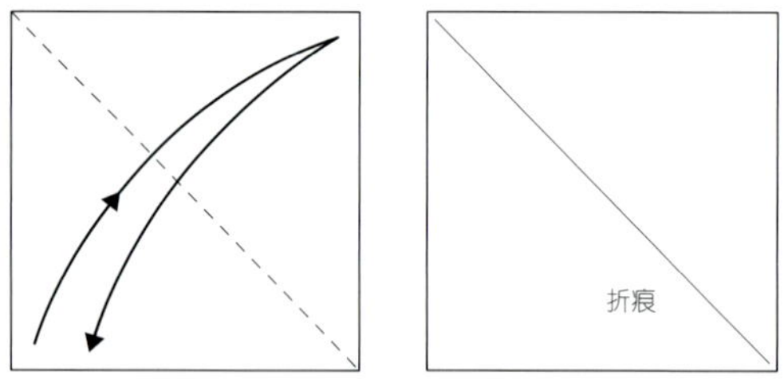

剪

用剪刀剪开或剪掉。

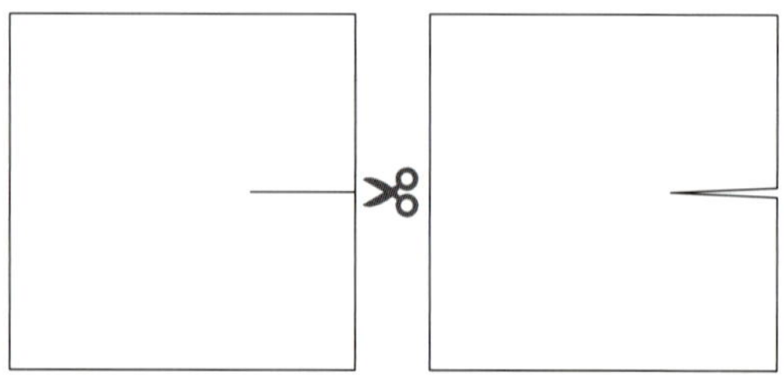

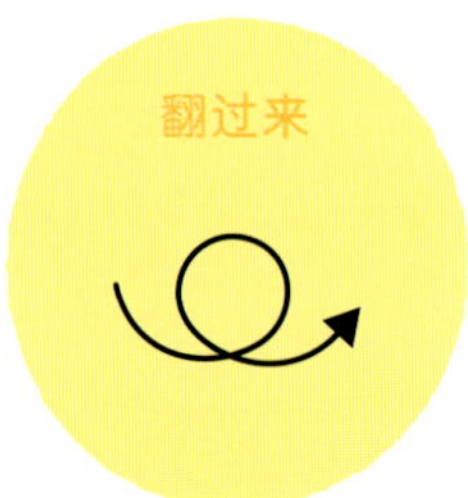

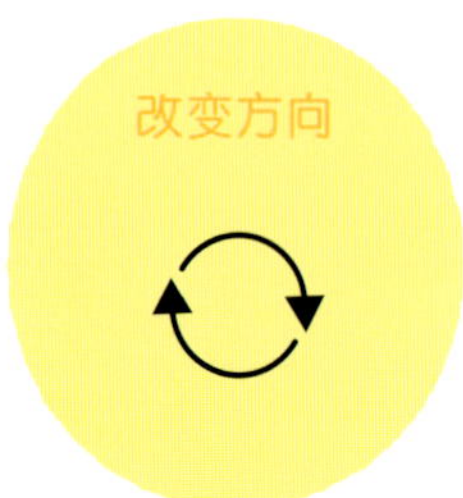

内向反折

A 式样

1. 做折痕。

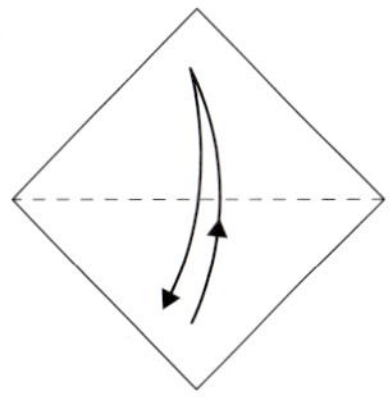

2. 将两边向折痕折叠。

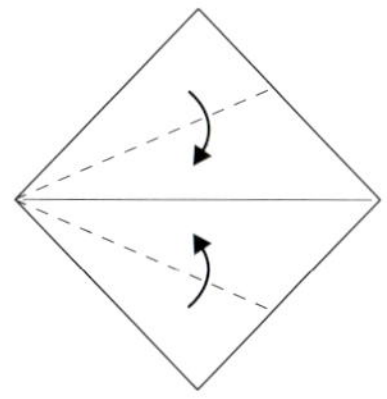

3. 在虚线处折一下。

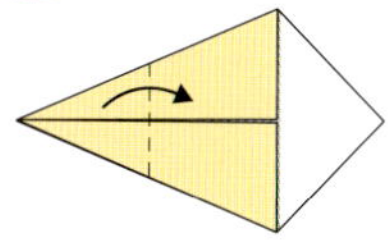

4. 整体谷形折。

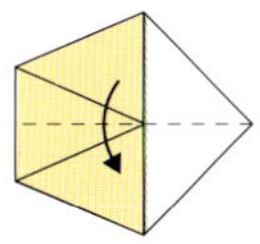

5. 改变方向，把里面的折纸拉出来。

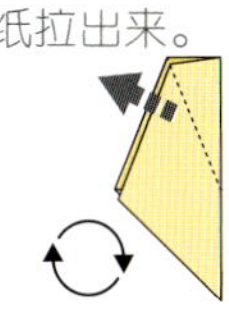

6. 完成。

B 式样

1. 做折痕。

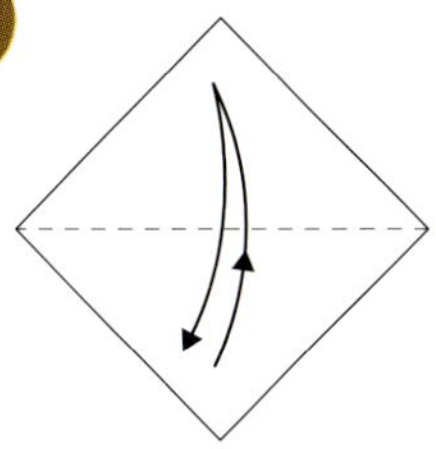

2. 将两边向折痕折叠。

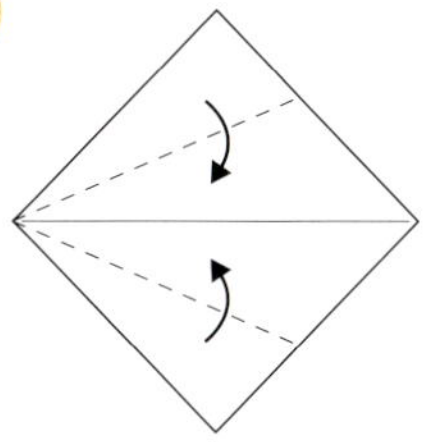

3. 整体谷形折。

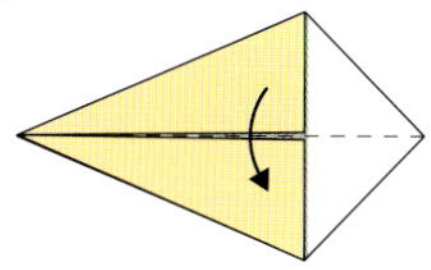

4. 改变方向，将尖端沿虚线向内侧折入。

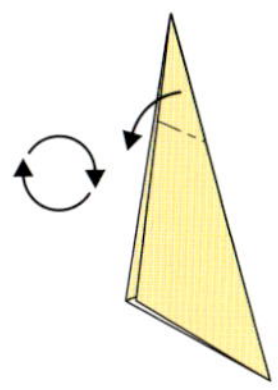

5. 完成。

外向反折

1. 做折痕。

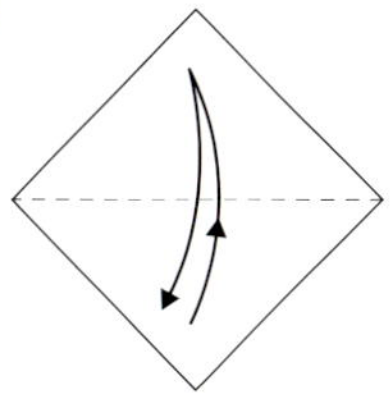

2. 将两边向折痕折叠。

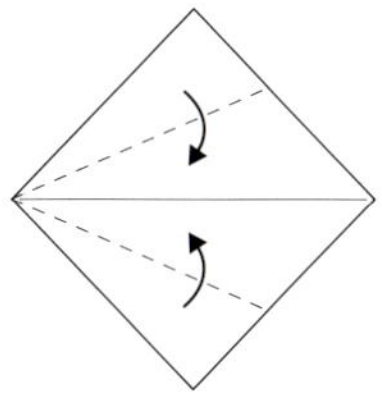

3. 翻过来，在虚线处折一下。

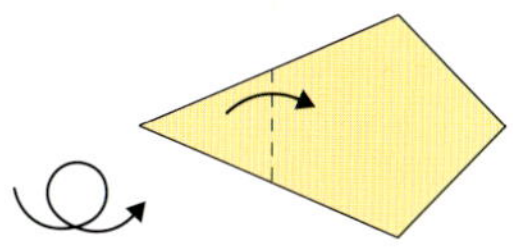

4. 整体山形折。

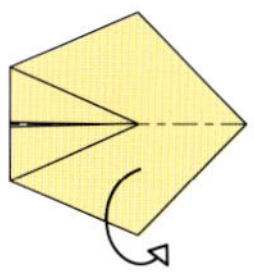

5. 改变方向，将尖端拉出来。

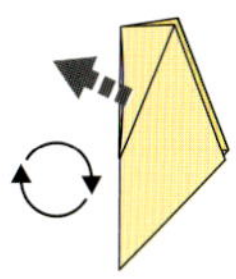

6. 完成。

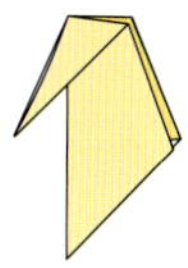

台阶状折叠

连续进行山形折和谷形折，制作出褶皱。

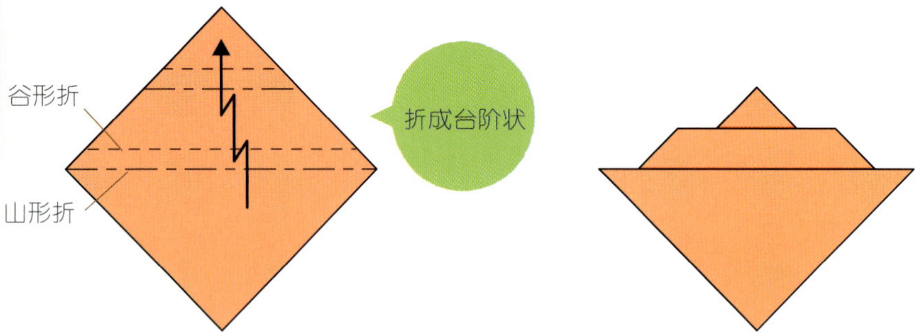

花瓣折

1 上下对折。

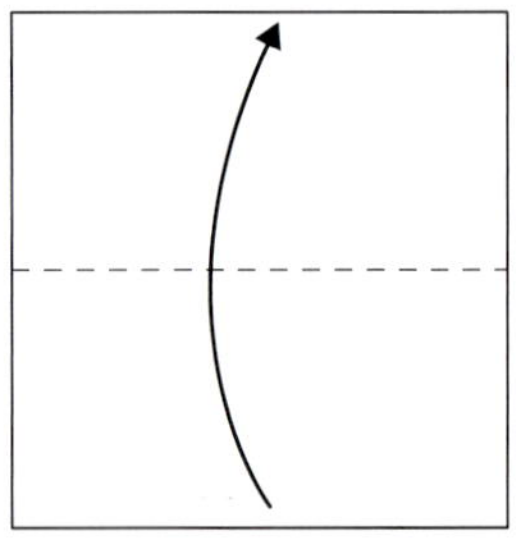

2 右侧谷形折，左侧山形折。

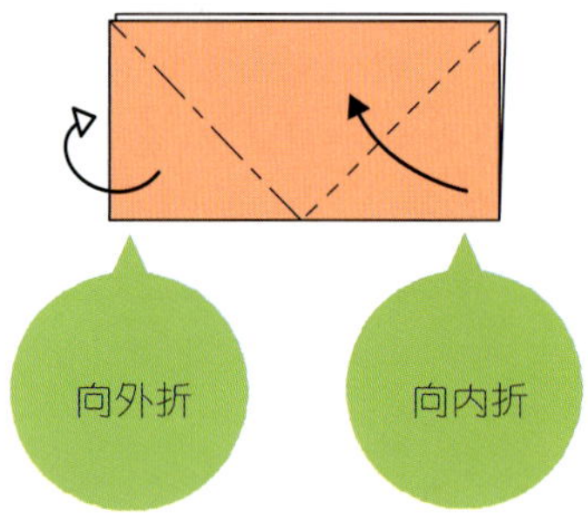

3 把手指插进折纸中间撑开，把标●的位置对在一起折扁。

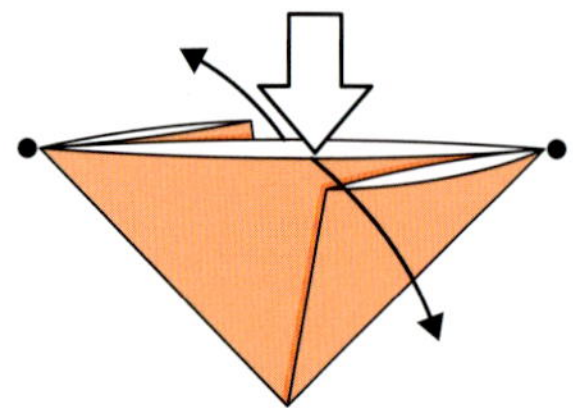

4 改变方向，将上层折纸向中间折，做折痕。

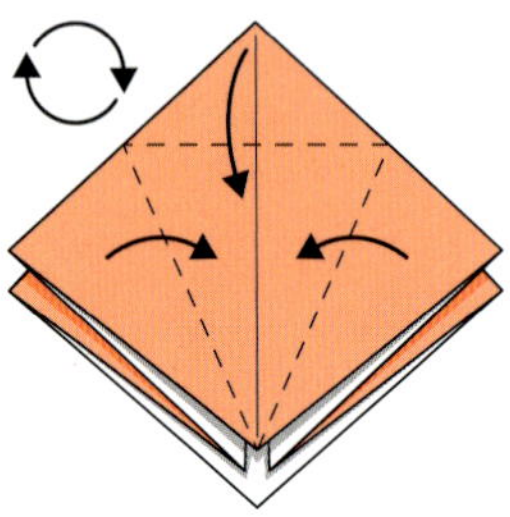

5 做折痕时的状态。

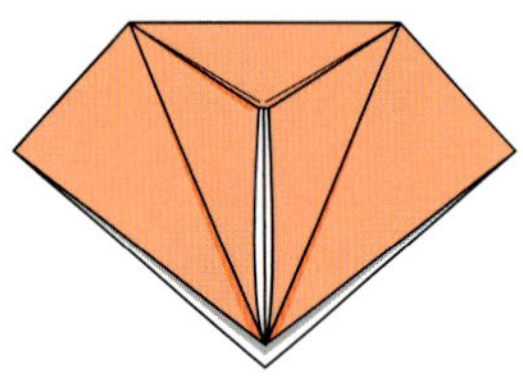

6 打开，将上层折纸沿折痕折叠。

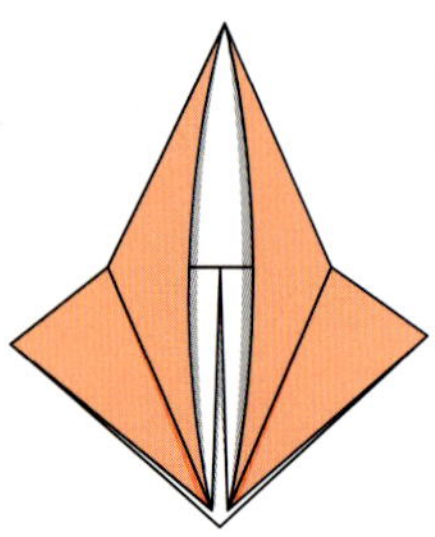

7 完成。

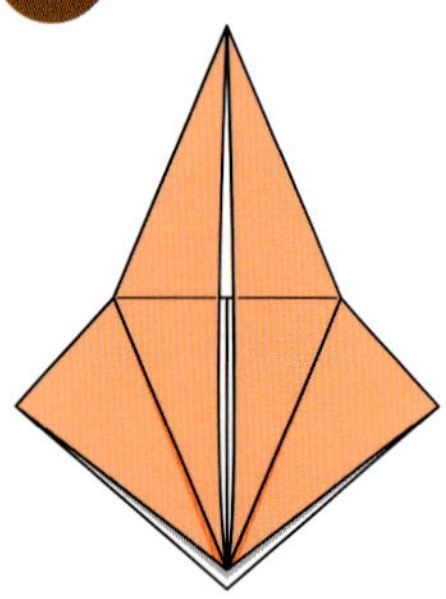

捏折

1 沿虚线斜折，做折痕。

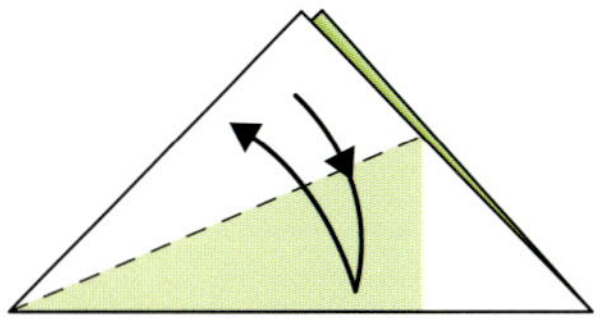

2 沿虚线斜折，做折痕。

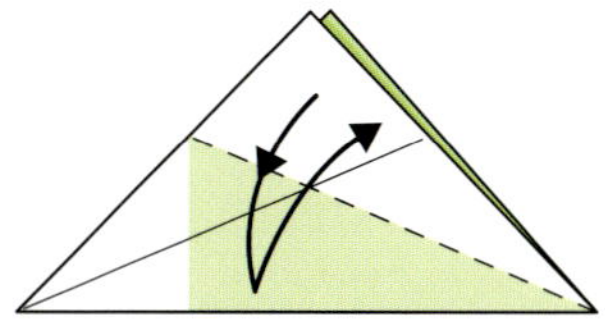

3 对折，做折痕。

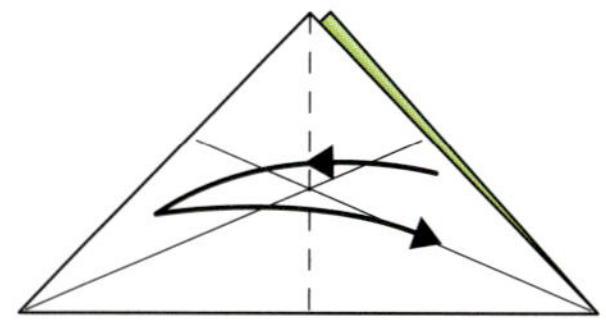

4 将上层折纸沿折痕折叠。

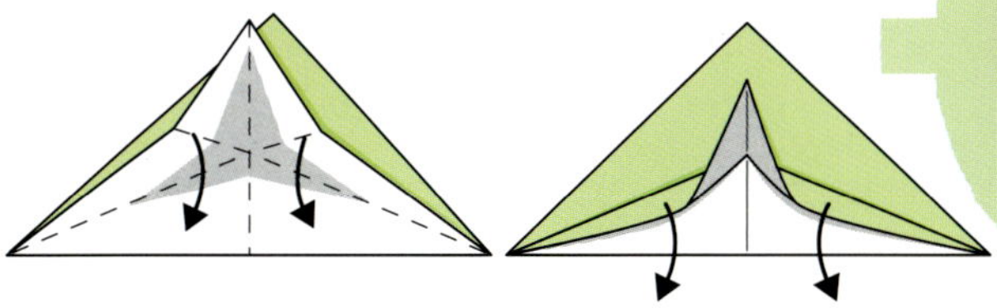

就像做个三角形（鸟嘴）一样将两侧叠在一起。

5 完成。

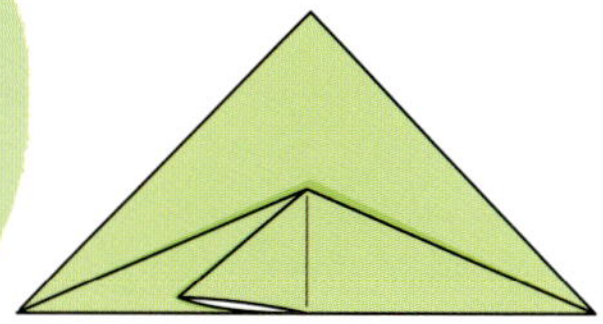

拉折

1 对折，做折痕。

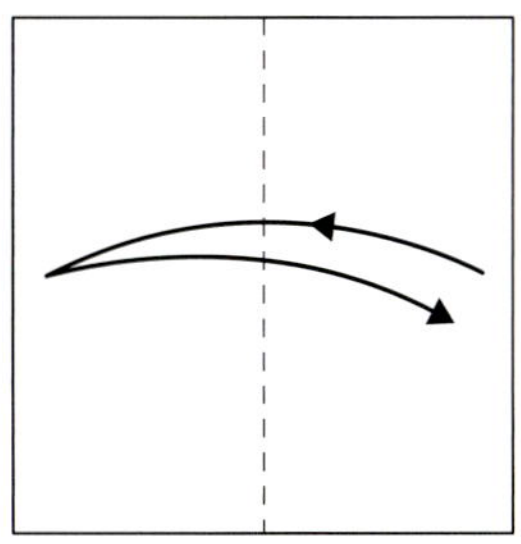

2 将两边向折痕折叠。

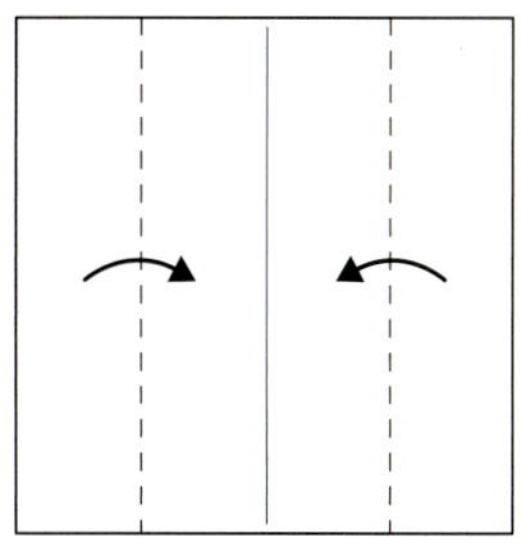

3 台阶状折叠。

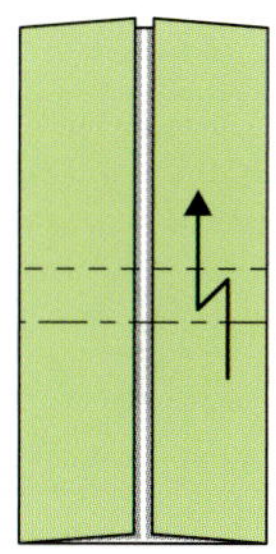

4 台阶状折叠部分的一角向中间拉折。

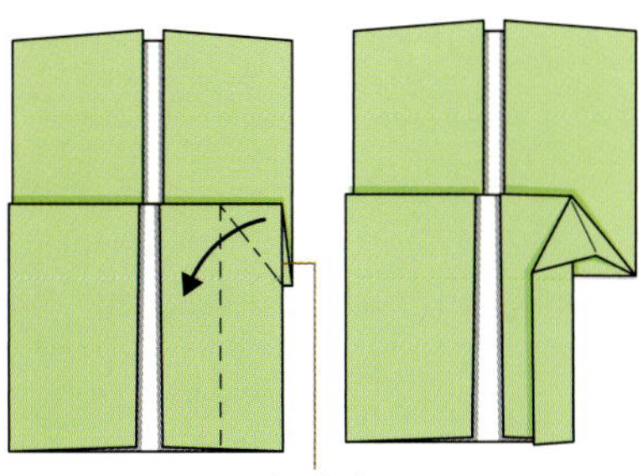

台阶状折叠部分做个三角形“屋檐”。

5 另一侧也按同样的方法折叠。完成。

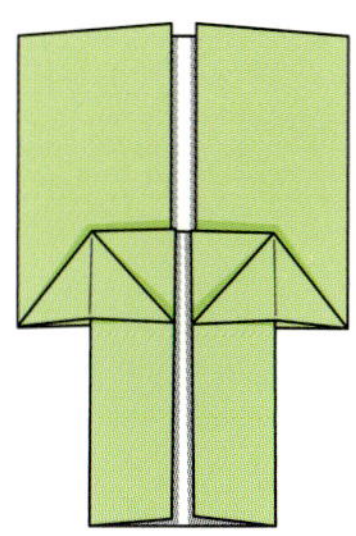

小班

孩子一个人也能挑战！

实物大“小鸟”的折法

为了让孩子自己也能挑战，以实物大小介绍折法。
当然，父母和孩子一起挑战也可以。
这一页的折纸使用了年少的孩子也容易折的边长为 11.8cm 的正方形折纸。

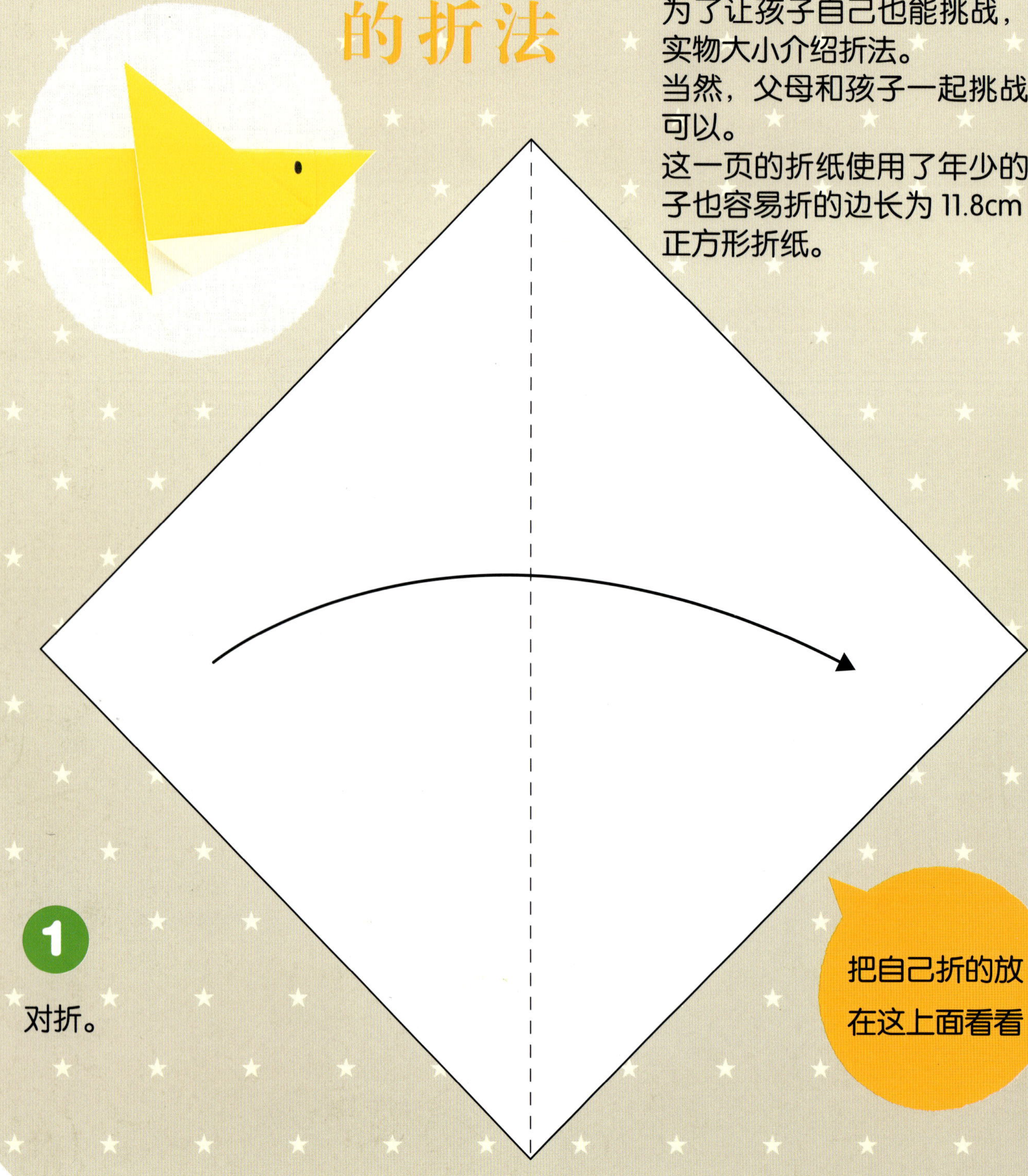

1

对折。

把自己折的放在这上面看看

2

将上层折纸沿虚线折叠，
露出尖角。

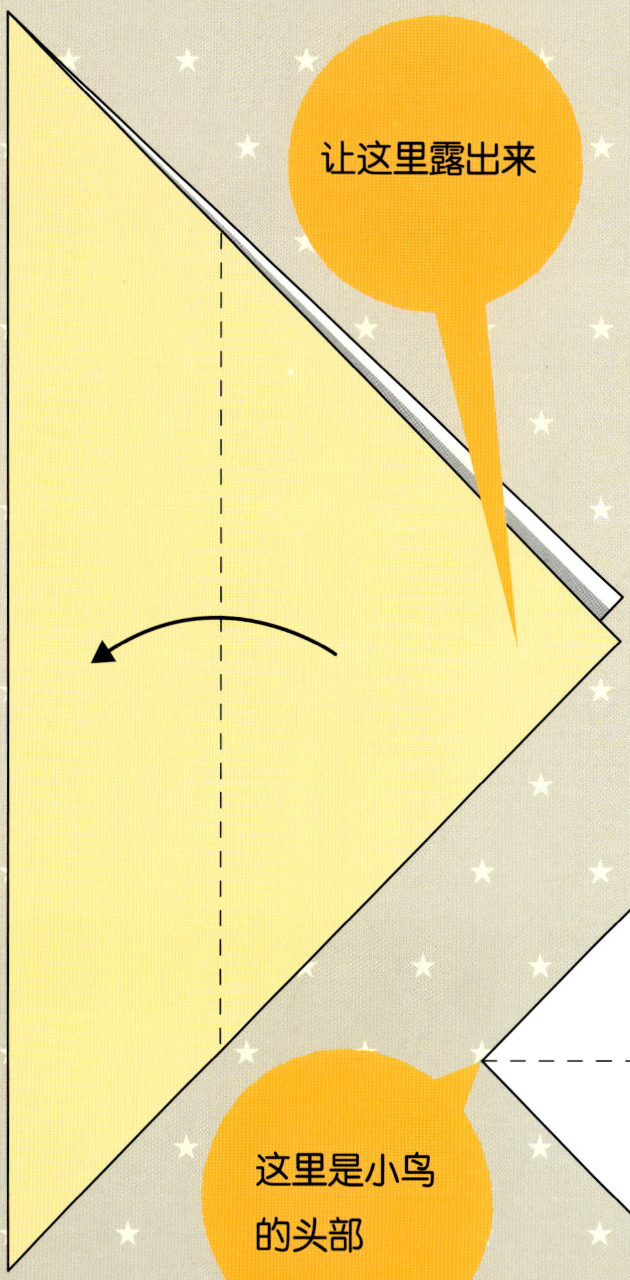

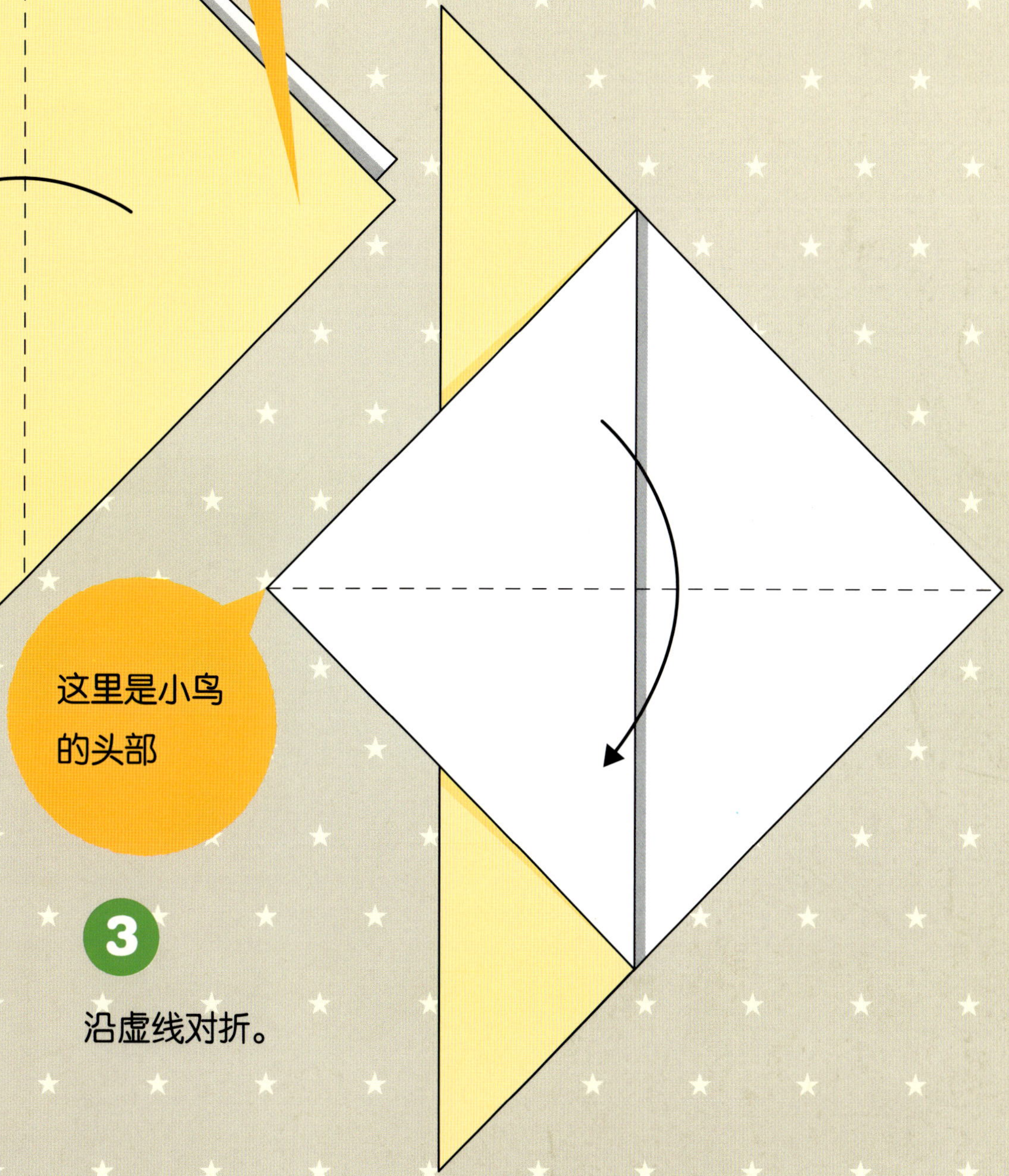

3

沿虚线对折。

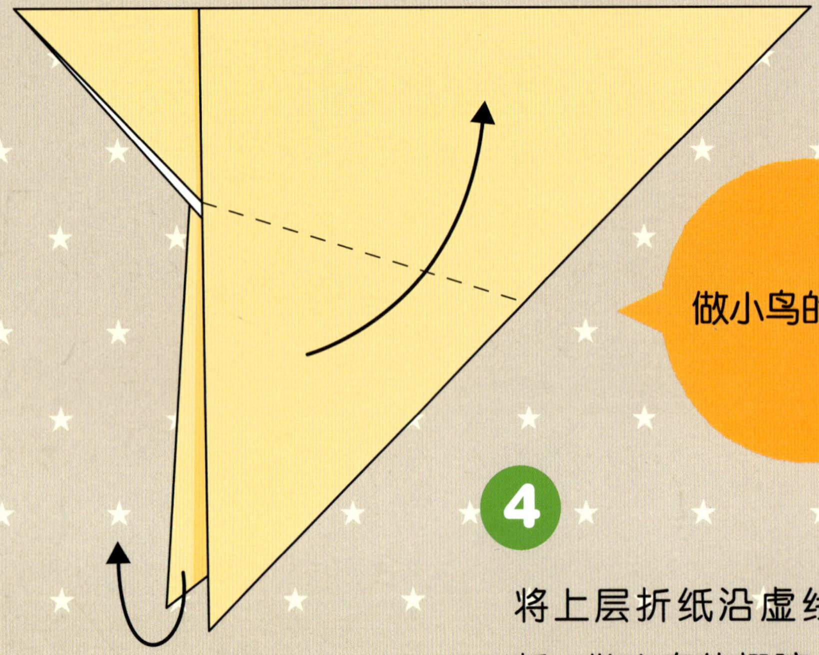

做小鸟的翅膀

4

将上层折纸沿虚线向上折，做小鸟的翅膀。背面也一样。

完成后画上眼睛

5

完成。

动物折纸

这里介绍了身边常见的在孩子们当中有人气的小狗、小猫的折纸，还有能在动物园见到的动物的折纸。

小班

小狗

小狗是孩子们喜爱的动物。
完成后画上表情，能够做出各种不同的小狗。

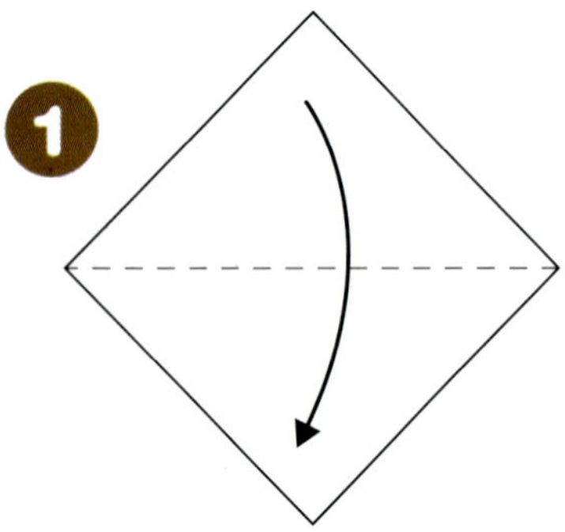

沿虚线从中间对折。

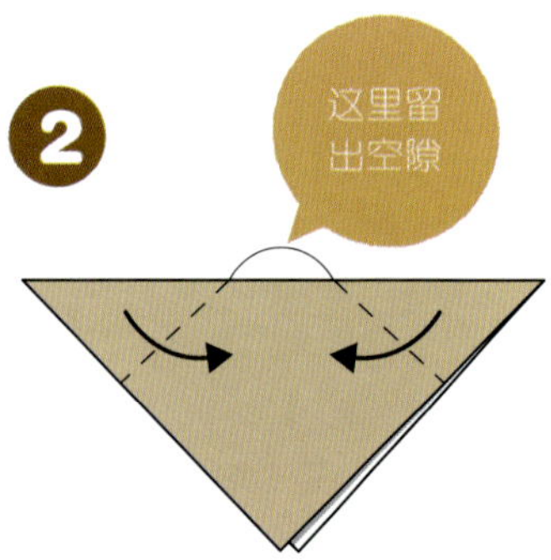

中间留出空隙，沿虚线斜着折。

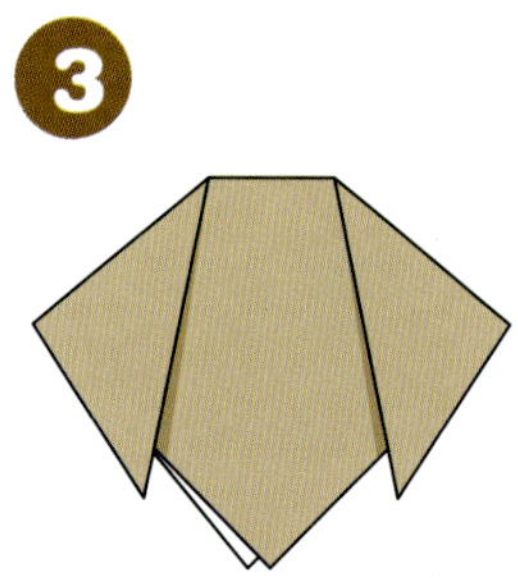

完成。

Column

折纸有意思的地方在于可以自由加入自己的创意。在完成的作品中加上另外的折法就变成不同的作品了。加入不同的创意，制作世界上独一无二的作品。

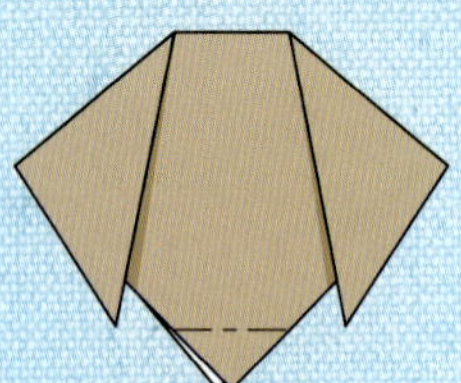

沿虚线折叠

山形折

谷形折

上层谷形折，下层山形折

小班

小猫

就像一直在折三角形，翻过来就变成小猫了。

重复一样的折法，孩子也容易记住。

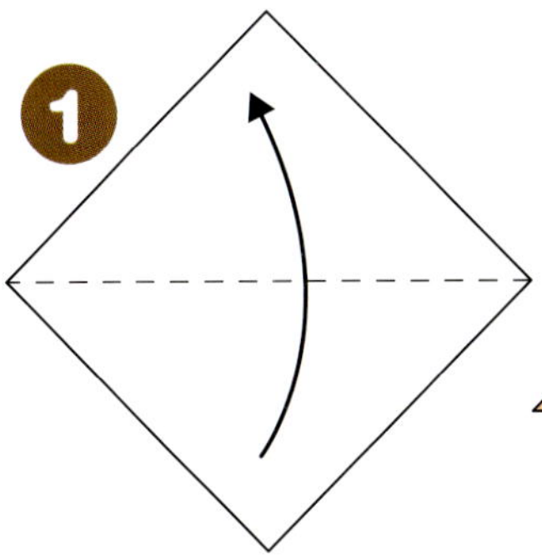

对折。

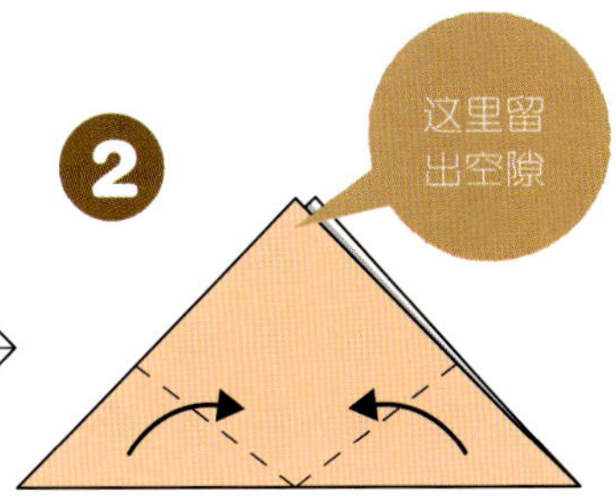

中间留出空隙，沿虚线斜着折。

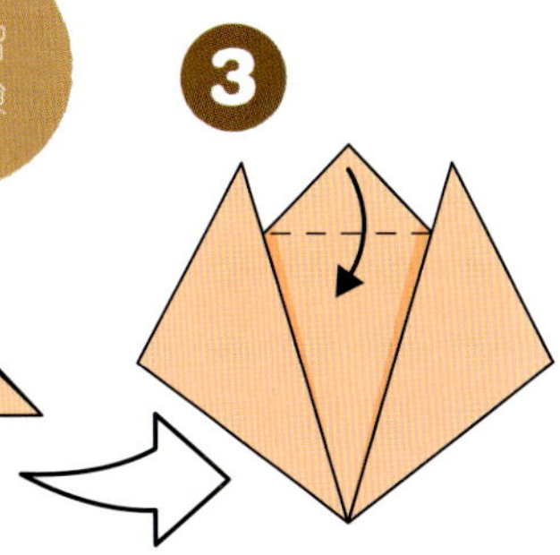

上面这部分沿虚线折叠。

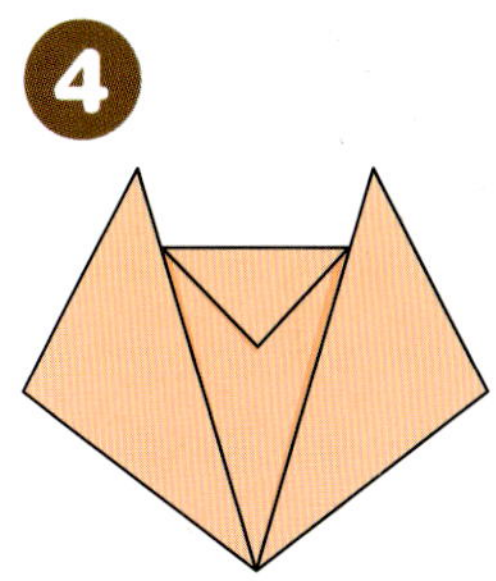

折后的样子。

Column

从步骤4开始，沿虚线把左右和下面都折一下，就变成了不同形状的小猫。

变换颜色、画上条纹就变成老虎了。

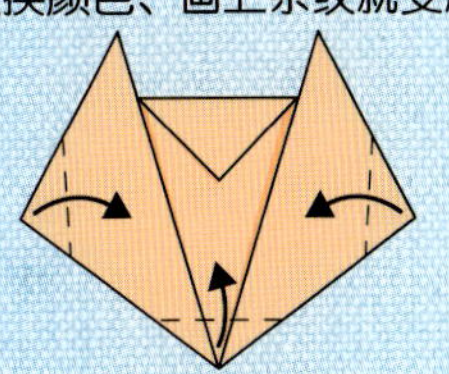

沿虚线折叠

翻过来，便成了不同形状的小猫

变成老虎了

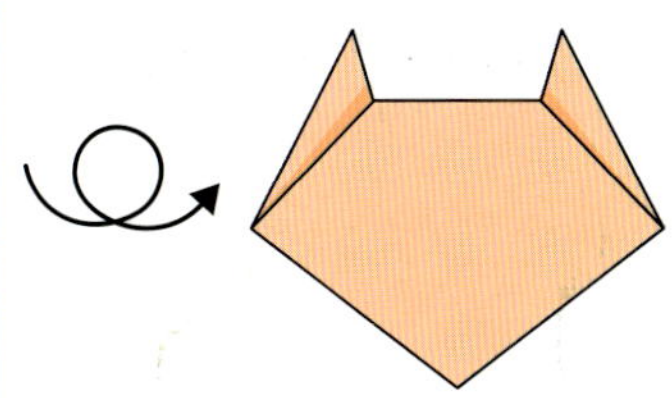

翻过来，完成。

马

童话和其他故事中经常出现的马，也是孩子们喜欢的动物。
用不同大小的折纸制作，可以做出大马和小马。

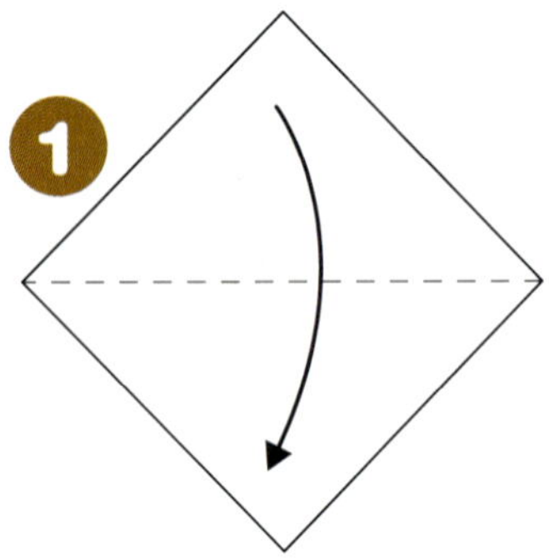

对折。

中间留出空隙，沿虚线斜折。

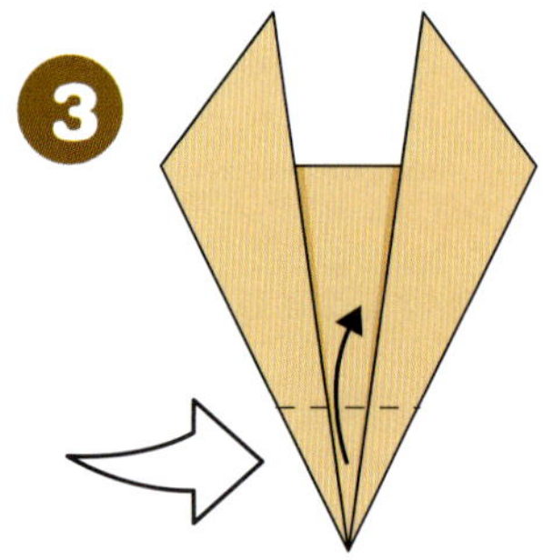

沿虚线向上折。

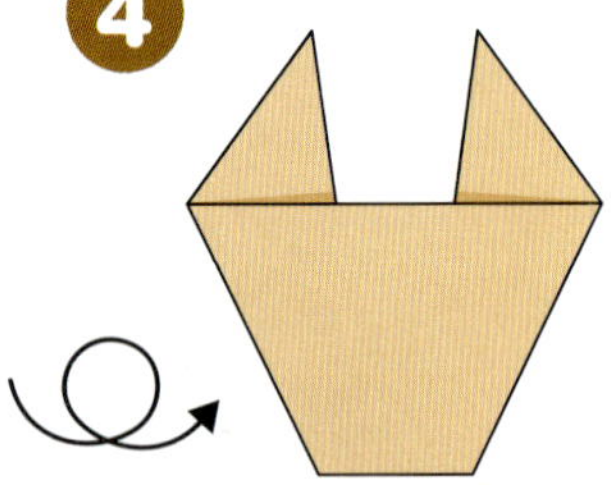

翻过来，完成。

Column

步骤③折得再深一些，就变成牛了。

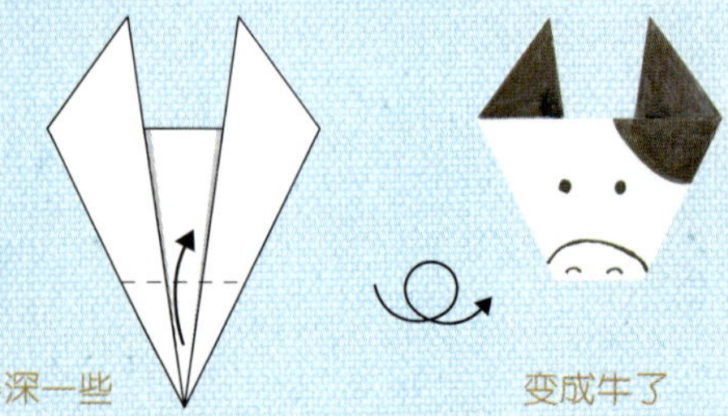

大班

小鸟

小鸟的折法是从古代传承下来的。蓝色、粉红色、橘黄色，用多种颜色的纸折一下，会很有意思。

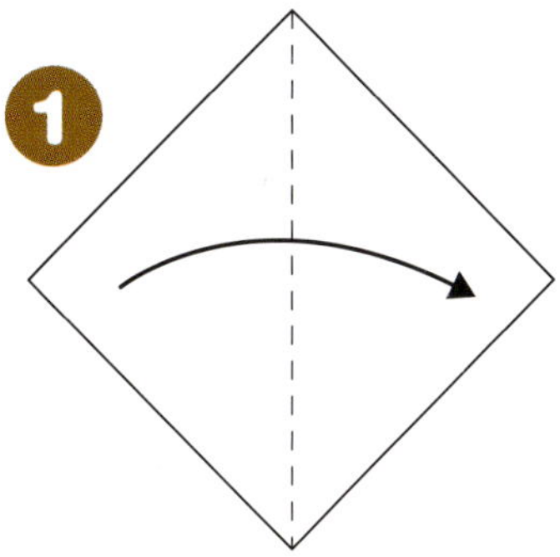

1 对折。

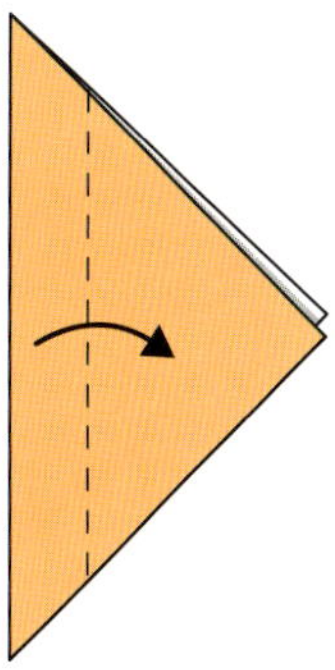

2 沿虚线折叠。

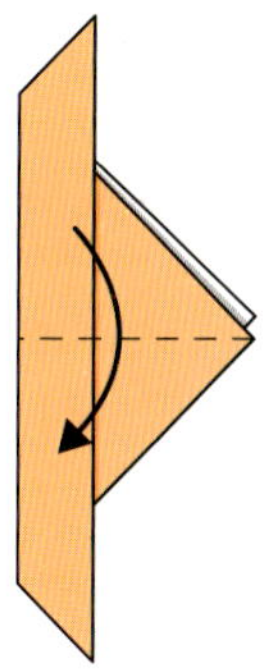

3 从中间谷形折。

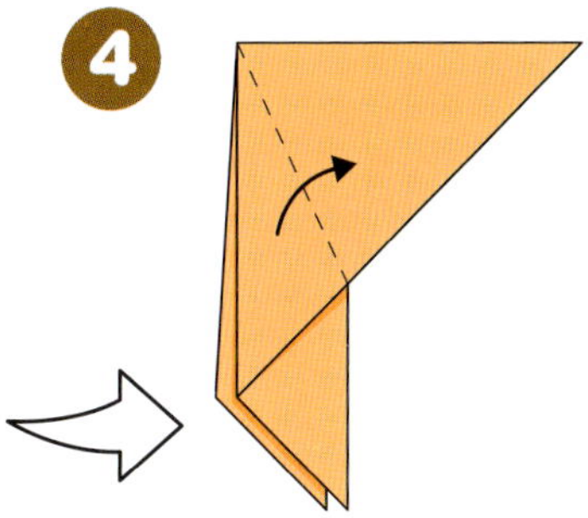

4 将表层折纸沿虚线向上折。背面也一样。

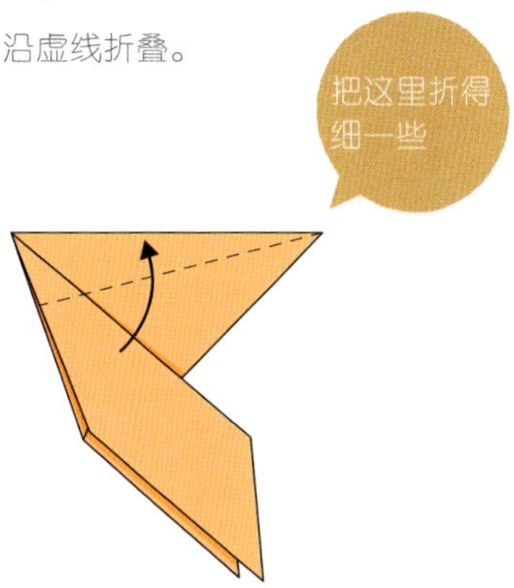

5 为了使右侧的尖端再细一些，把表层折纸沿虚线向上折。背面也一样。

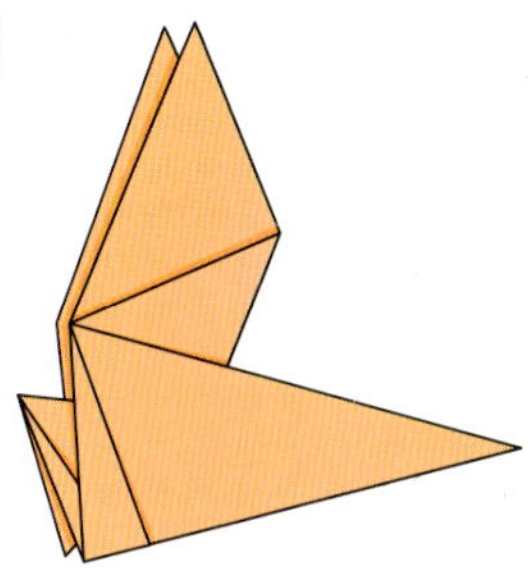

6 完成。

小班

动物的身体

在 P18~20 介绍了动物面部的折法，下面我们用两张折纸制作动物的身体，让动物动起来，拓展孩子的独特世界。

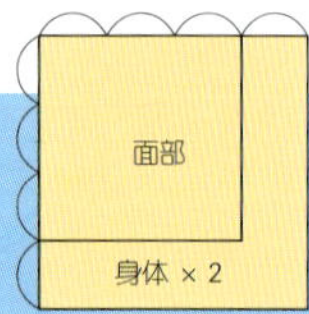

如果身体折纸的边长是1，面部折纸的边长是3/4，作品比例会比较好。

身体（手和上身）

1

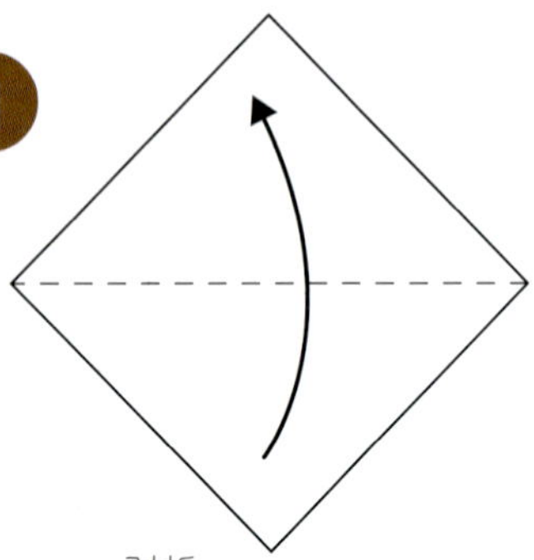

对折。

2

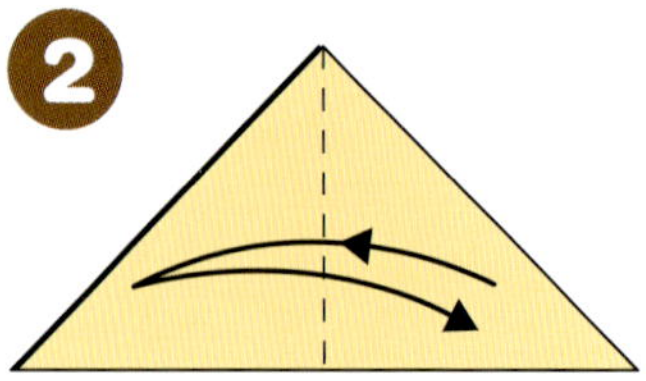

折出折痕。

3

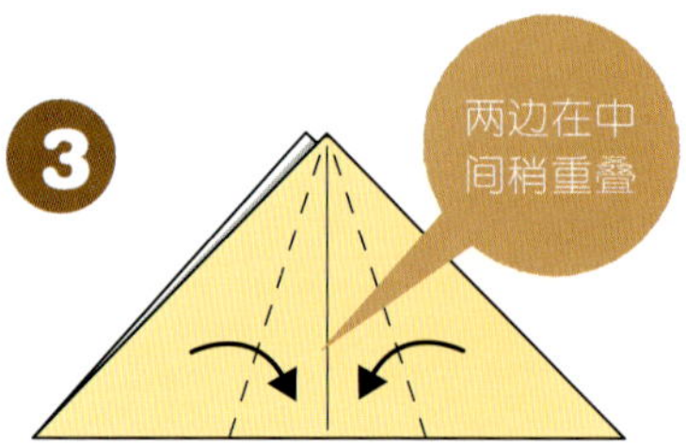

沿虚线折叠，使两边在中间能够重叠。

4

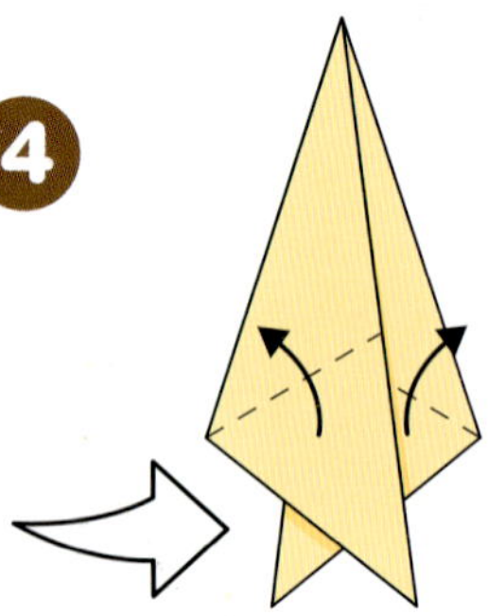

在重叠的状态下，折出自己喜欢的角度。

5

折后的状态。

6

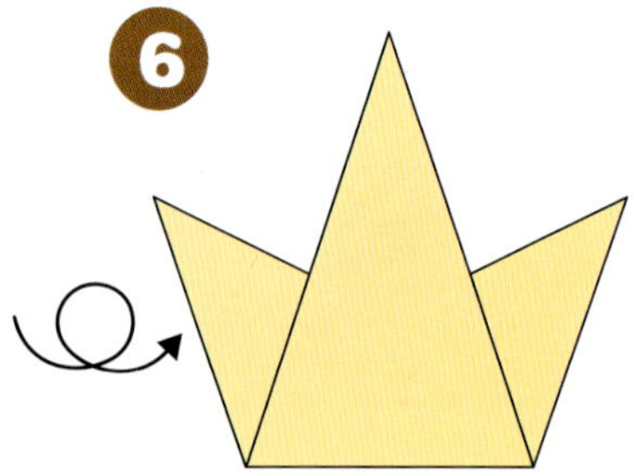

翻过来，手和上身折好了。

身体（腿和脚）

1

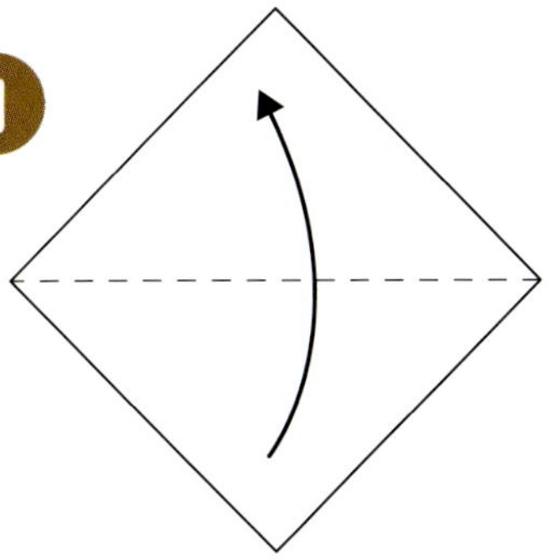

对折。

2

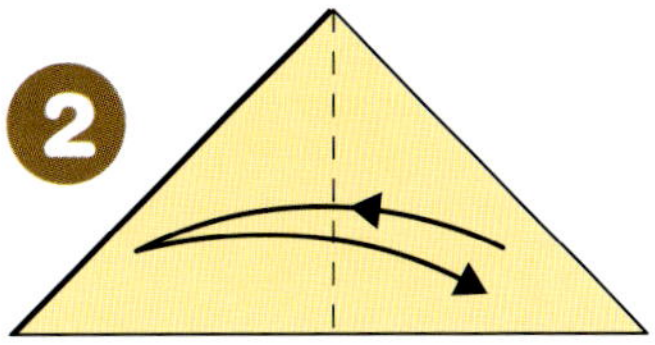

折出折痕。

3

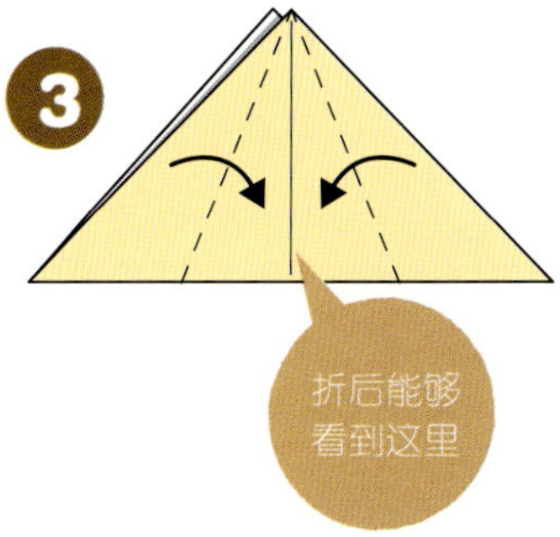

中间留出空隙，沿虚线折叠。

4

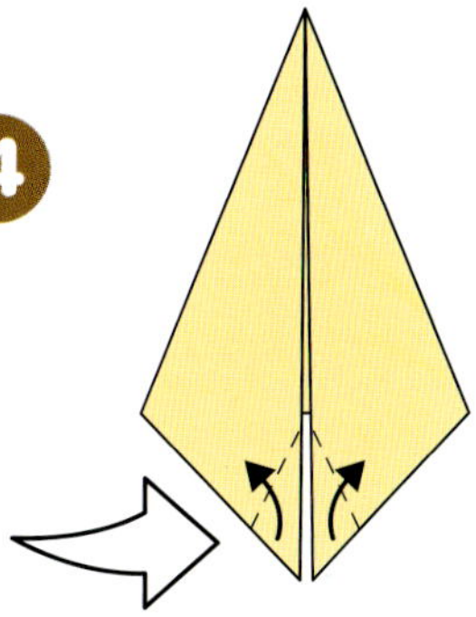

尖端稍微折一下，做出脚。

5

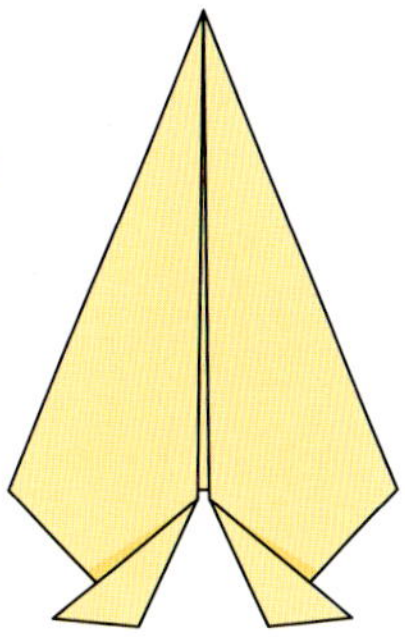

折后的状态。

6

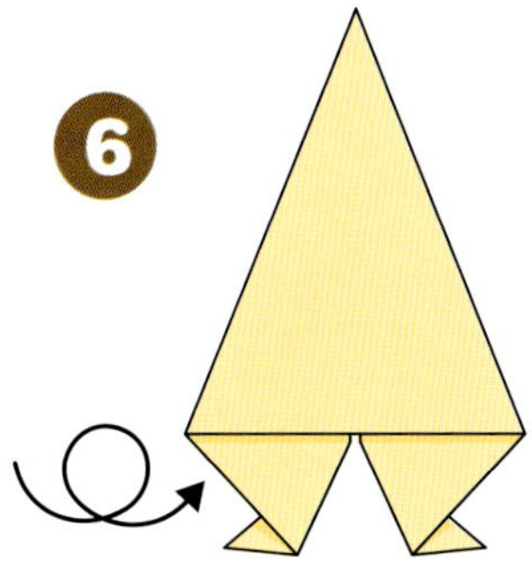

翻过来，腿和脚折好了。

7

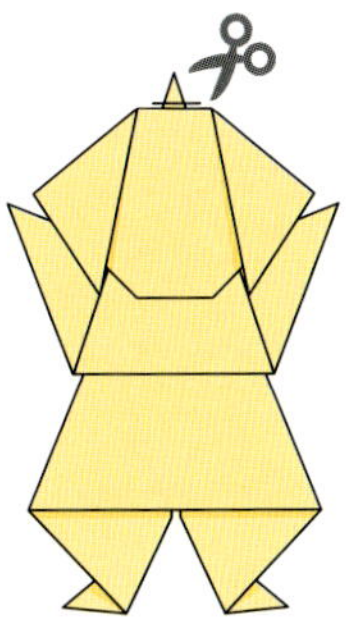

将手和上身与腿和脚组合在一起，用胶水粘上自己喜欢的面部。粘面部的时候，如果身体部分从头上露出来的话，用剪刀剪掉。完成。

改变折手、脚的角度或粘面部的角度，能够做出多种动作的作品。用有身体的小动物给孩子讲故事也会很有意思的。

兔子

小兔子的特点在于做耳朵的时候要用剪子剪开。

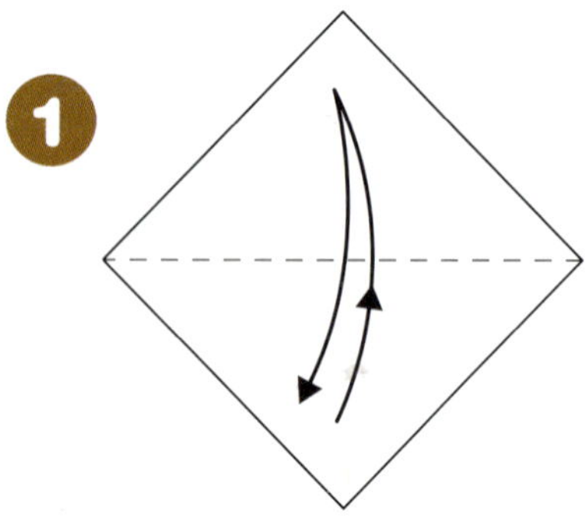

折出折痕。

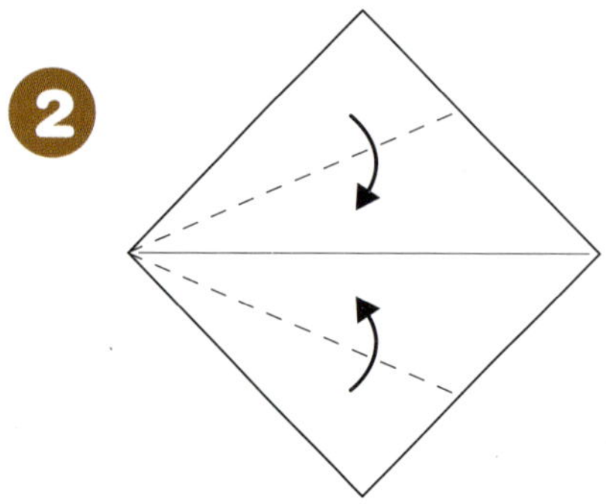

将两边向折痕折叠。

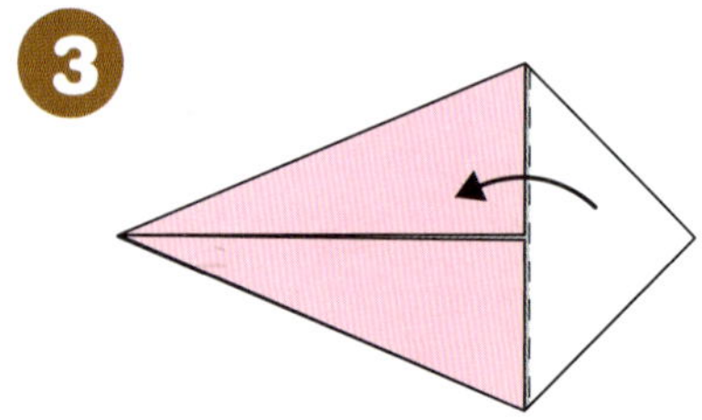

沿虚线折叠。

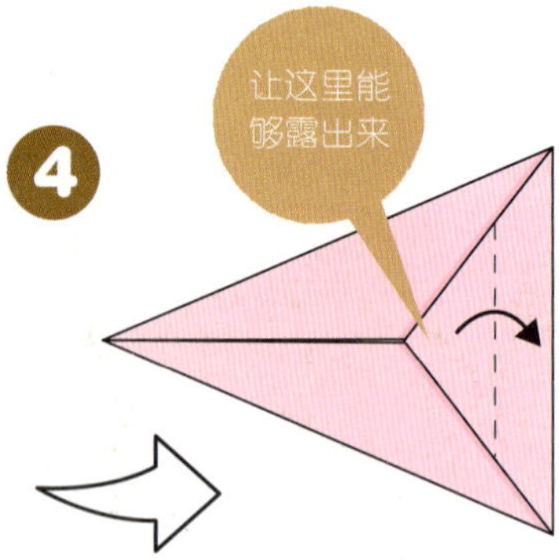

沿虚线折叠，使尖角能够露出来。

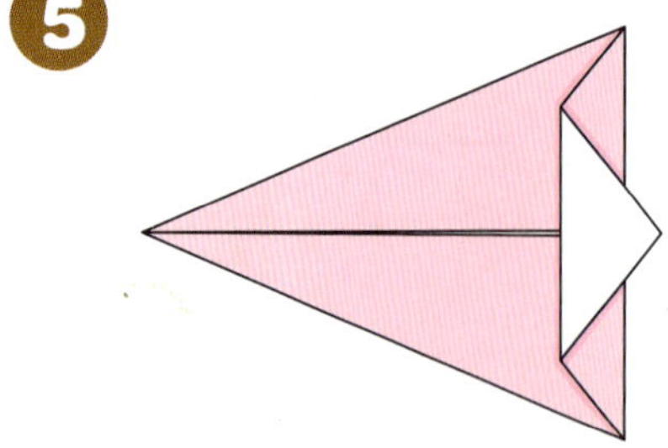

折后的状态。尖角成为尾巴。

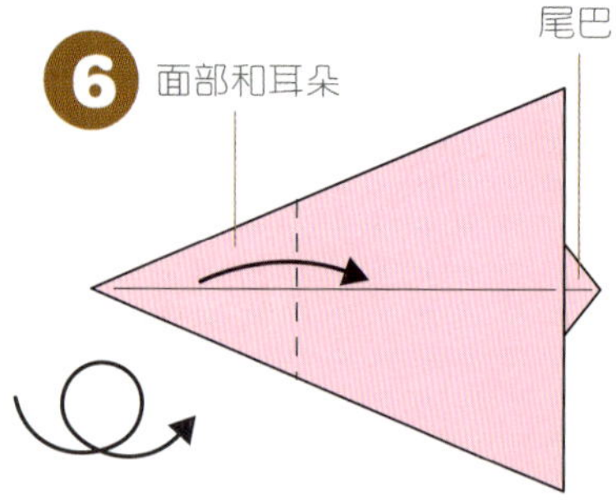

翻过来，沿虚线折叠，做面部和耳朵。

7

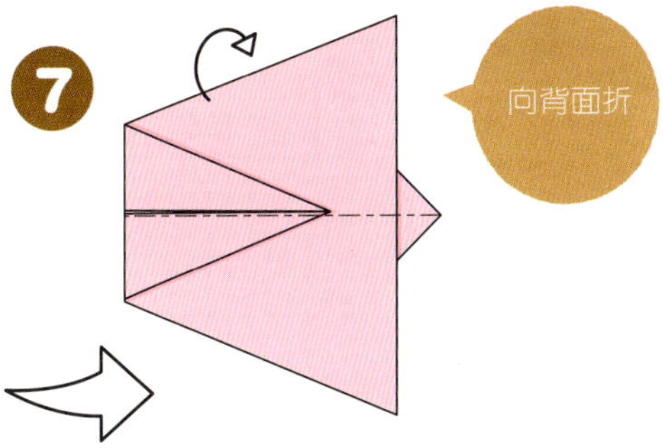

整体山形折。

8

把步骤6折起的部分竖起来。

9

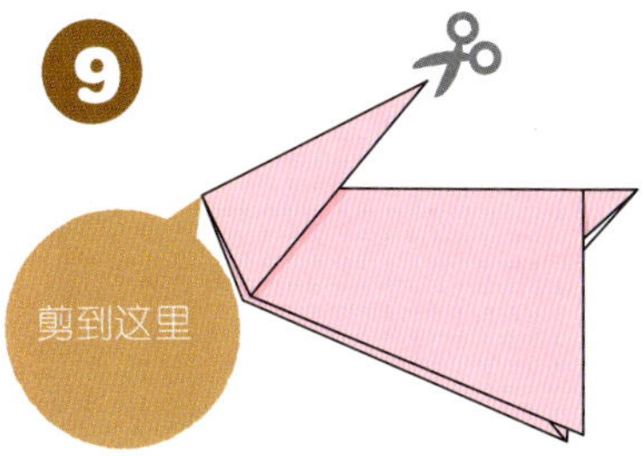

用剪刀从中间剪开，做耳朵。

10

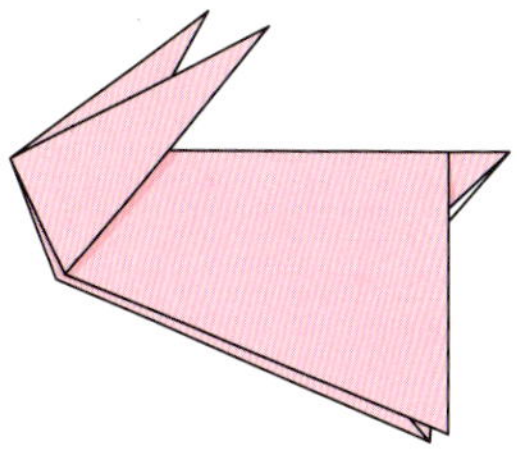

挪一挪耳朵的角度，完成。

多做几只小兔子，把胡萝卜（做法见P70）放在中间，就好像小兔子们在进食一样。和孩子们看着一起编故事，也会很有意思的。

大班

猪

制作中出现内向反折（参照 P11）的折法，是这款折纸的特点。

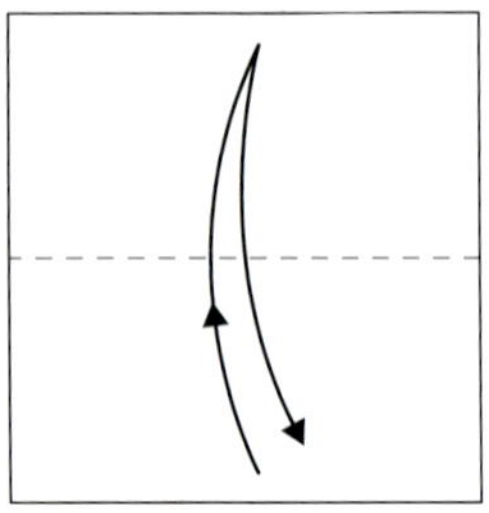

1 折出折痕。

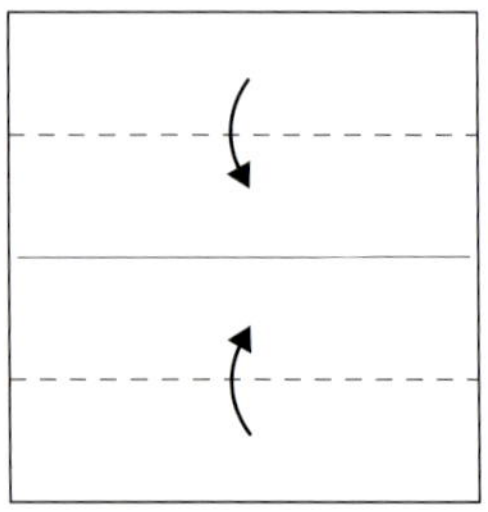

2 将两边向折痕折叠。

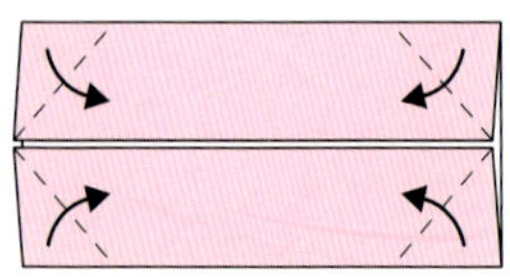

3 把四个角折起。

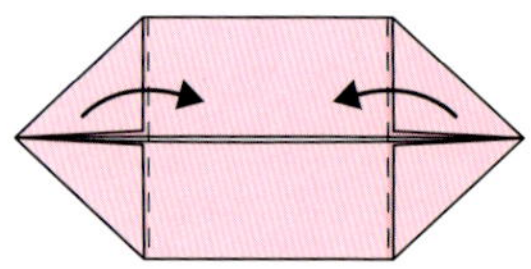

4 沿虚线向中间折，折出折痕。

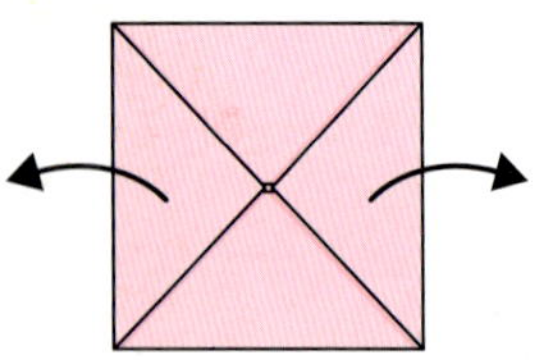

5 折出折痕时的状态。打开。

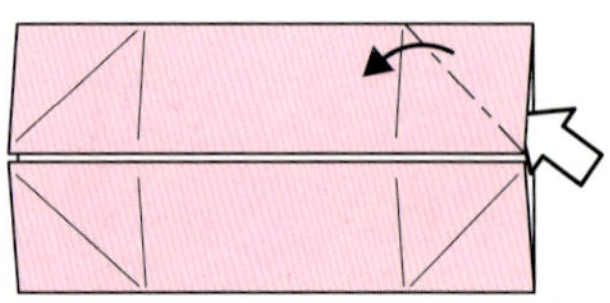

6 沿折痕把四个角全部折进去。

将手指插进纸中间比较容易折。

7

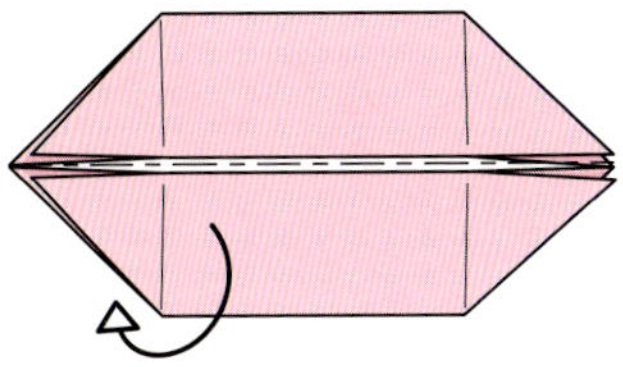

整体山形折。

8

将左侧的表层折纸打开。背面也一样。

9

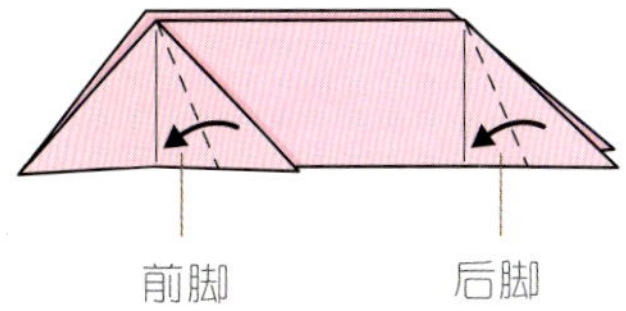

将步骤8打开的地方沿虚线从中间折，做前脚。右侧和背面也一样。

10

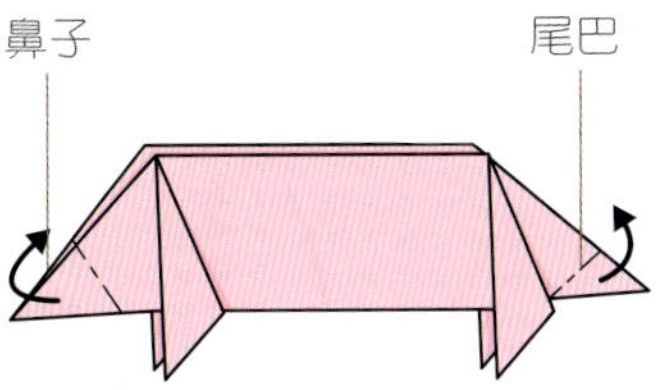

左右端都作内向反折（参照P11B式样），做鼻子和尾巴。

将手指插进纸中间会比较容易折。

11

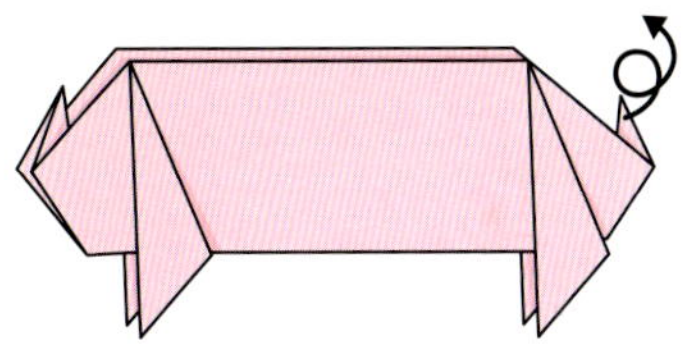

把尾巴拧一下。

12

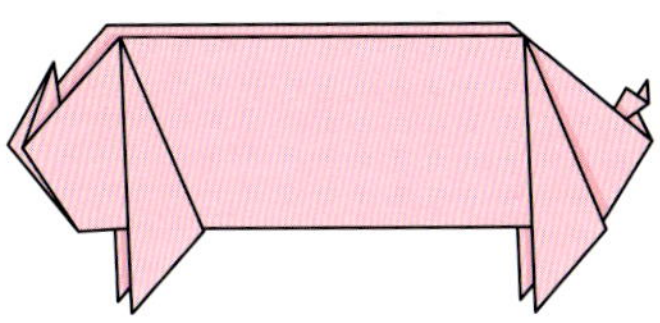

完成。

用小号的折纸就能做出小猪崽，多做几个可以做成猪妈妈喂小猪的样子。

大班

袋鼠

这款折纸的重点在捏折（参照 P13）和内向反折（参照 P11）。
完成后袋鼠的肚子上有口袋哦。

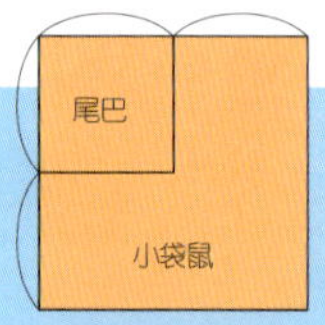

以大袋鼠的身体为1来看，小袋鼠折纸的边长为1/2、尾巴为1/4，作品比例会比较好。

身体

1

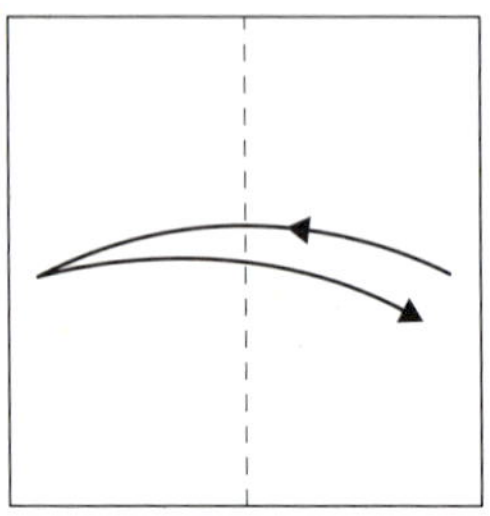

折出折痕。

2

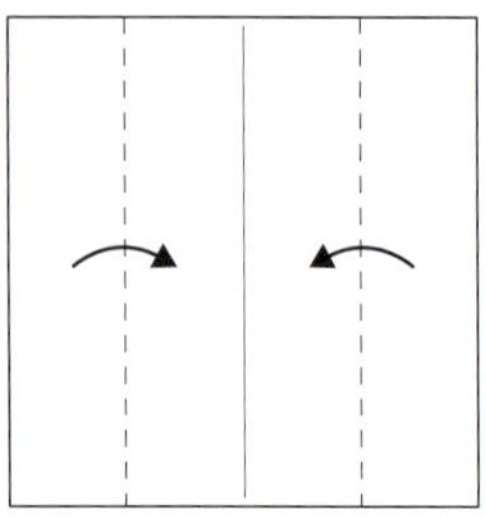

将两边向折痕折叠。

3

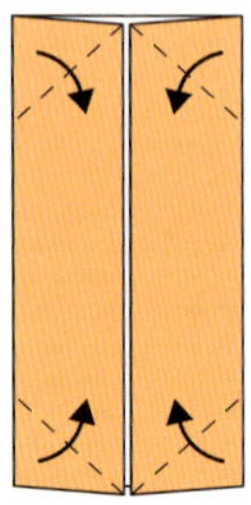

把四个角折起 。

4

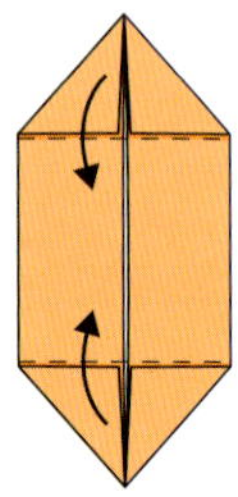

沿虚线向中间折，做折痕。

5

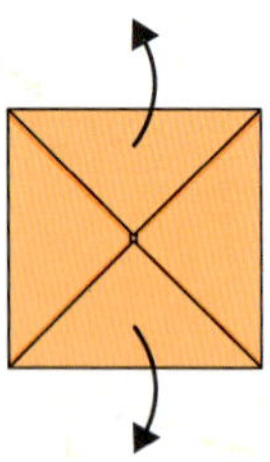

折出折痕时的状态。打开。

6

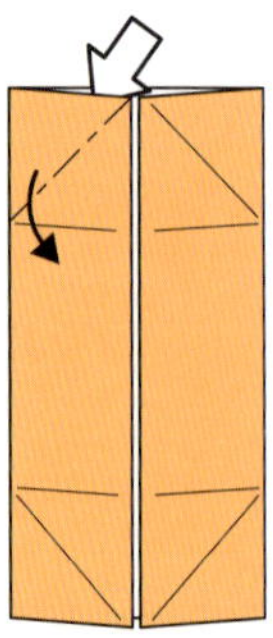

沿折痕把四个角全部折进去。

打开向内侧折进去。

将手指插进纸中间会比较容易折。

7

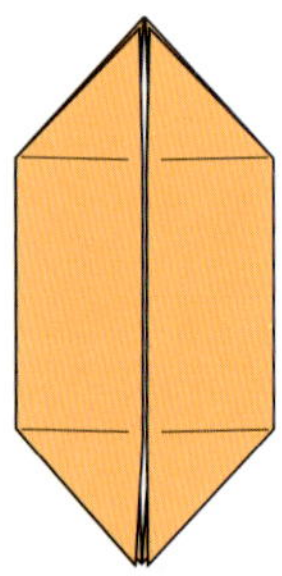

折好时的状态。

8

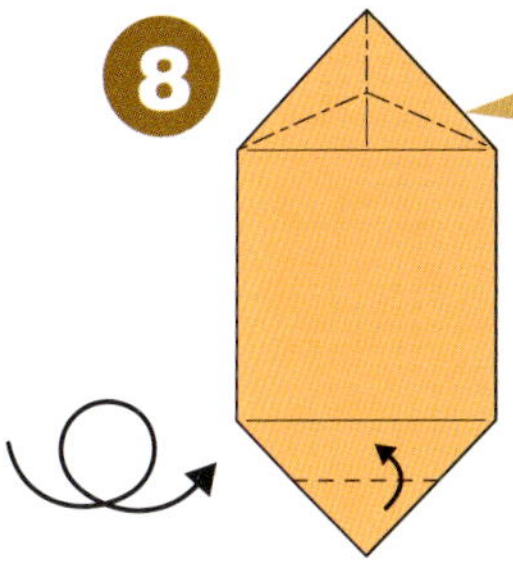

翻过来，上部进行捏折（参照P13），做面部。下部把表层折纸沿虚线折上去一半。

9

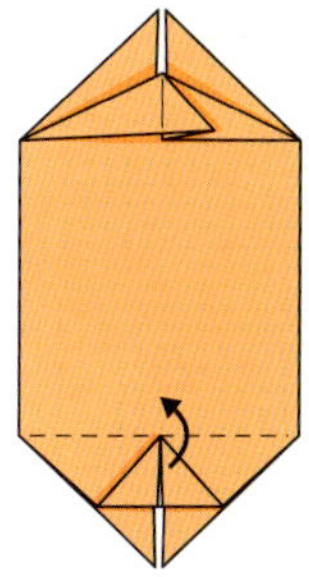

将下部向上折，做成大袋鼠肚子上的口袋。

10

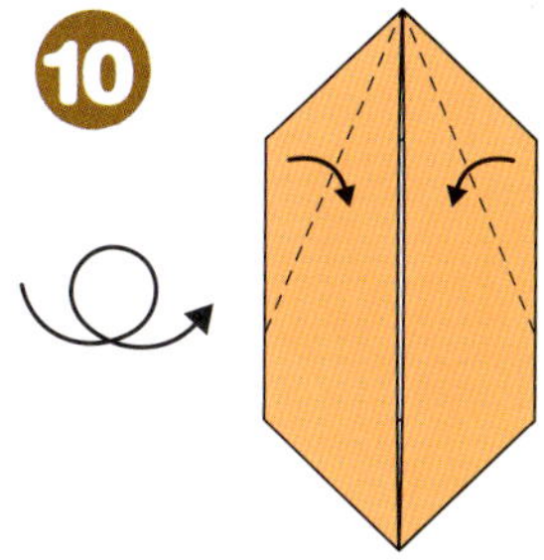

翻过来，沿虚线向中间折。

11

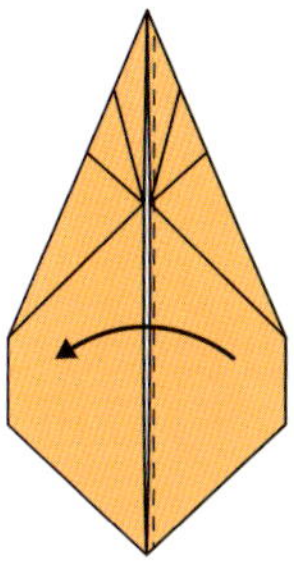

整体谷形折。

12

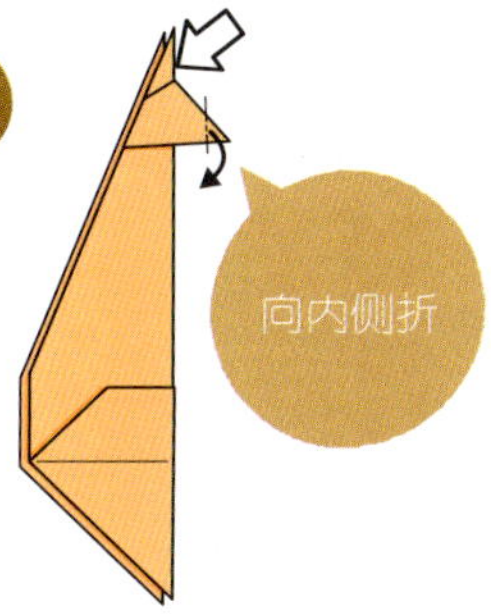

将上方的尖角部分展开，露出折纸内侧的白色部分，做成耳朵。面部作内向反折（参照P11B式样）。

13

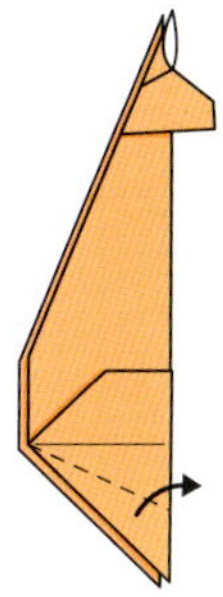

将下部向上折，做成脚。背面也一样。

14

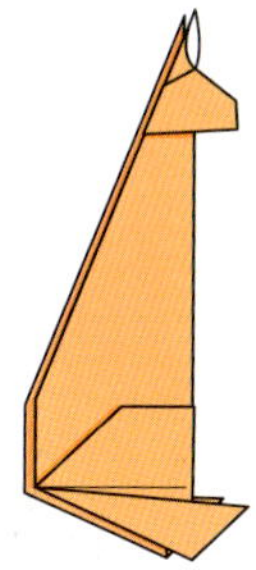

大袋鼠的身体完成。

尾巴

1

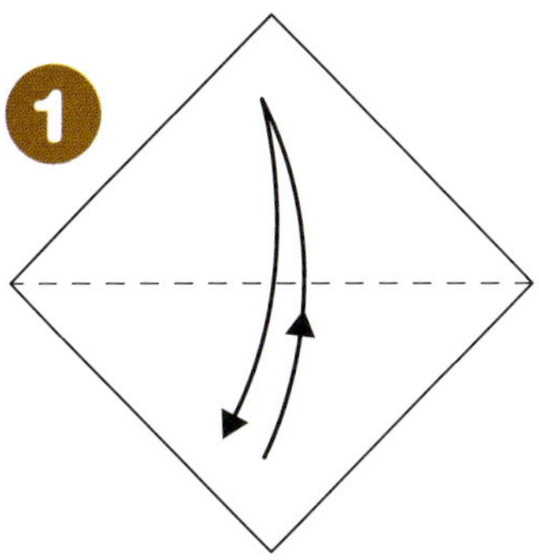

折出折痕。

2

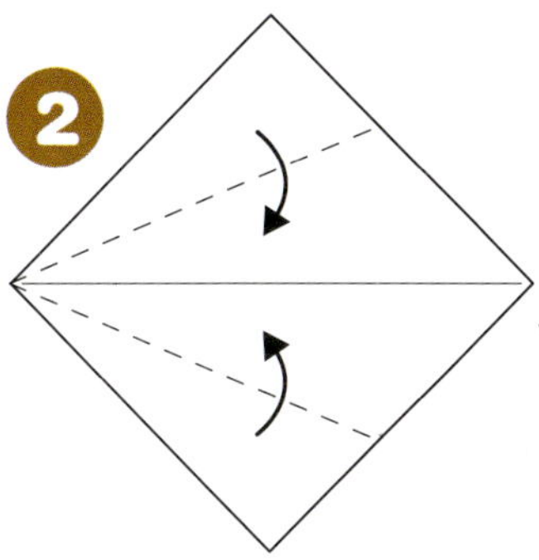

将两边向折痕折叠。

3

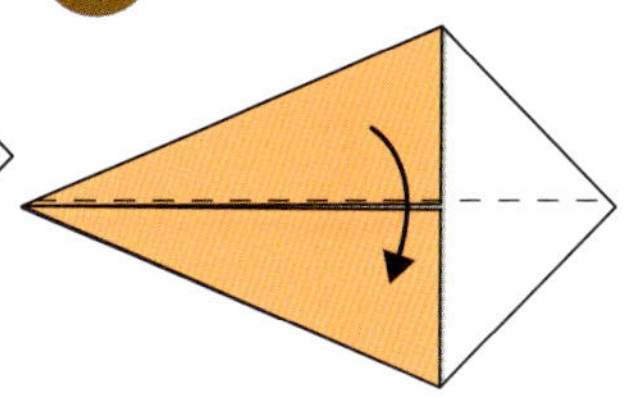

整体谷形折。

4

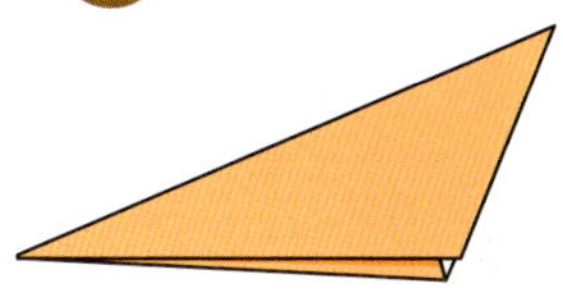

尾巴完成。

5

将尾巴粘到身体上，大袋鼠完成。用小折纸可以折出能够放进肚子上的口袋里的小袋鼠。

把两只袋鼠对着放，像朋友在聊天。

中班

鹿

制作小鹿的面部和耳朵时要用到剪刀。

注意不要剪掉了。

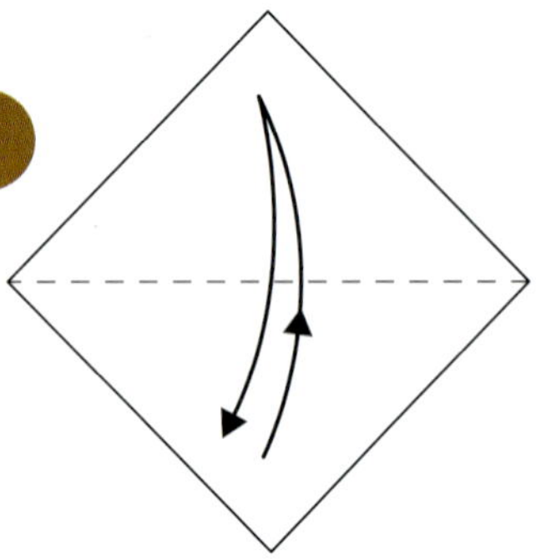
1
折出折痕。

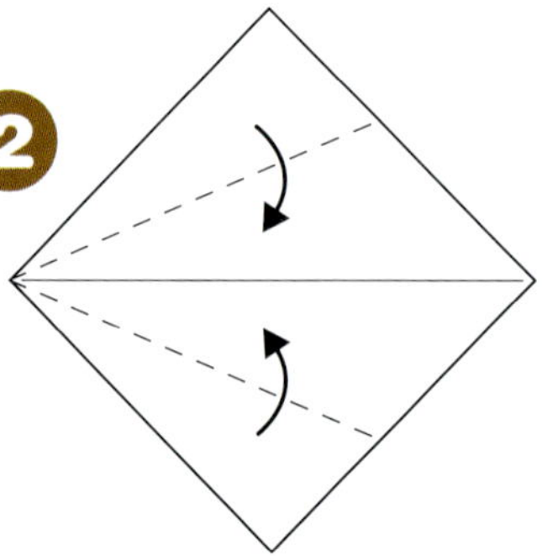
2
将两边向折痕折叠。

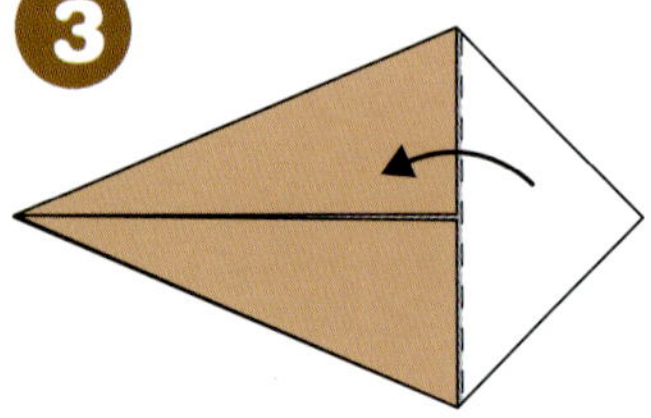
3
沿虚线折叠。

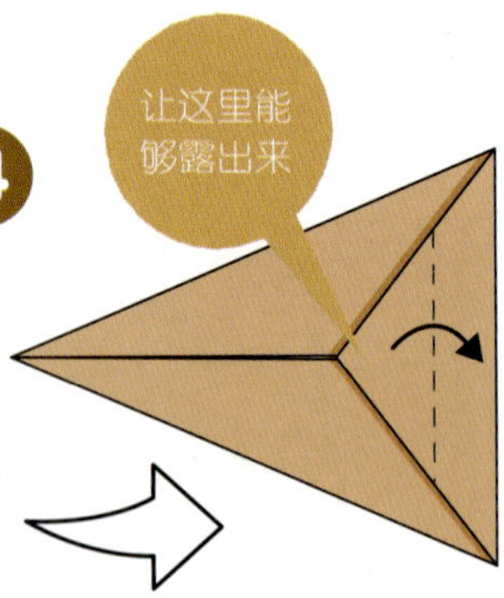

4
沿虚线折叠，使尖角能够露出来。

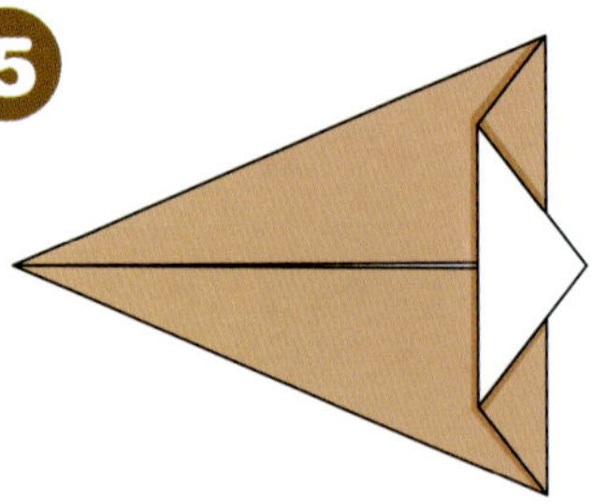
5
折好的状态。尖角是尾巴。

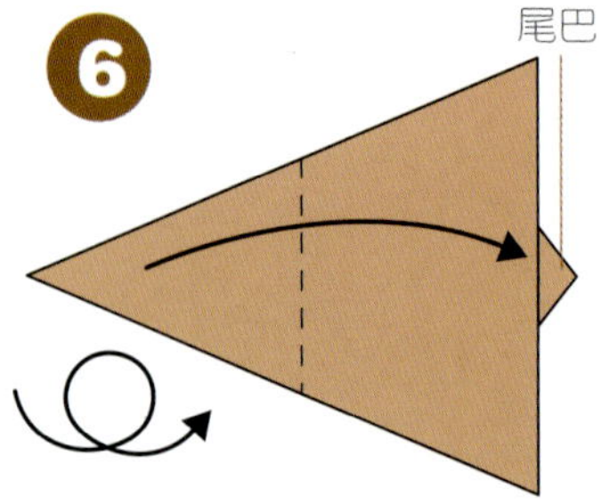

6
翻过来，沿虚线从中间折起。

7

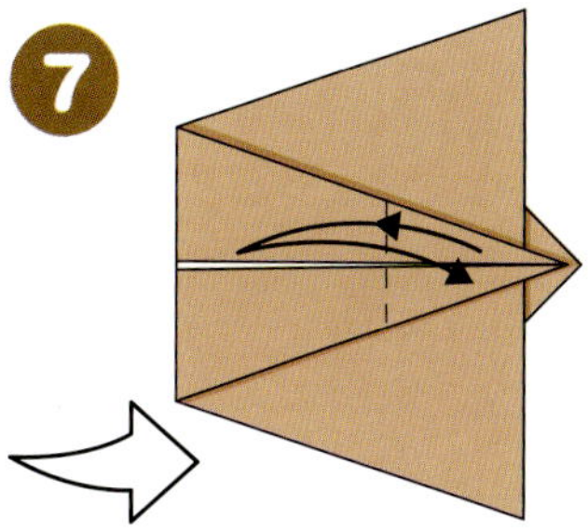

沿虚线折出折痕。

8

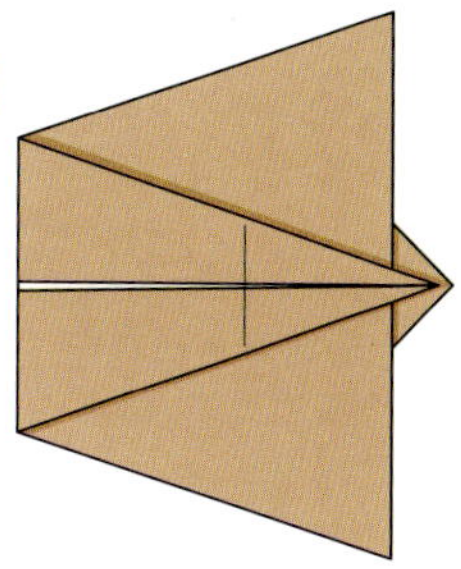

折出折痕后的状态。

9

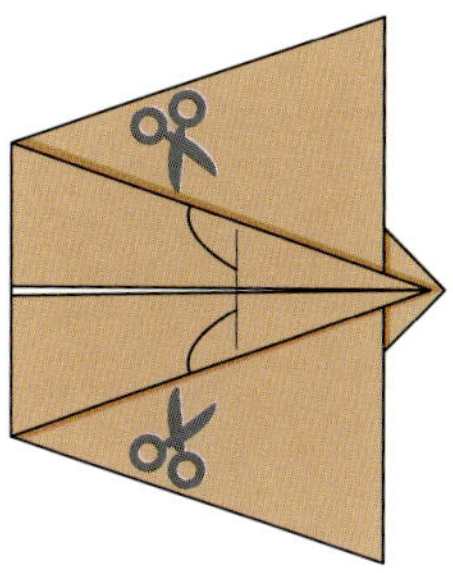

用剪刀剪出曲线，做面部、耳朵和脖子。

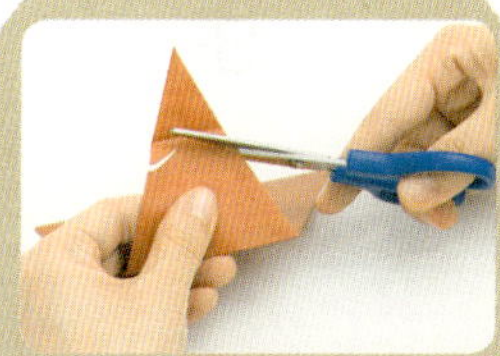

从两侧剪出曲线，注意不要把面部剪掉了。

10

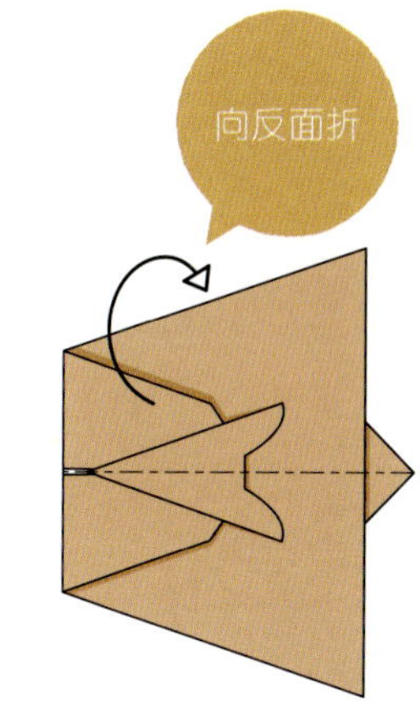

沿折痕折好面部，整体山形折。

11

把步骤9做好的面部、耳朵和脖子立起来。

注意不要把面部拽掉了，捏着脖子向外拉，让脖子立起来。

12

面部的尖端稍微山形折，做出鼻子。这时小鹿已经完成。还可以沿虚线把下部向内侧折，背面也一样，这样可以折出坐着的小鹿。

13

完成。

不折下部时的完成图。

Column

小鹿身体上的斑点可以用涂改液画上去。

小班

水鸟

用两种不同折法折水鸟，形状会有些不同，但是两种方法都很简单。

A 方法

1

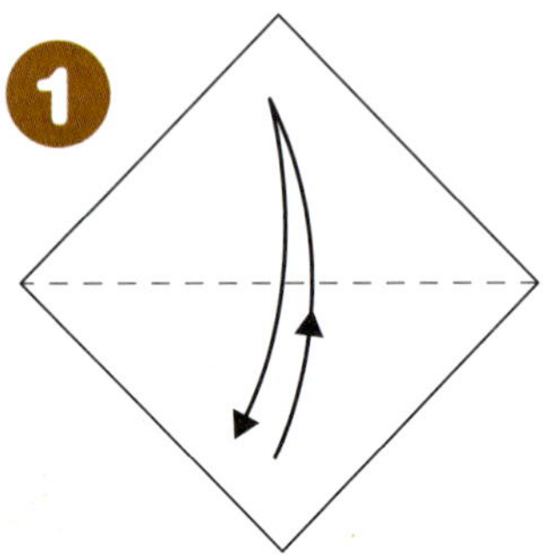

折出折痕。

2

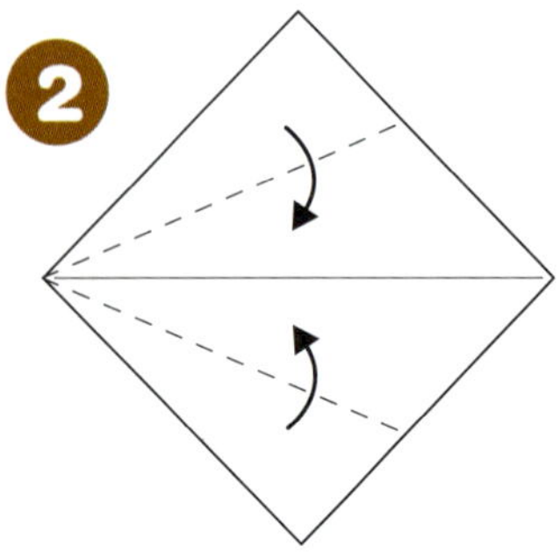

将两边向折痕折叠。

3

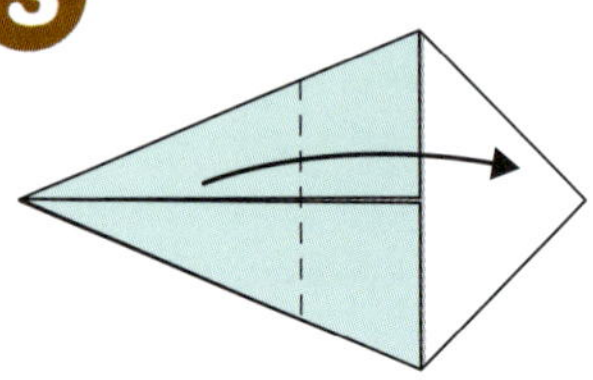

沿虚线从中间对折。

4

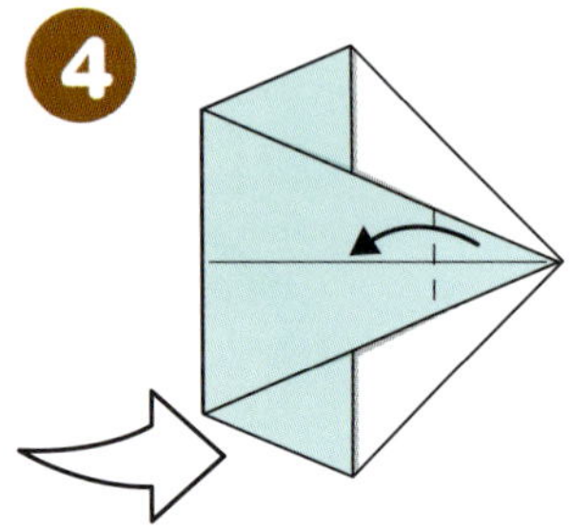

沿虚线折叠。

5

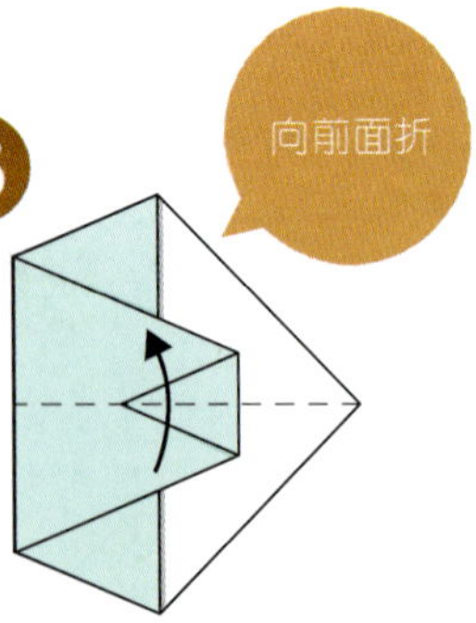

整体谷形折。

6

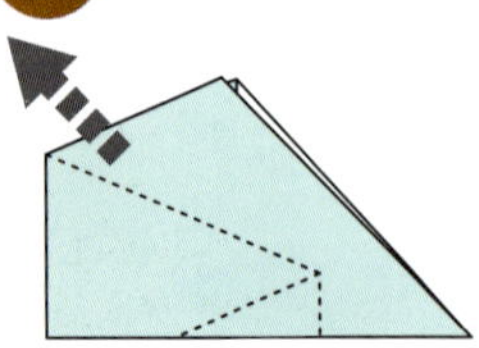

将中间夹着的部分拉出来，做水鸟的脖子。

通过向外拉，达到和内向反折（参照P11）一样的效果。

7

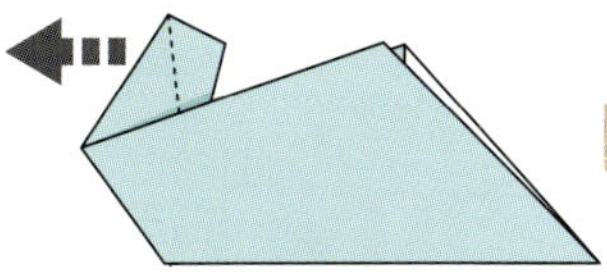

将脖子里面的部分也拉出来，做水鸟的面部。

让拉出来的面部朝上，就好像水鸟在伸脖子。

8

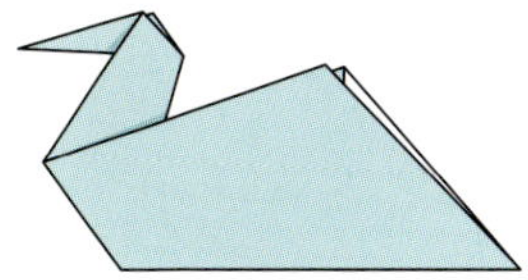

完成。

B 方法

1

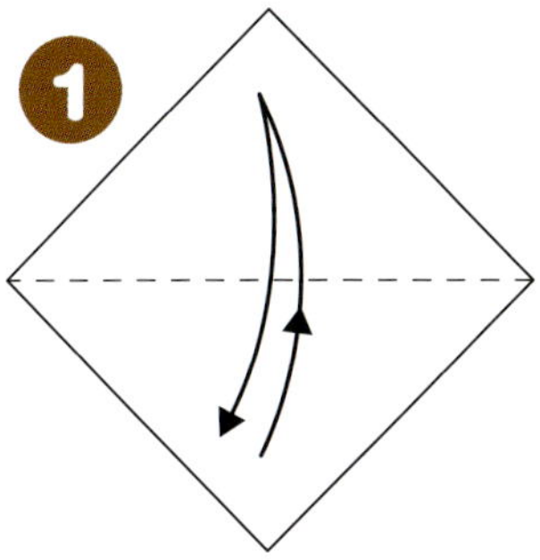

折出折痕。

2

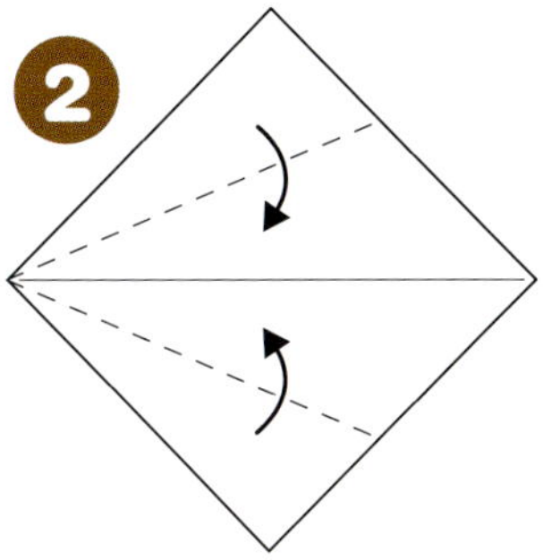

将两边向折痕折叠。

3

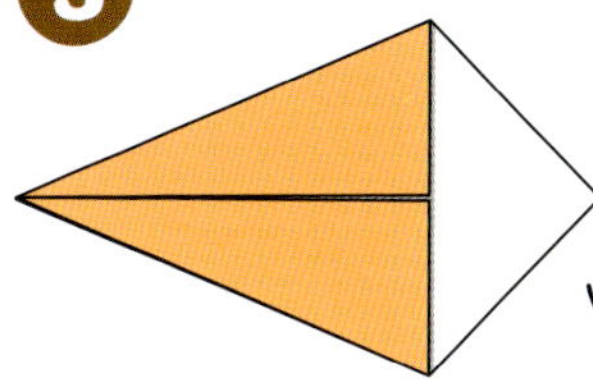

折好的状态。

4

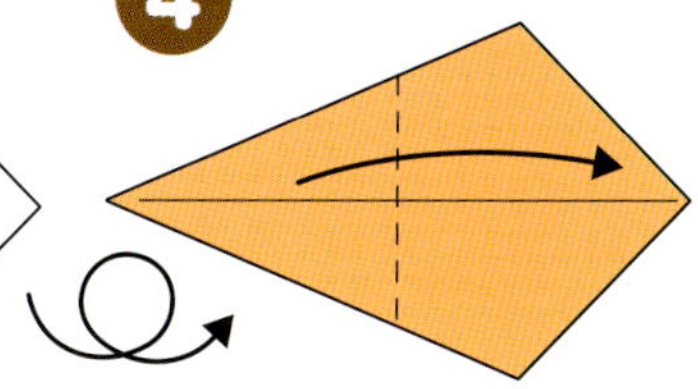

翻过来，从中间沿虚线对折。

5

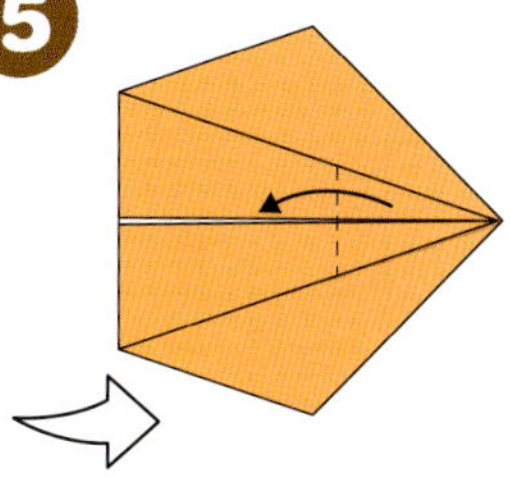

沿虚线折叠。

6

向背面折

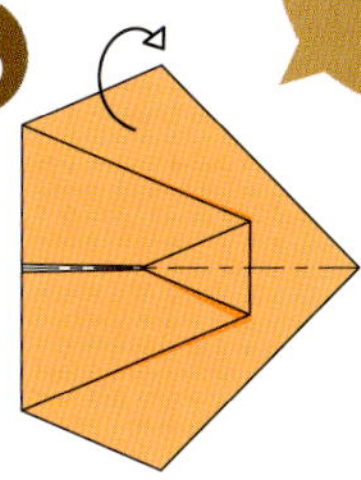

整体山形折。

7

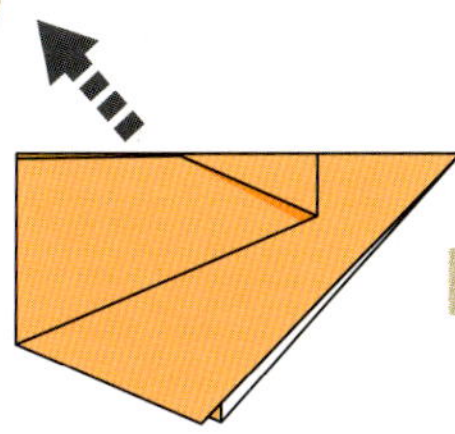

将步骤5折叠的部分拉起来，做水鸟的脖子和面部。通过拉起达到外向反折（参照P11）的效果。

捏着向外拉，让脖子立起来。

8

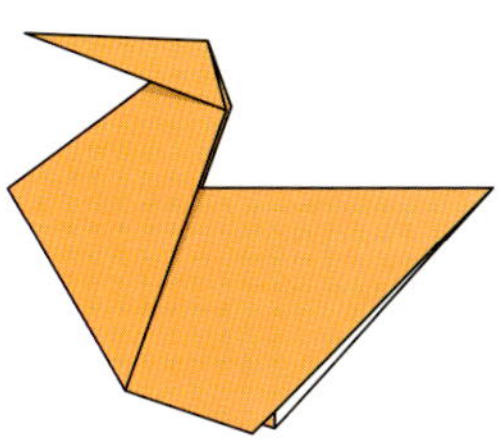

完成。

B方法的水鸟完成图。

用其他颜色的折纸做水鸟的脚并粘上，水鸟就好像在陆地上走一样。

大班

老鼠

身体、前脚和尾巴分别制作，各部分使用的折纸大小不一样，需要注意。

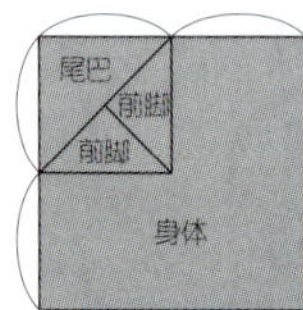

以身体为1来看，准备1/4大小的同色折纸。1/4大小的折纸中，1/2做尾巴，剩下的1/2再剪成两部分做前脚。

身体

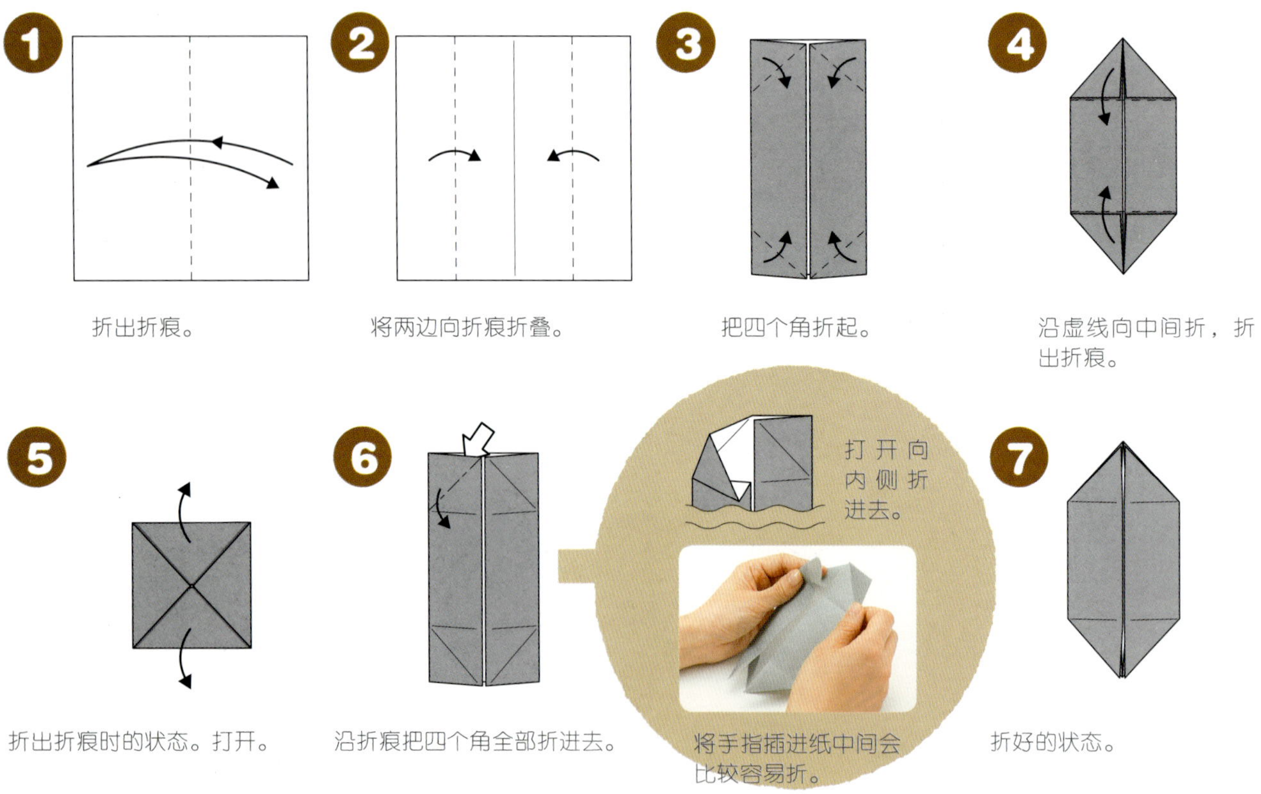

1 折出折痕。

2 将两边向折痕折叠。

3 把四个角折起。

4 沿虚线向中间折，折出折痕。

5 折出折痕时的状态。打开。

6 沿折痕把四个角全部折进去。

将手指插进纸中间会比较容易折。

7 折好的状态。

8

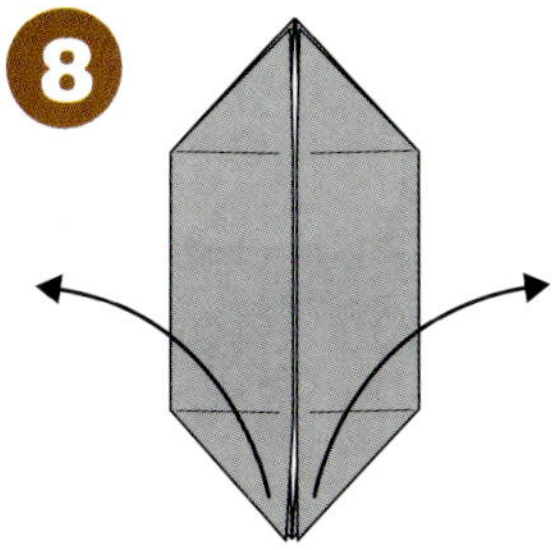

将下面的部分展开叠起。

9

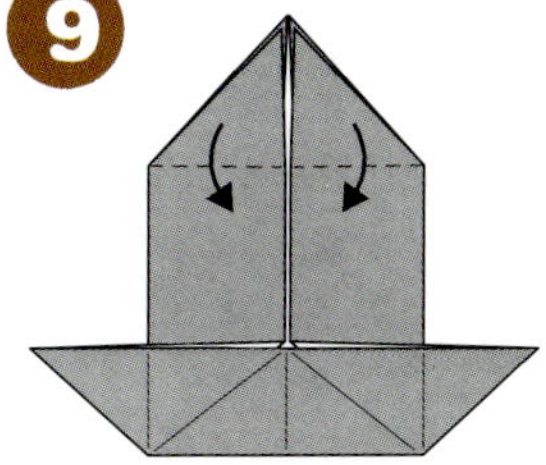

上部谷形折。

10

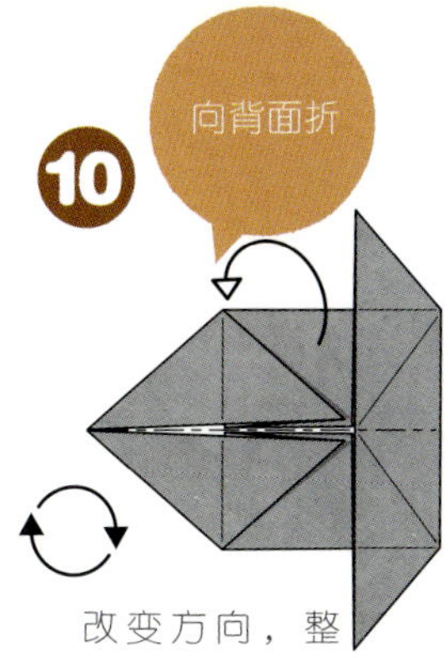

改变方向，整体山形折。

11

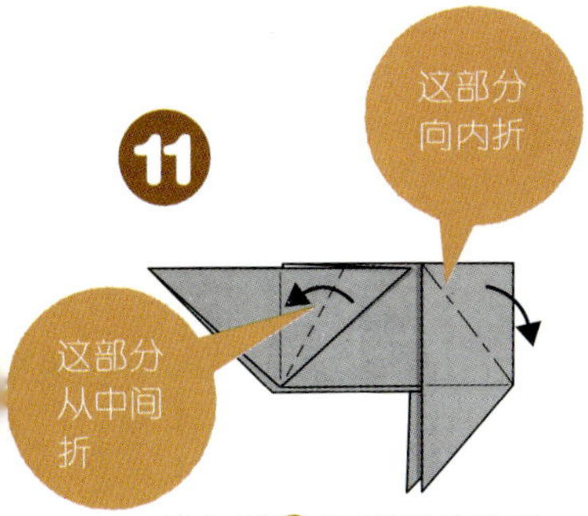

将步骤9作谷形折的部分向上折起，做耳朵。背面也一样做耳朵。右边沿虚线内向反折（参照P11）。

12

沿比折线稍靠下的虚线向上折。背面也一样。

13

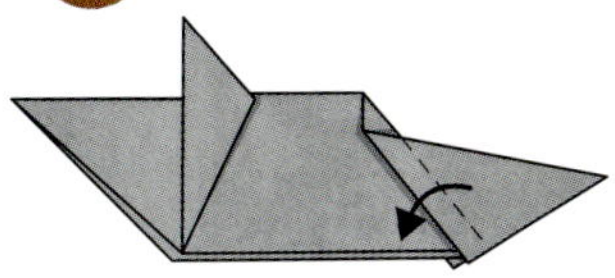

沿比折线稍靠上的虚线向下折。背面也一样折叠。

14

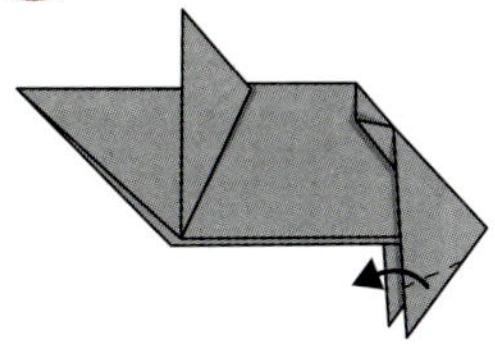

尖端沿虚线向上折，做后脚。背面也一样做后脚。

15

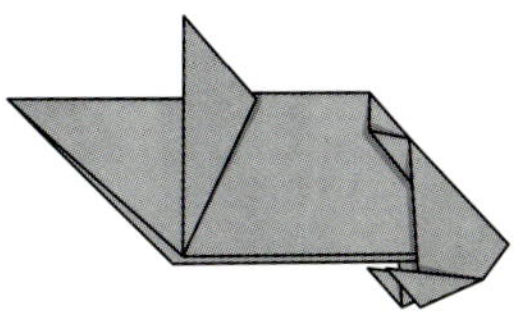

身体完成。

尾巴

1

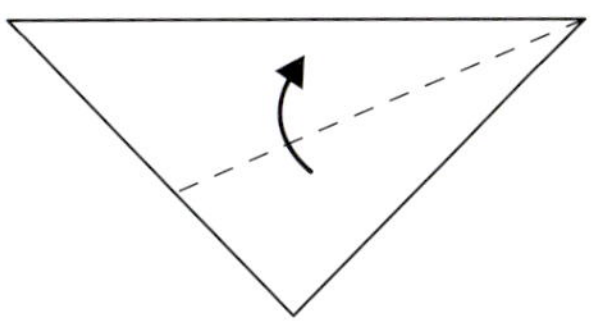

从中间折叠。

2

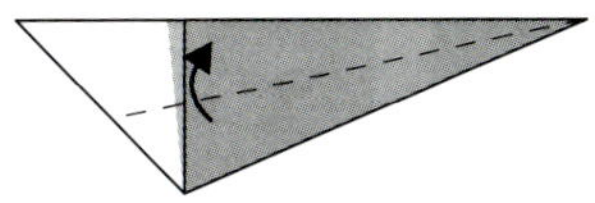

再从中间折叠。

3

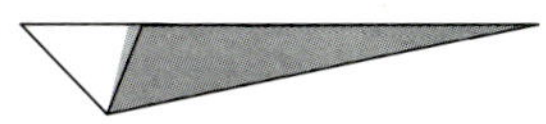

折好的状态。

4

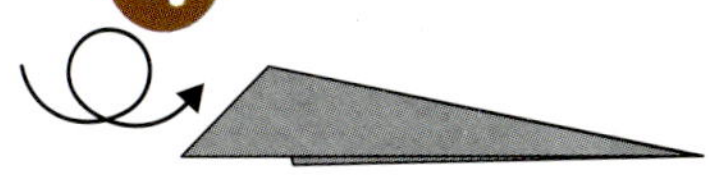

翻过来，尾巴完成。

前脚

1

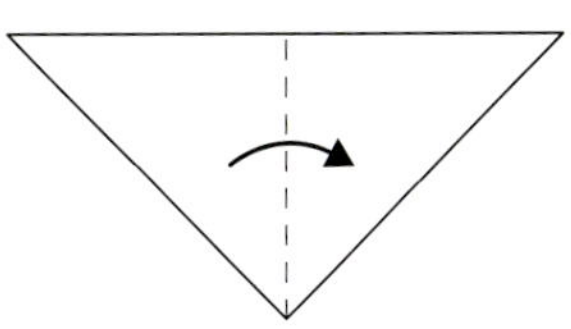

从中间折叠。

2

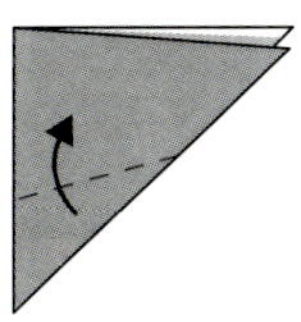

将下部的尖端稍微向上折。

3

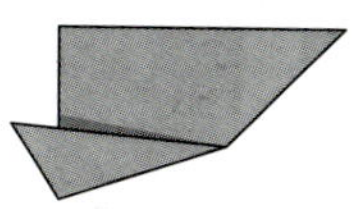

做同样的两个就组成一对前脚了。

4

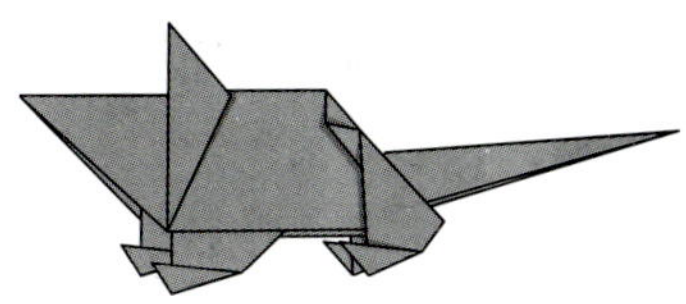

将前脚和尾巴粘在身体上，小老鼠完成。

园长的小总结

折纸是培育孩子的魔法纸

一直以来大家都说折纸有助于培养孩子的学习能力，那么折纸的哪些方面会对培养孩子的学习能力有帮助呢？园长老师来向大家介绍。

折纸游戏能够培养的五大能力

集中力

用自己的双手一步一步折，可以培养认真做事的能力。“折”的过程是“手＝用脑考虑”。孩子们在折纸中会考虑“这么长可以吧”“这样做是不是就可以了”，通过自己想，可以集中注意力。这样逐渐就能够培养集中力。

灵巧性（细致性）

孩子在4岁左右手指神经开始分化发育，每个指头开始能够灵活地活动，他们开始喜欢活动手指的折、剪、粘。在这个阶段活动手指，越发能让手指灵活。而且，在折纸的过程中双手与双眼可以进行配合，提高协调能力。

形态认识力

折纸时，折一下形状就会发生变化。比如，正方形折纸从中间折一下就变成了长方形，再从中间折一下又变成了正方形。孩子在折纸的过程中听大人说着“三角形”“四角”“一半”之类的词语，通过手中的折纸以视觉形式认识这些形状。

漂亮和色彩的感觉

孩子的造型活动需要点、线、面、块、色彩，折纸游戏里包含了这些。将平面的点和点、线和线组合在一起做成形状（块），而且传统折纸完成后，打开也是漂亮的几何图案，可以让孩子认识这些漂亮的图案。折纸还可以组合丰富的颜色，培养孩子对色彩的感觉。

积极性和创造力

折纸折好后，有的能鼓起来，有的能飞出去，有的还能发出声响，这些对于孩子们来说都是不可思议的事情。这些小惊讶、小发现可以与大人和朋友分享，成为快乐的回忆。在折纸游戏的过程中会有不断的新发现和乐趣，能够在不知不觉中培养孩子的积极性和创造力。

虫子和水中生物的折纸

用折纸制作孩子们也熟悉的蝗虫、知了和小鱼之类的水中生物。

小班

蝗虫

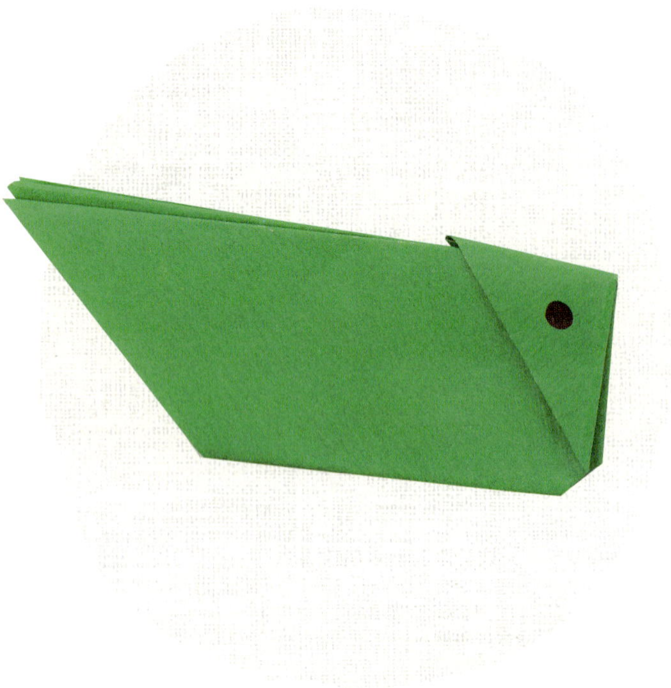

反复在折三角形，怎么就变成了蝗虫？
它仿佛马上就要蹦起来跑掉。

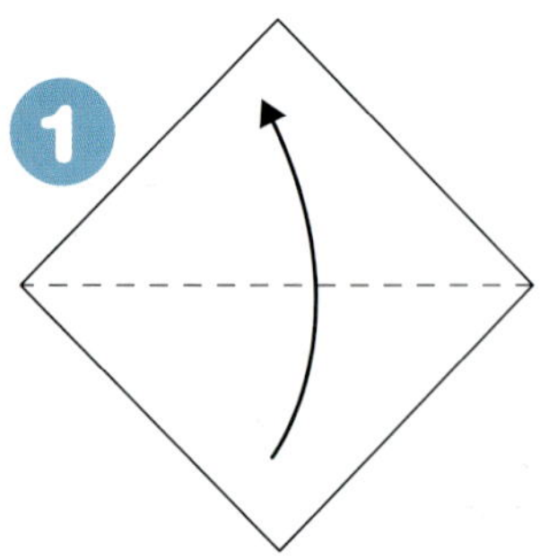

从中间对折。

沿虚线向中间折。

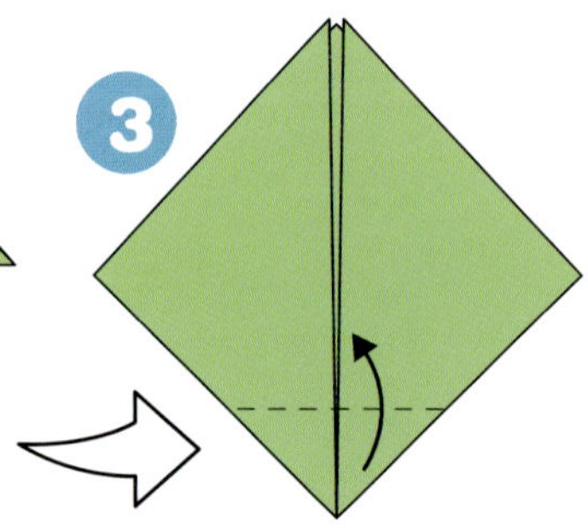

下部沿虚线向上折。

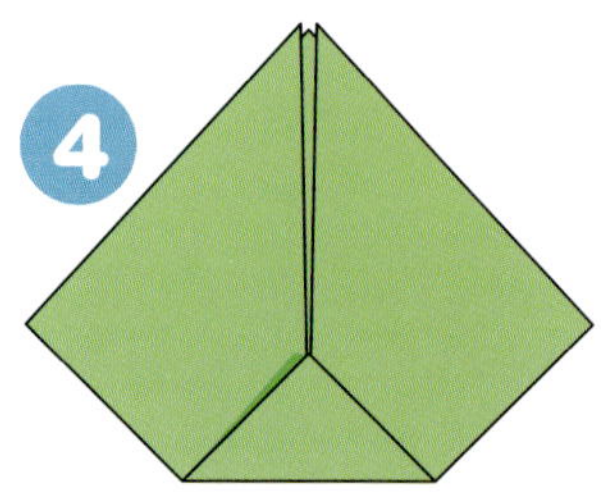

折好的状态。

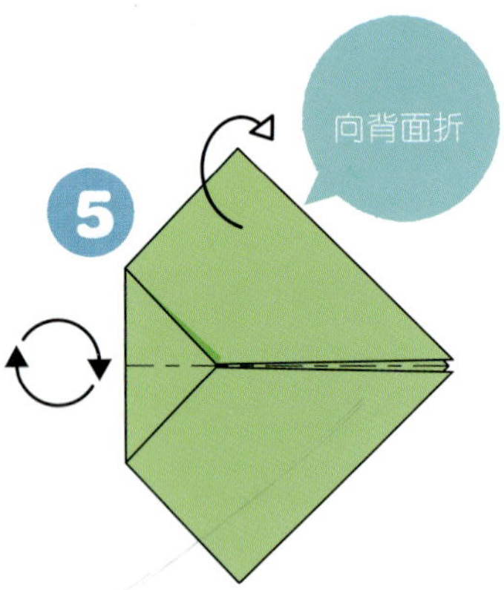

改变方向，整体山形折。

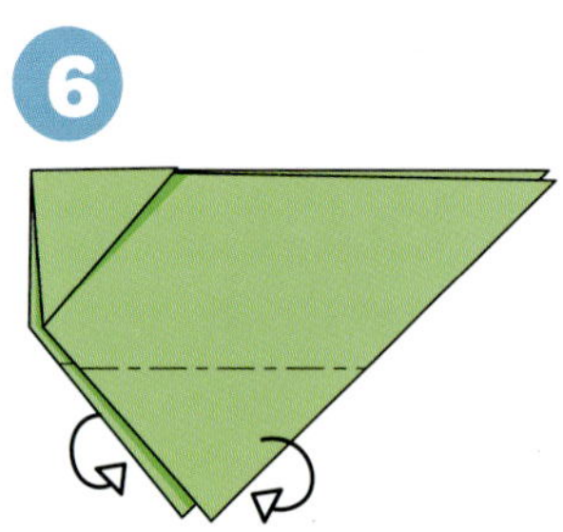

下部沿虚线向内折。背面也一样。

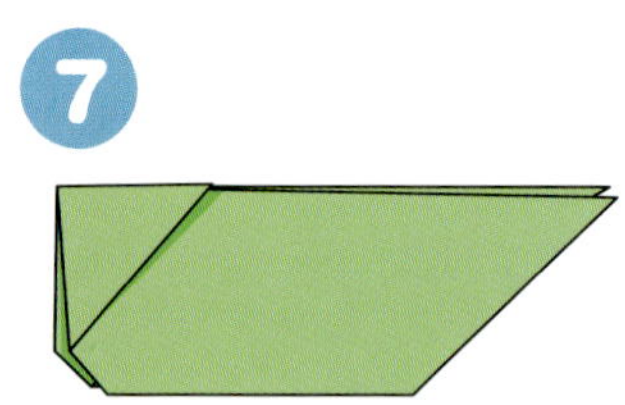

完成。

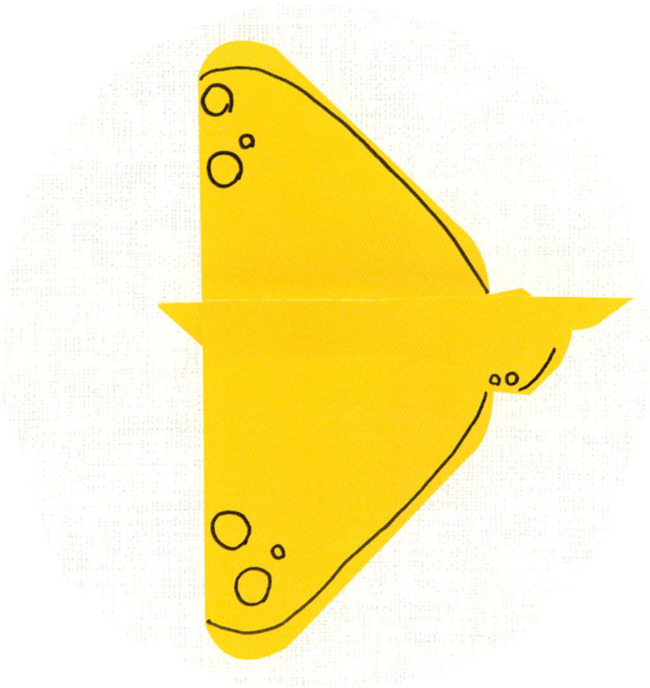

小班

蝴蝶

蝴蝶的部分折法和小鸟（P14）一样。但是蝴蝶要使用剪刀，请注意。

1

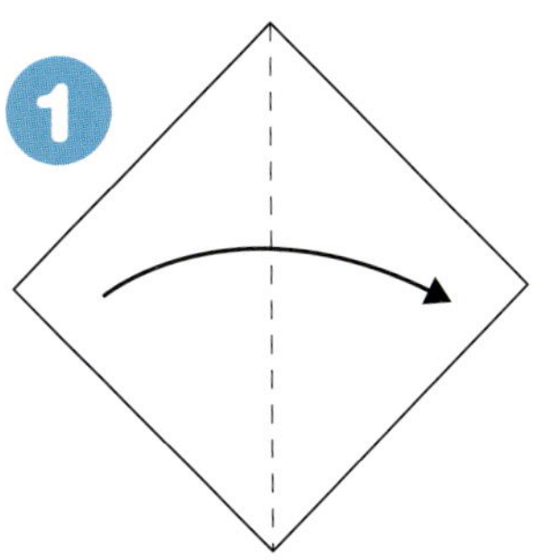

从中间对折。

2

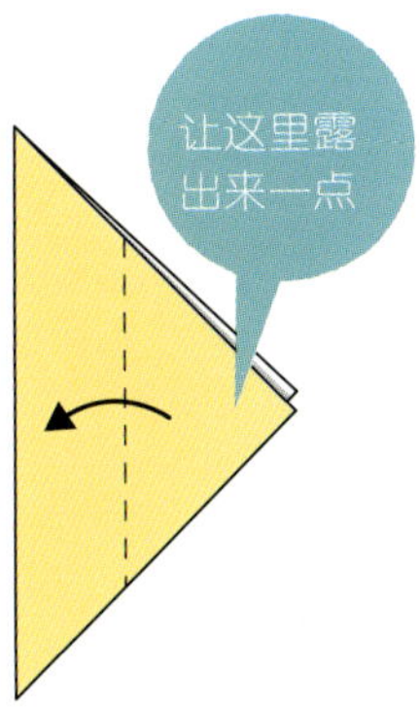

将上层折纸沿虚线折叠。

3

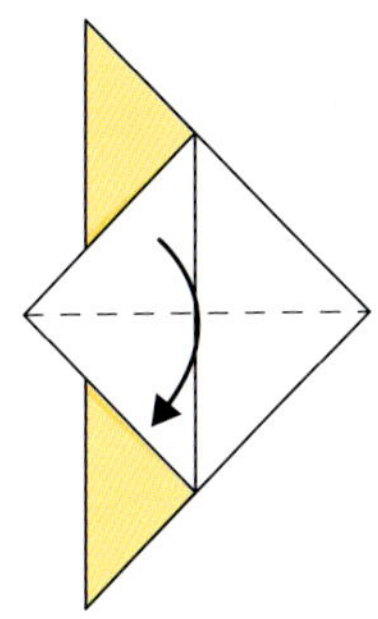

整体谷形折。

4

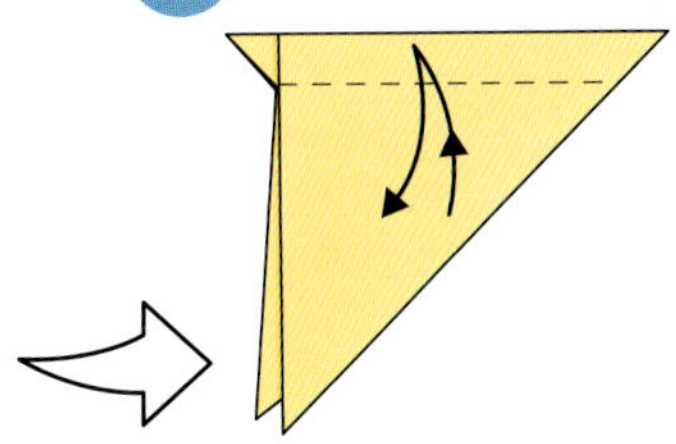

上面留出一部分，沿虚线向上折，做折痕。背面也一样。

5

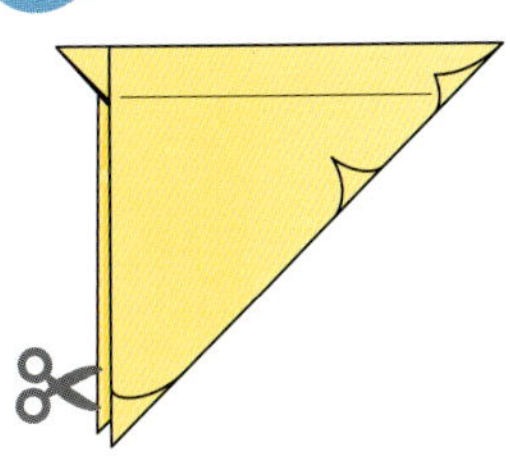

用铅笔画出蝴蝶翅膀的形状，用剪刀剪出来。

先画一下会比较容易剪。

6

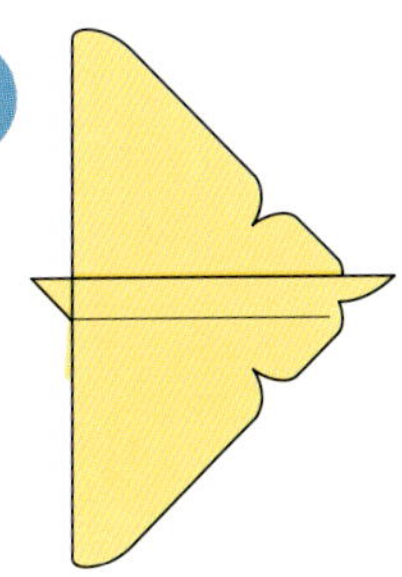

打开。完成。

知了

年少的孩子也能够简单地折成。可以粘在墙上，玩的时候加上声音，孩子一定会很开心。

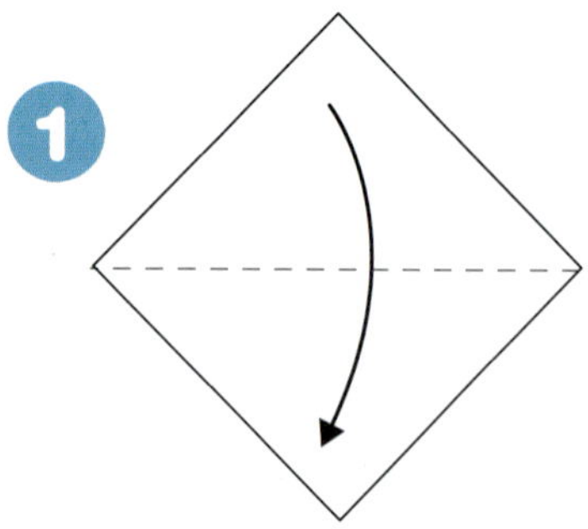

从中间对折。

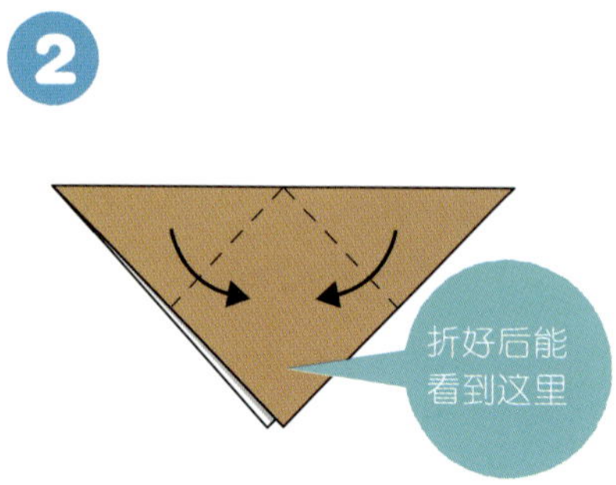

中间留出空隙，两边斜着折。

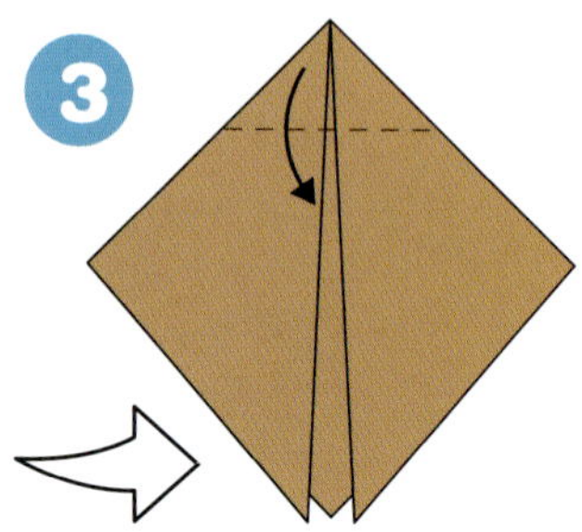

上部沿虚线折叠。

两侧沿虚线山形折。

完成。

中班

飞翔的知了

也是知了，但是是飞翔的知了。
折法也和年少孩子的折法有些不同。

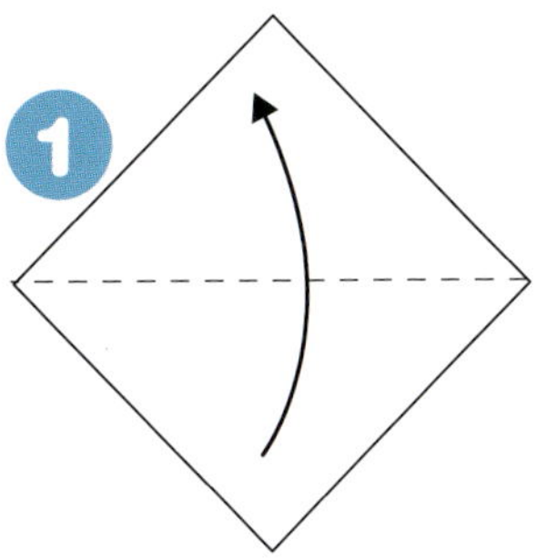

从中间对折。

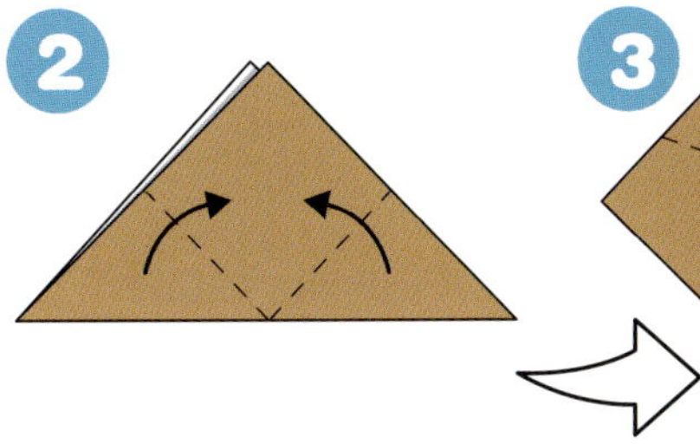

沿虚线向中间折叠。

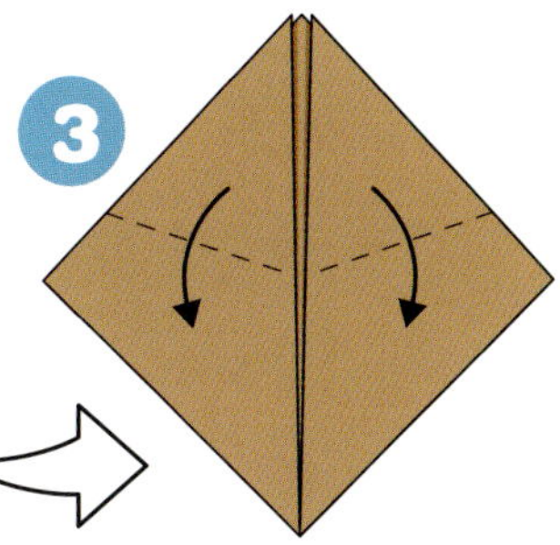

沿虚线向下斜着折，做成翅膀。

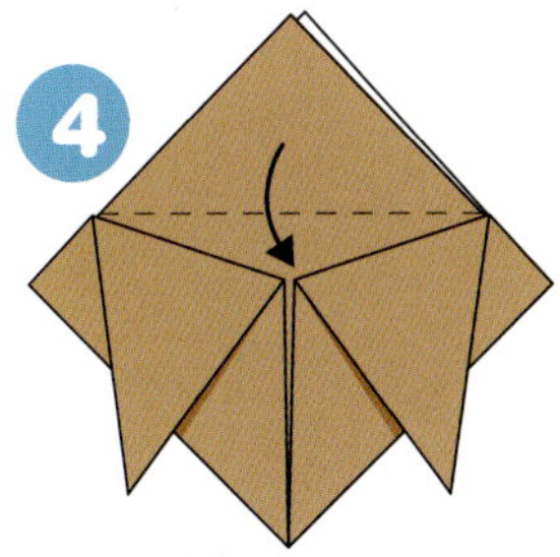

将上层折纸沿虚线谷形折，像覆盖到翅膀上一样。

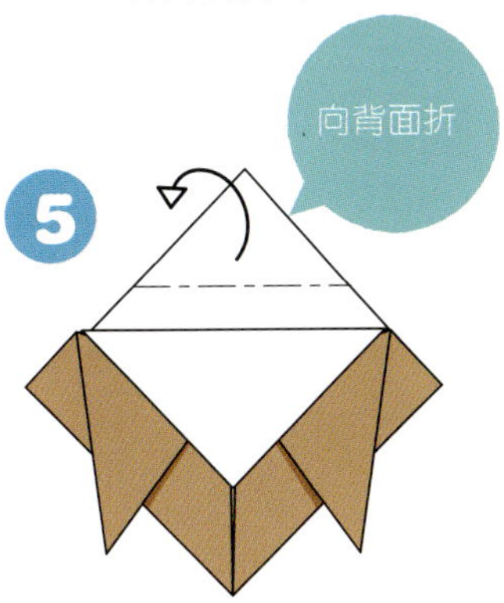

将尖端山形折。

将两侧沿虚线山形折。

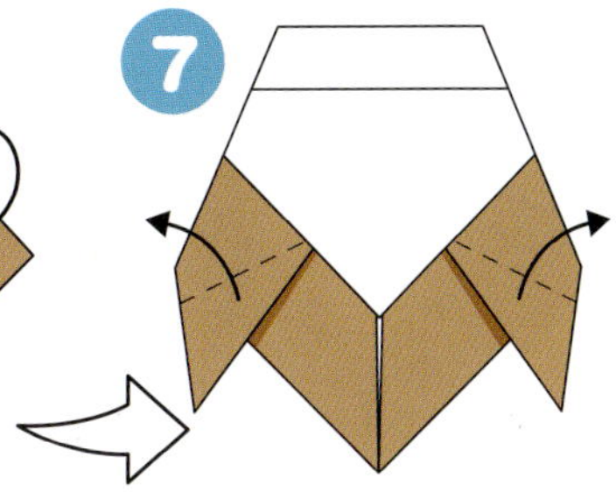

如果想做停在树上的知了，到这一步就完成了。想做飞翔的知了时，沿虚线折出翅膀。

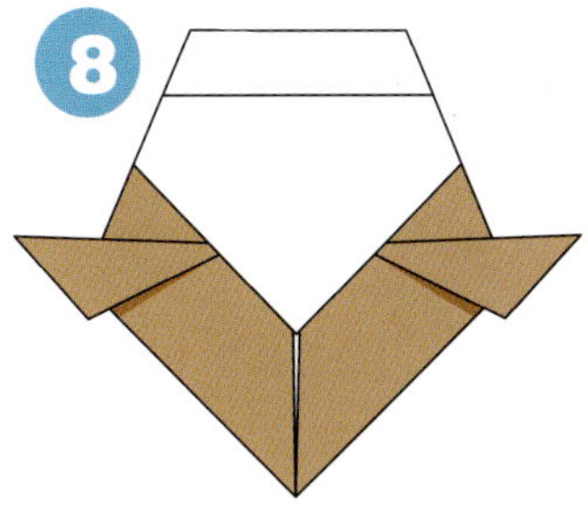

完成。

中班

萤火虫

亮点在最后的装饰。
用黄色或金色的折纸能做出仿佛在发光的样子，会更像萤火虫。

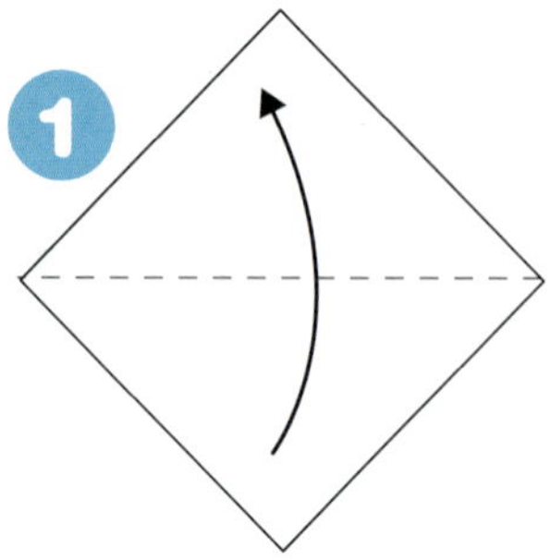

从中间对折。

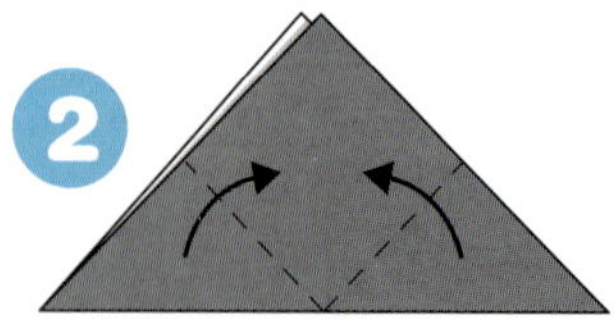

沿虚线向中间折叠。

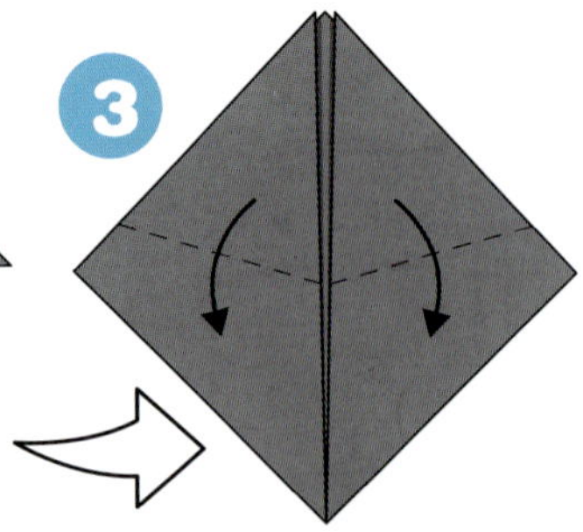

沿虚线向下斜着折，做成翅膀。

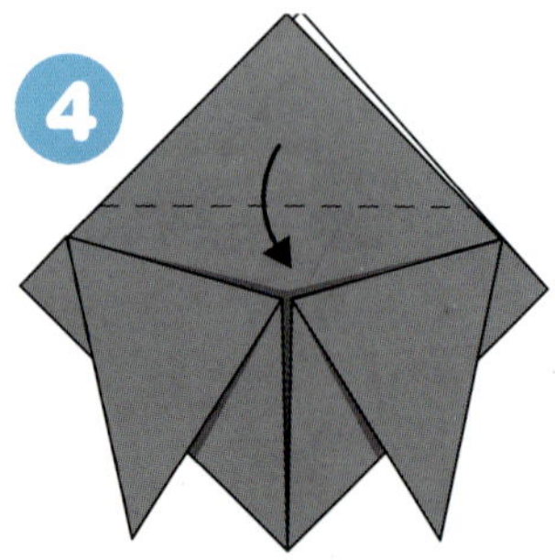

将上层折纸沿虚线谷形折，像覆盖到翅膀上一样。

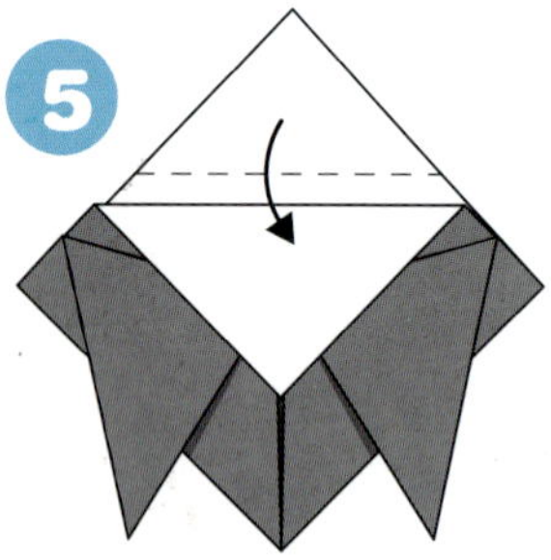

上部沿虚线向下折，要露出折纸背面白色的部分。

两侧沿虚线山形折。

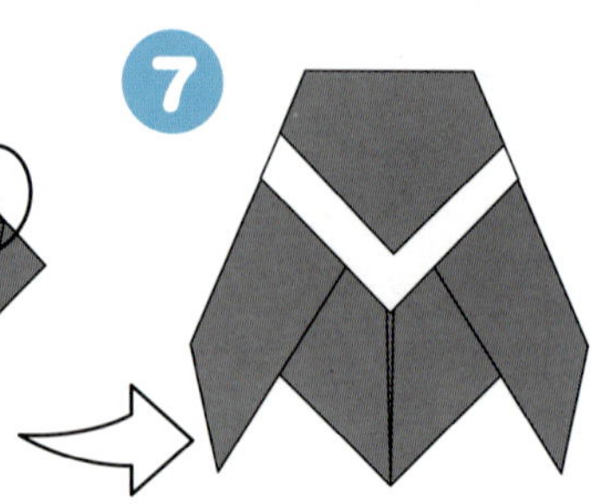

完成。

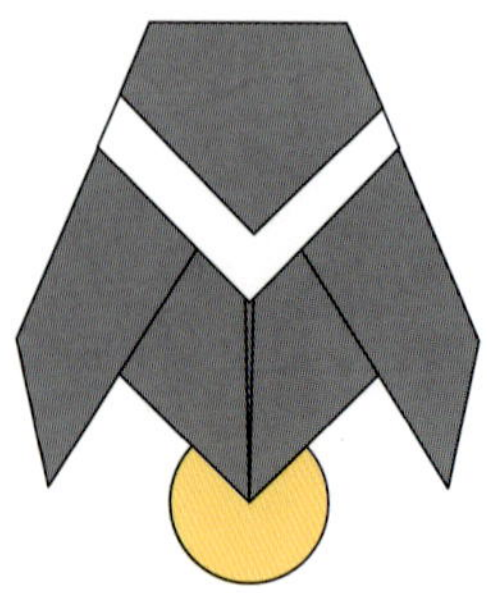

用黄色或金色的折纸剪出圆形贴在萤火虫的尾部，会更像萤火虫。

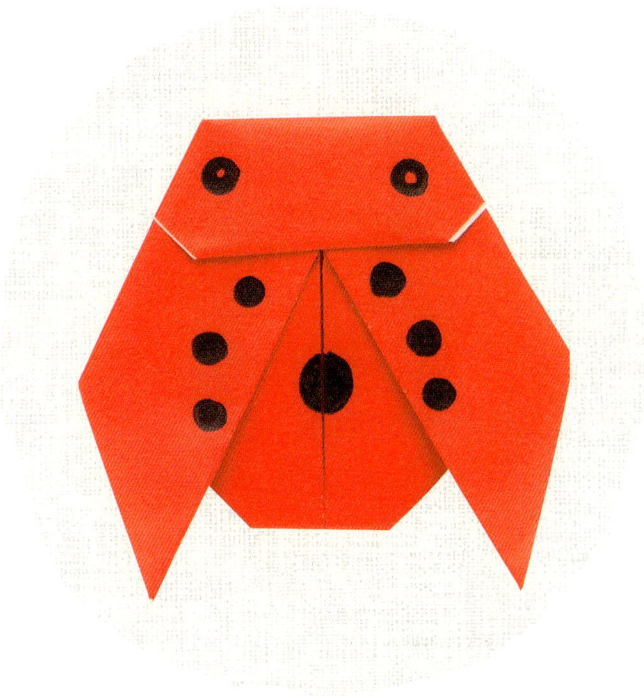

中班

七星瓢虫

折法和飞翔的知了（P41）、萤火虫基本一致。

将翅膀折上去，就会变得好像在飞一样。

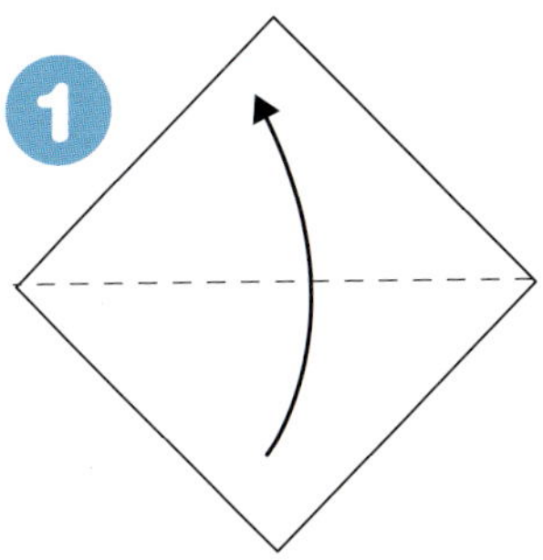

从中间对折。

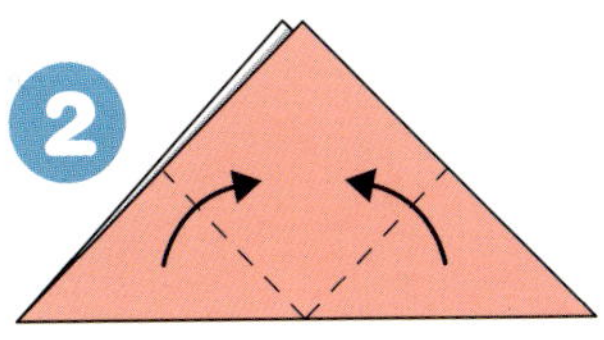

沿虚线向中间折。

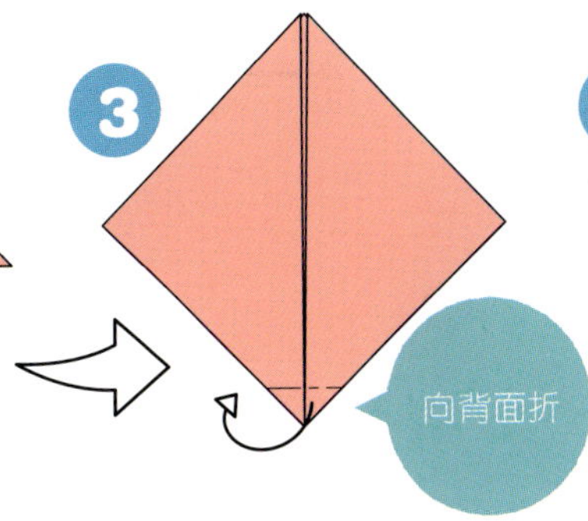

沿虚线山形折。

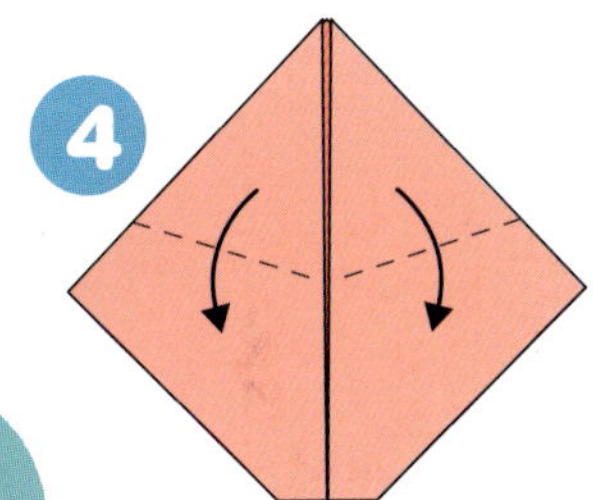

沿虚线向下斜着折，做成翅膀。

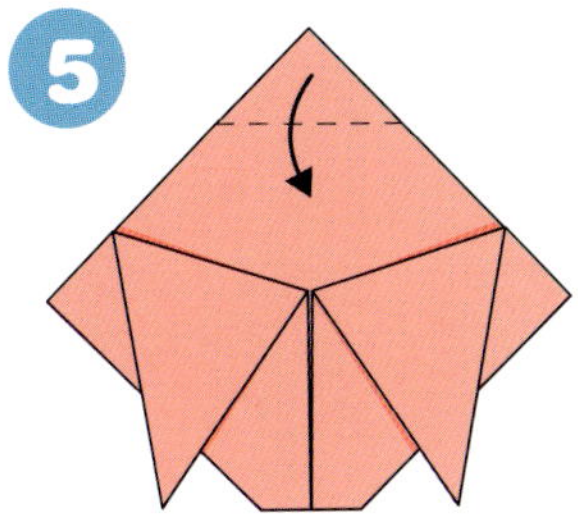

沿虚线将尖端谷形折。

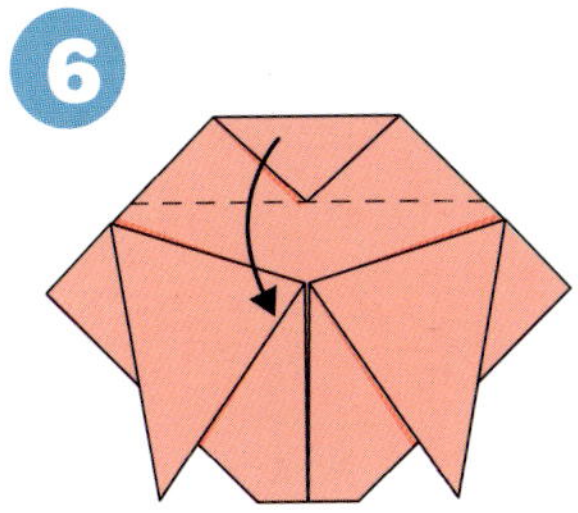

再次沿虚线谷形折。

两侧沿虚线山形折。

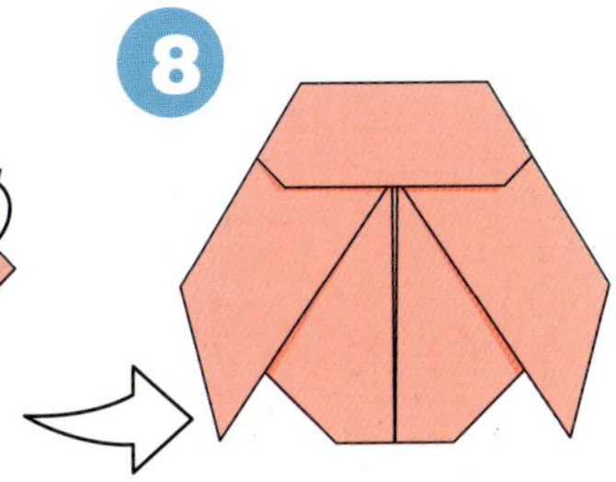

完成。

大班

蜗牛

蜗牛的折法其实是大家熟知的纸鹤折法的变形。重点在做法的步骤⑨，触角部分要稍微捏起来一些折叠。

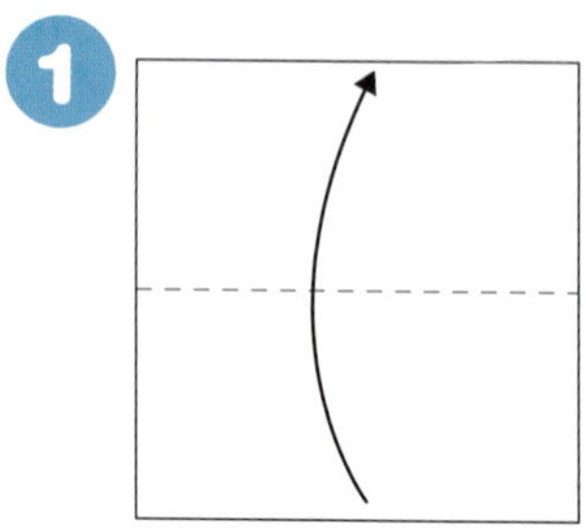

从中间对折。

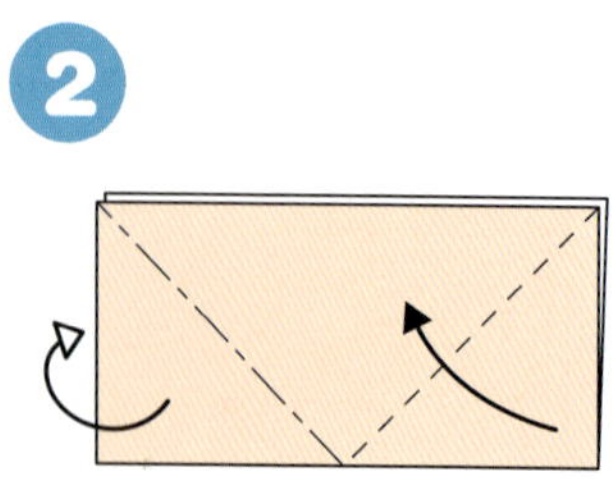

右边沿虚线谷形折，左边沿虚线山形折。

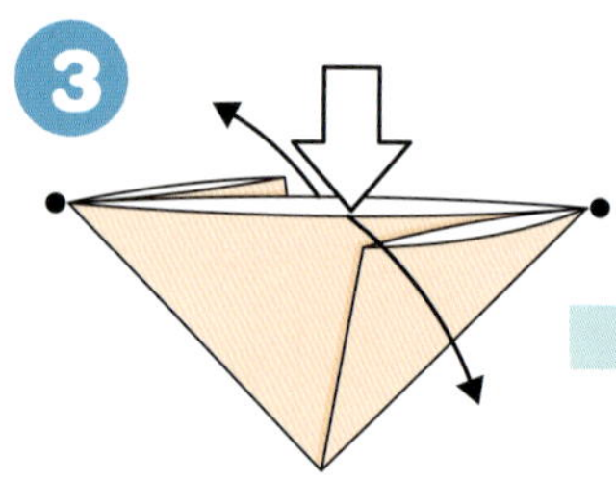

把手指插进纸中间撑开，把标●的位置对在一起折扁。

把手指插进折纸中整体撑开，然后折叠。

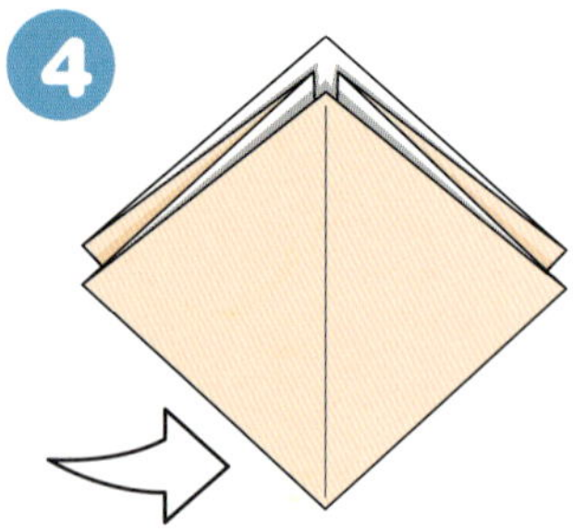

折好的样子。

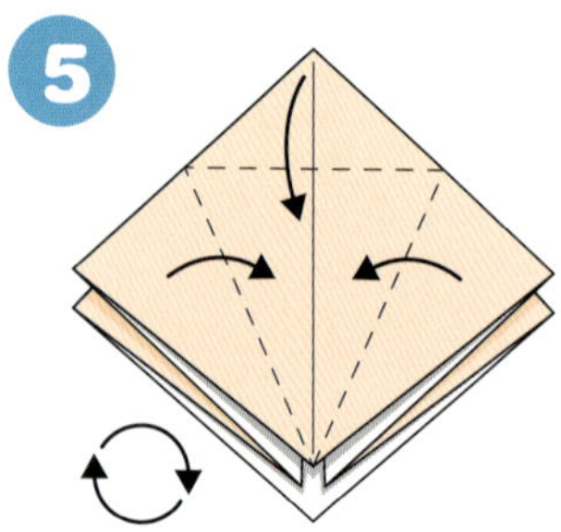

改变方向，将上层折纸沿虚线向中间折，折出折痕。

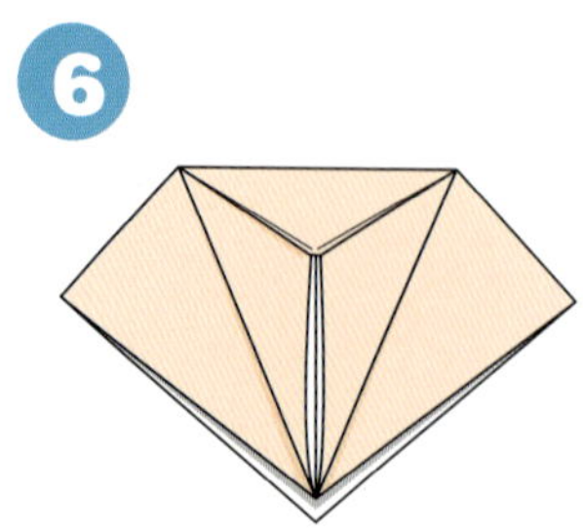

做折痕时的状态。

7

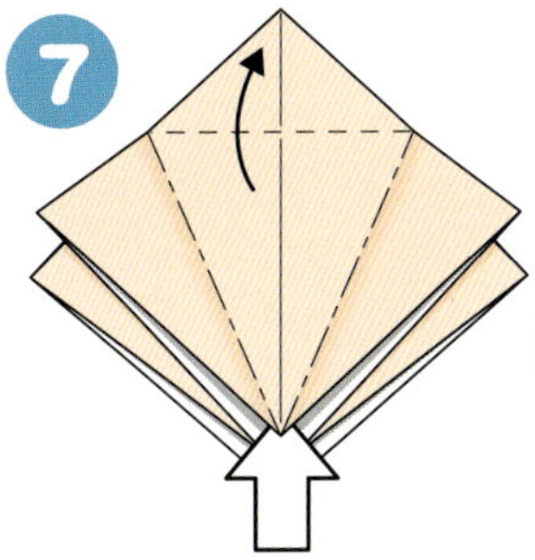

沿折痕向中间折叠。

打开，将上层折纸花瓣折（参照P12）。

8

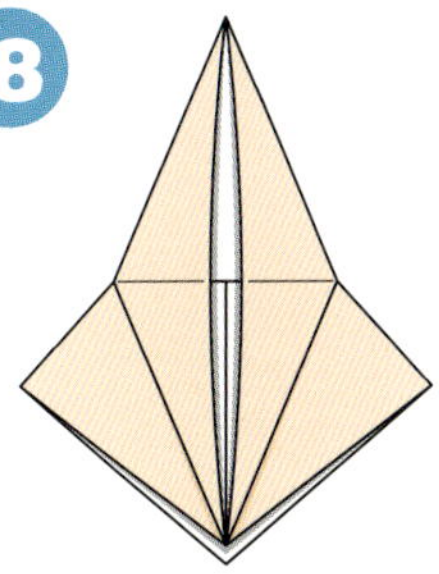

花瓣折完成后，背面重复步骤5至步骤7。

9

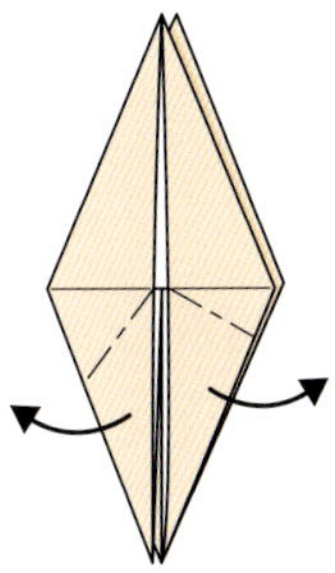

选好触角部分后，将其捏起，内向反折。

捏起触角部分，左右都作内向反折（参照P11B式样）。

10

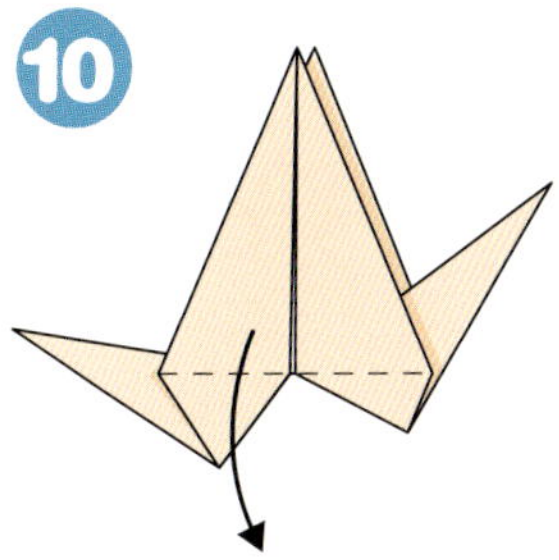

打开。背面也同样打开。

11

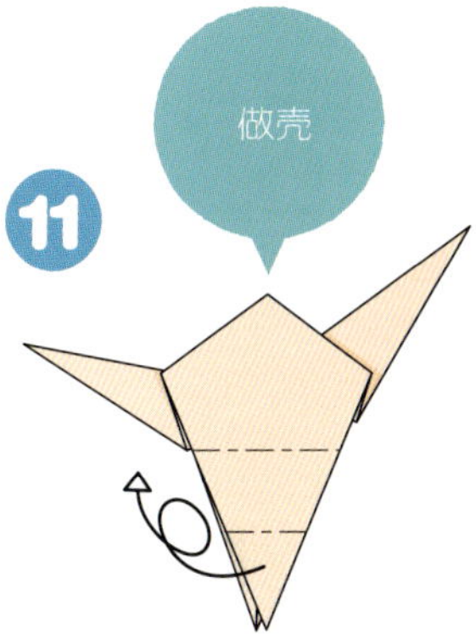

将上层折纸分两次边卷边折起，做成蜗牛的壳。背面也同样边卷边折起。

12

注意不要剪得太深。

尖端用剪刀剪开，做眼睛。

13

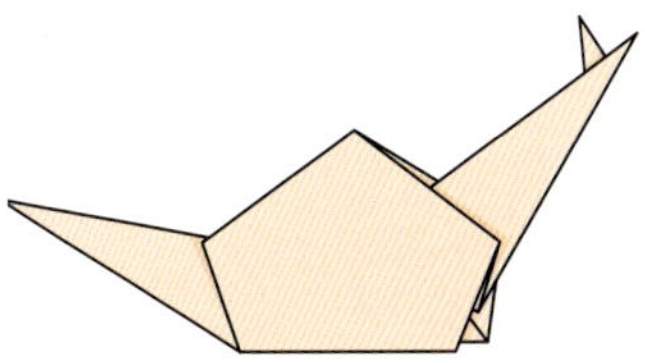

将背面的眼睛折起，完成。

改变颜色和大小，做成蜗牛一家。

中班

比目鱼

说到水里的生物马上想到的肯定是鱼。
向左能变成比目鱼，向右就变成了鲽鱼。

1

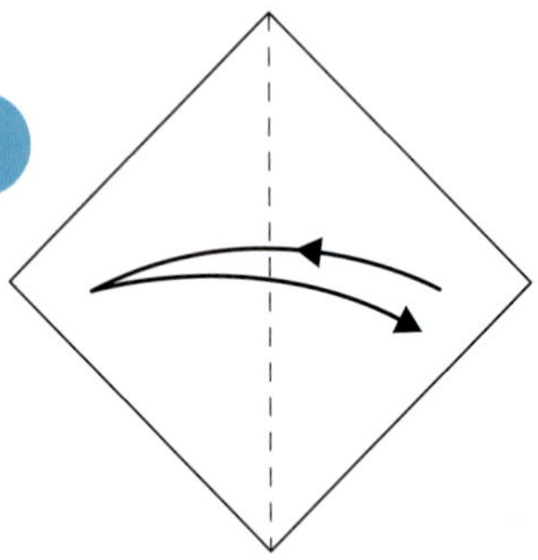

折出折痕。

2

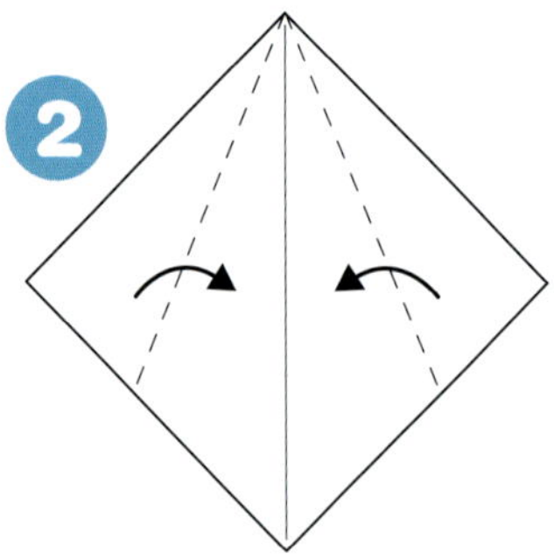

将两边向折痕折叠。

3

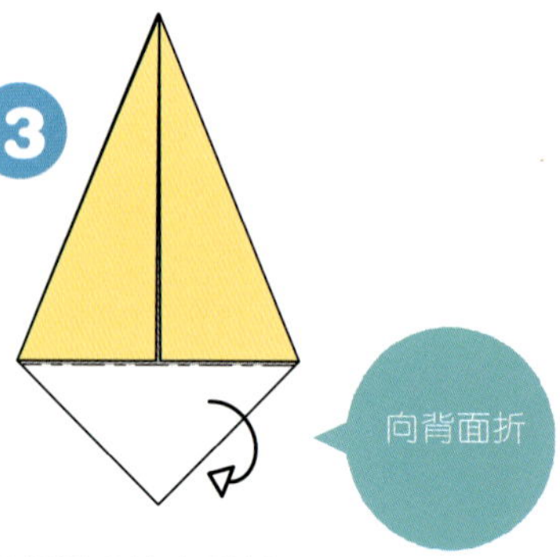

下部沿虚线山形折。

4

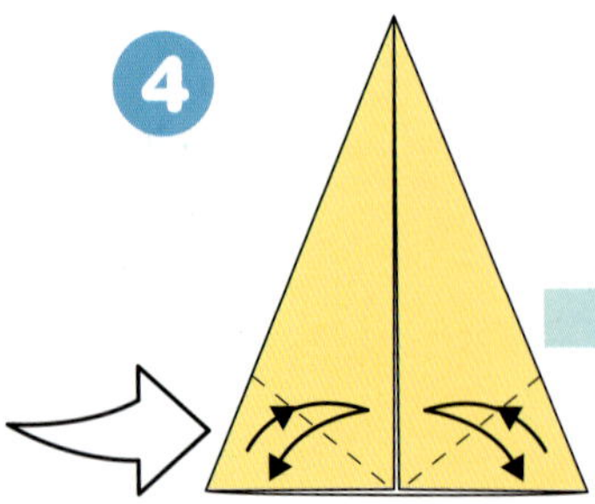

做折痕的时候翻过来是这个样子，这是鱼的面部。

将下部的角沿虚线向中间折，折出折痕 。

5

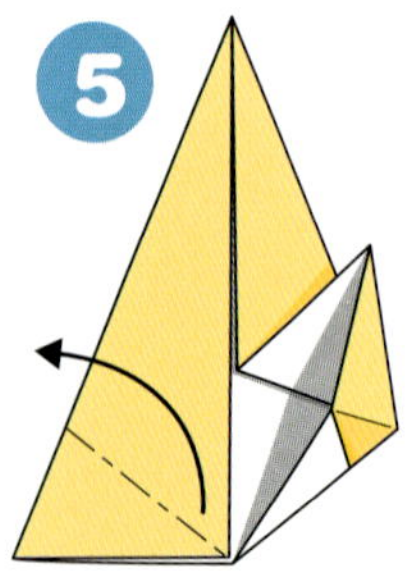

打开，将里面抽出，捏折（参照P13）。另一侧也一样。

将中间拉出，让折痕立起来，捏折。

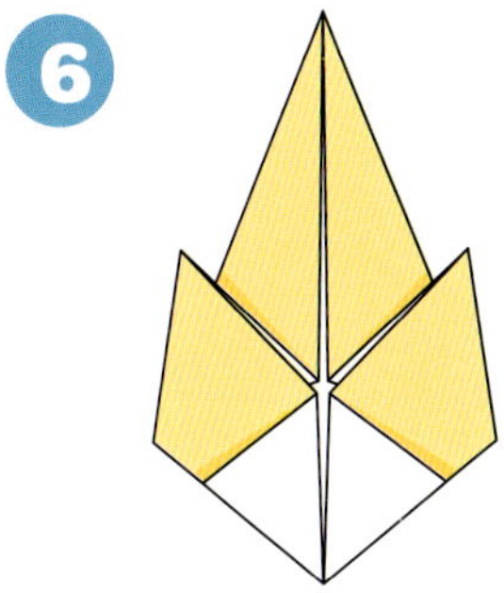

折好的状态。

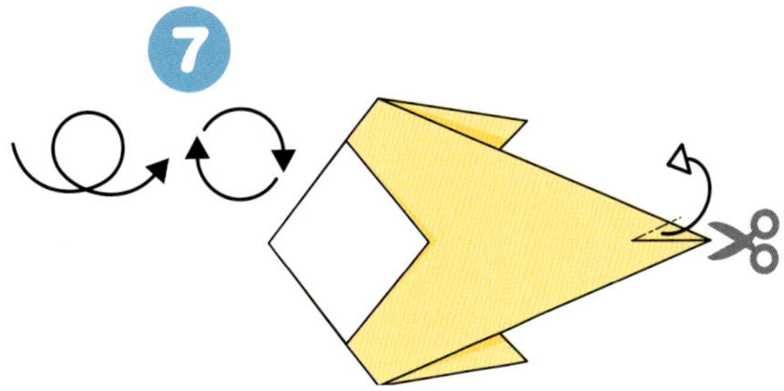

翻过来，改变方向。用剪刀
把尾部剪开，上部山形折。

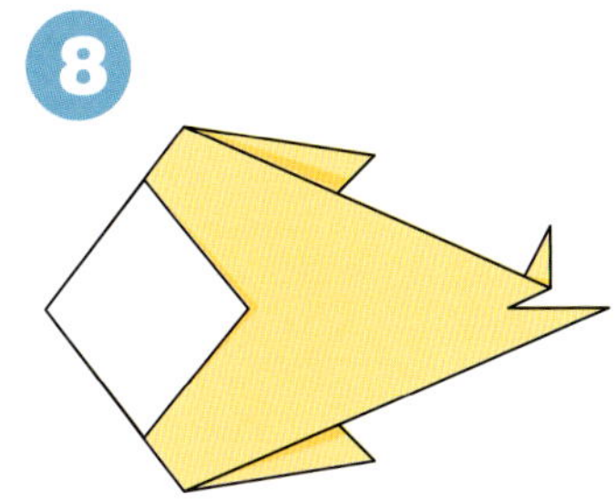

完成。

Column

在制作步骤 7 时，用剪刀剪开尾部，两端交叉折，
面部放在反方向就变成蝶鱼了。

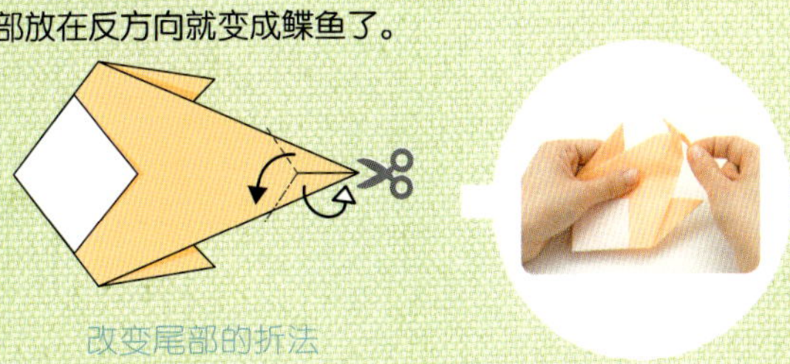

改变尾部的折法

面部的朝向和尾部的不同，使它变成不同的鱼

用不同颜色的折纸，改变眼睛的位置，画上不同的鱼鳞，就变成了各种热带鱼。眼睛和花纹可以自由地画上去。

大班

金鱼

不管是男孩还是女孩都喜欢金鱼。用各种颜色的折纸试着制作色彩鲜艳的金鱼吧。

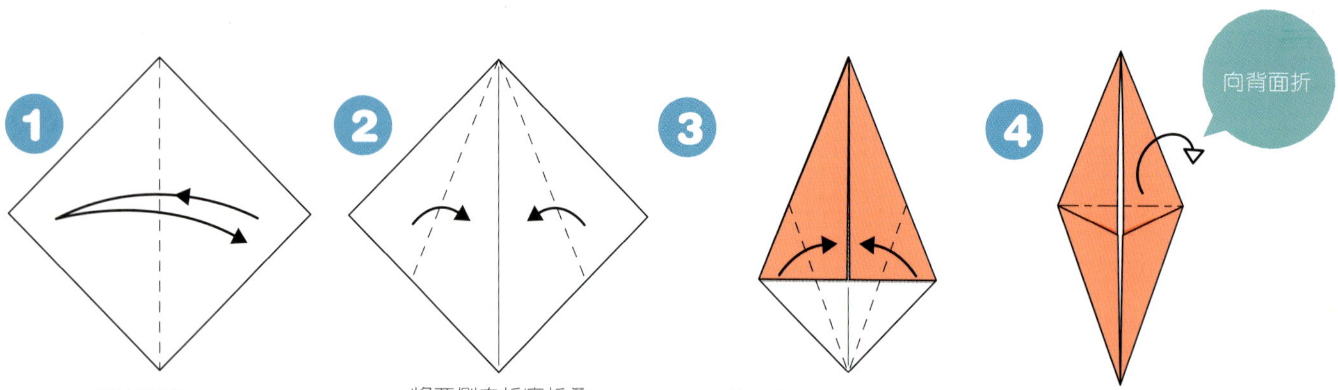

1 折出折痕。

2 将两侧向折痕折叠。

3 将下部两侧沿虚线向折痕折叠。

4 从中间山形折。

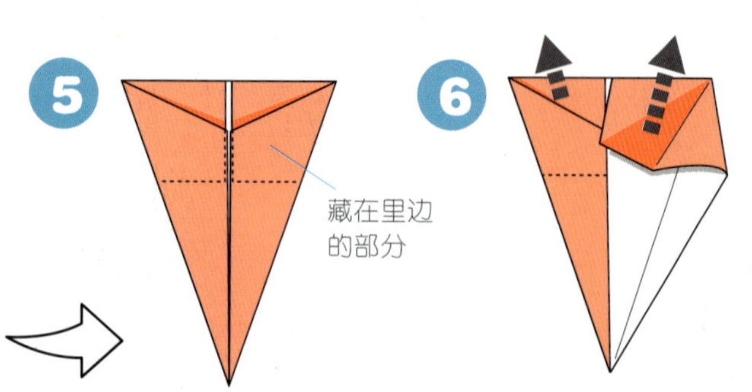

5 折好的状态。

6 将里面拉出折成三角形，做成鱼鳍的部分。

将里面拉出，把上部折成三角形后捏扁，就可以折出漂亮的形状。

7

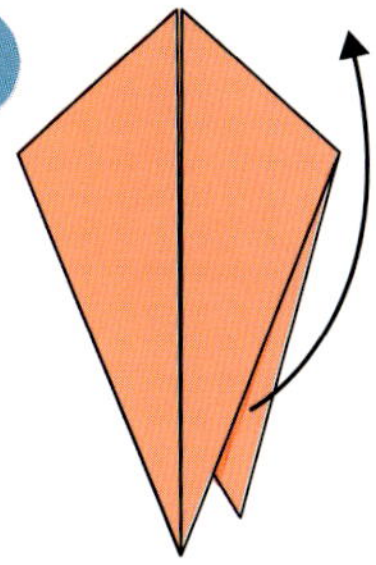

将反面向上折，打开。

8

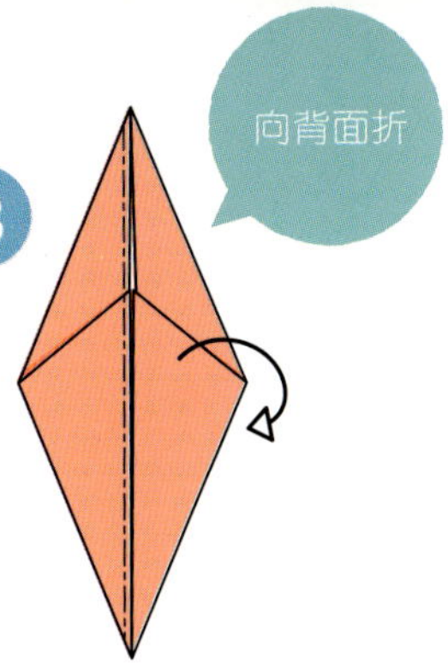

整体山形折。

9

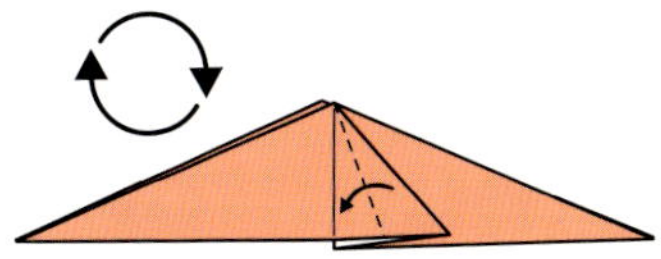

改变方向，鱼鳍部分从中间沿虚线折叠。背面也一样。

10

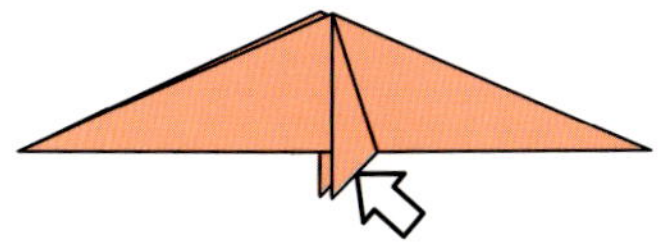

沿折痕打开按扁，做成鱼鳍的形状。背面也一样。

11

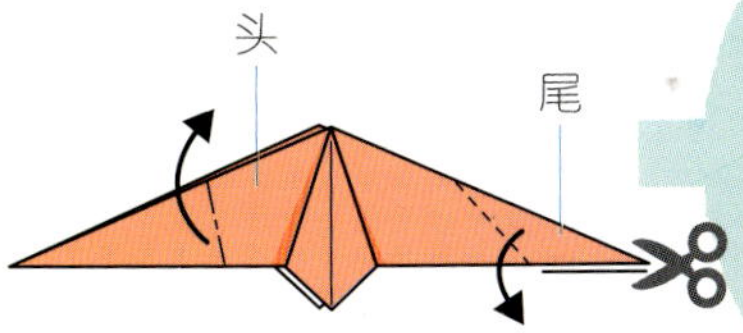

金鱼头部沿虚线作稍深的内向反折（参照P11B式样）。尾部用剪刀剪开，沿虚线折叠。背面也一样。

把指头插进头部中间作稍深的内向反折。

12

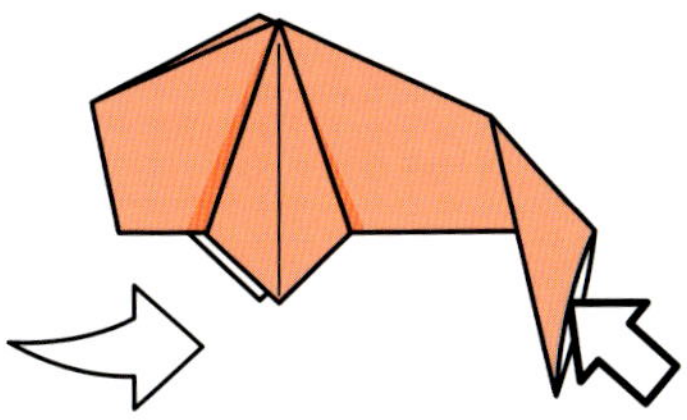

将尾部打开，捏扁。背面也一样。

13

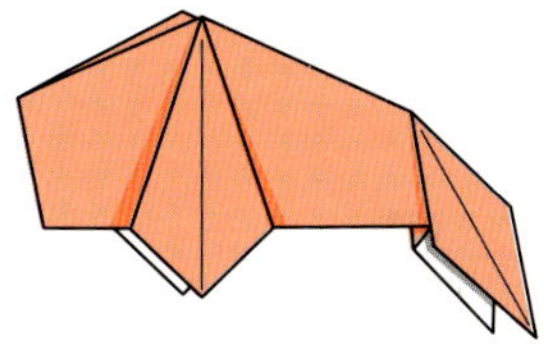

完成。用其他折纸做出眼睛粘上就成了凸眼金鱼。

用黑色的折纸折叠，就成了黑色凸眼金鱼。两只金鱼面对面放，就好像在聊天一样。

大班

鲸

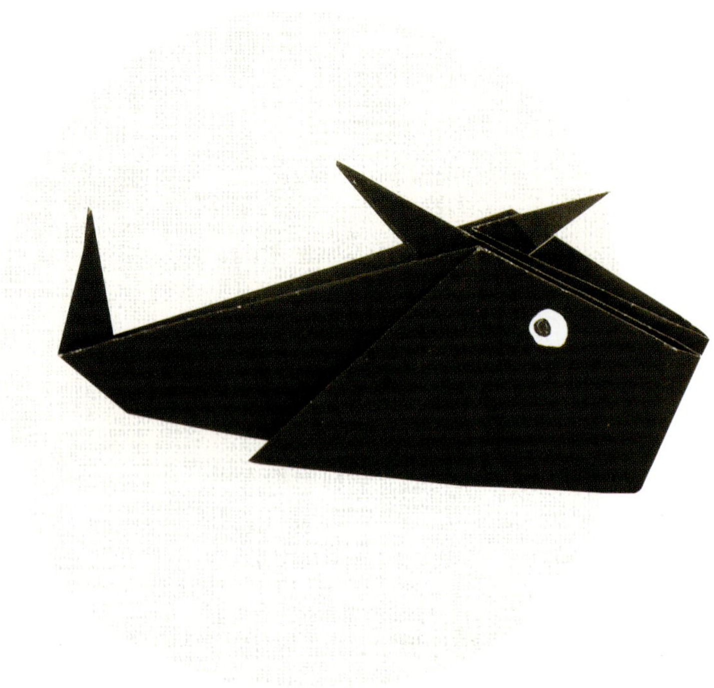

制作方法基本上和金鱼（P48）一样。

折纸只要学会一种，就能够变换出不同的作品。

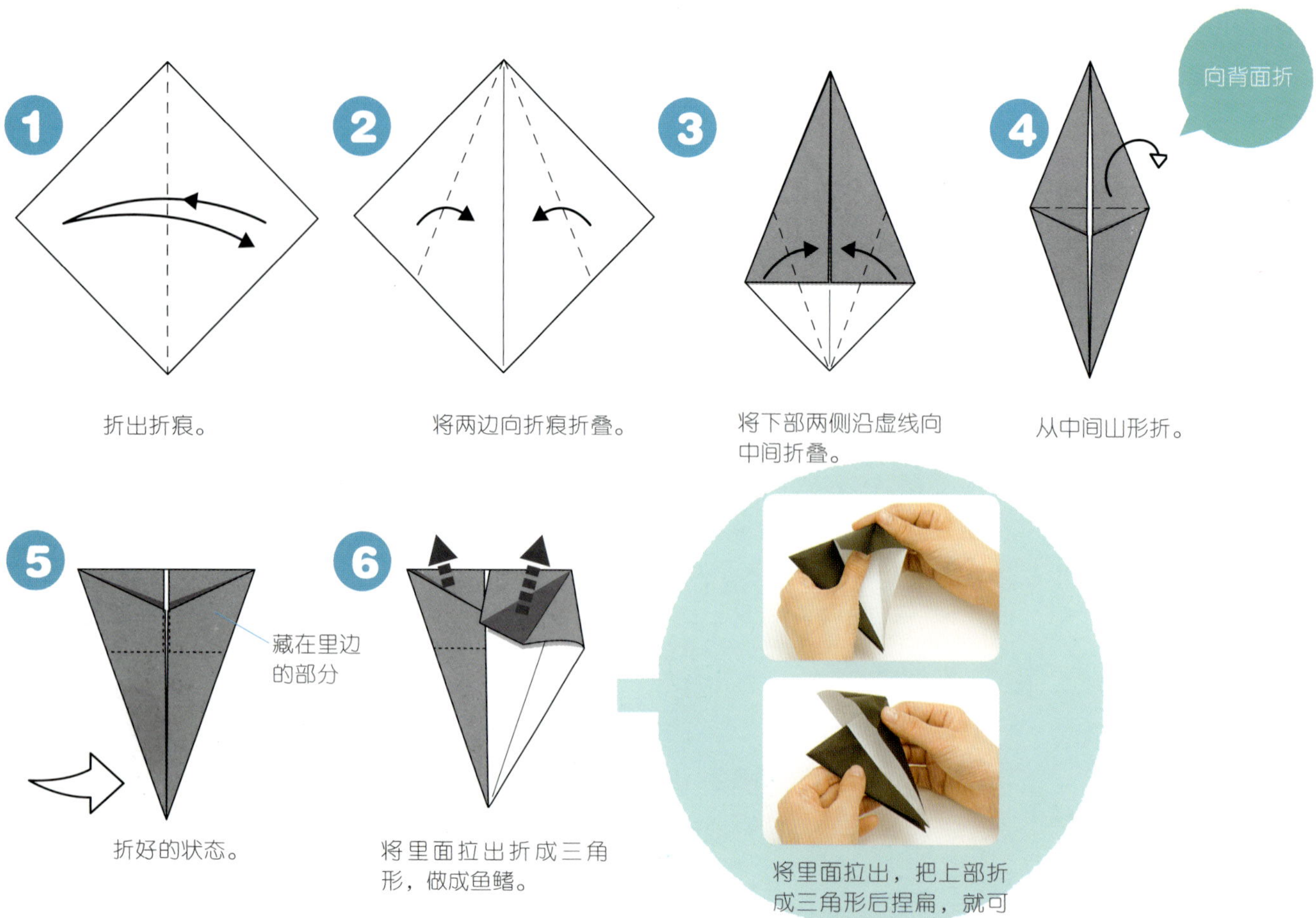

1 折出折痕。

2 将两边向折痕折叠。

3 将下部两侧沿虚线向中间折叠。

4 从中间山形折。

5 折好的状态。

6 将里面拉出折成三角形，做成鱼鳍。

将里面拉出，把上部折成三角形后捏扁，就可以折出漂亮的形状。

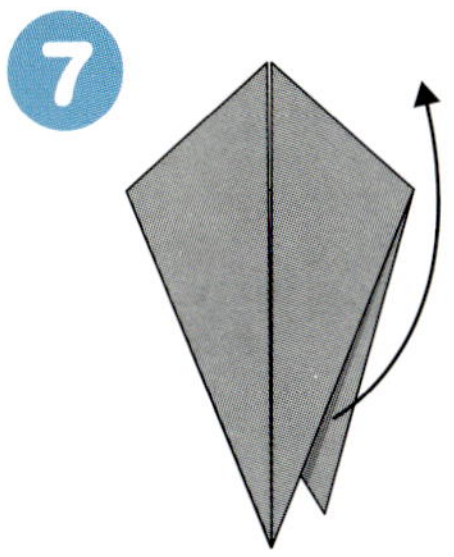

将反面向上折，打开。

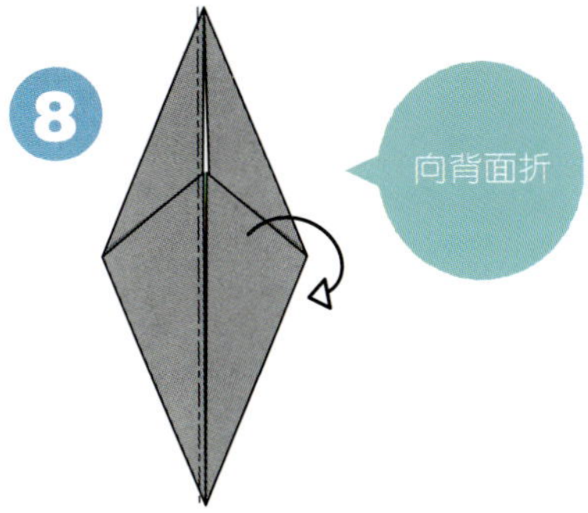

整体山形折。

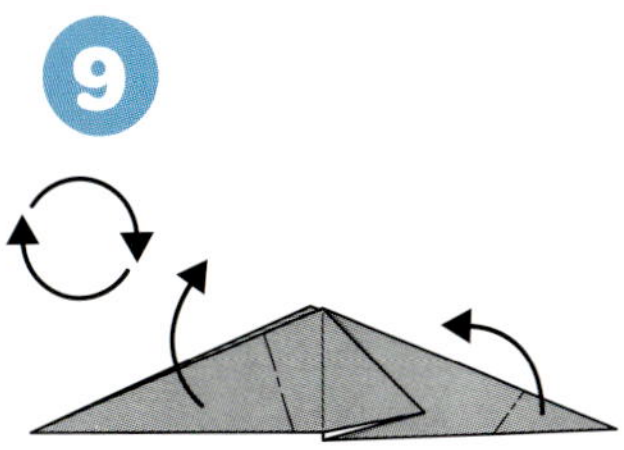

改变方向，头部沿虚线作稍深的内向反折（参照P11B式样）。折叠部分的前端要成为喷出的海水，可以从头部翘起。尾部与头部一样作内向反折。

把指头插进头部中间作稍深的内向反折。

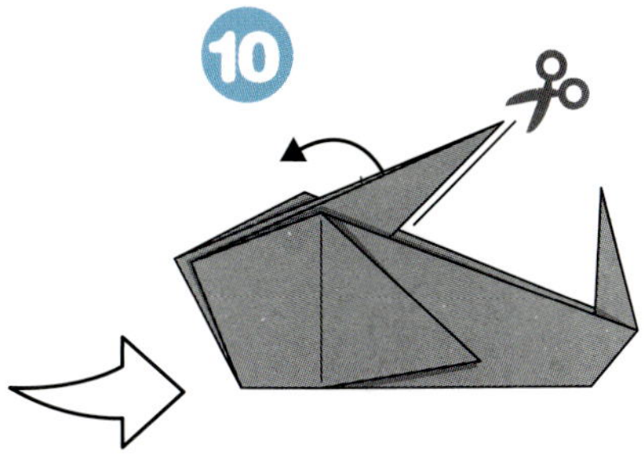

上部用剪刀剪开，将一端折起，就像鲸在喷海水一样。

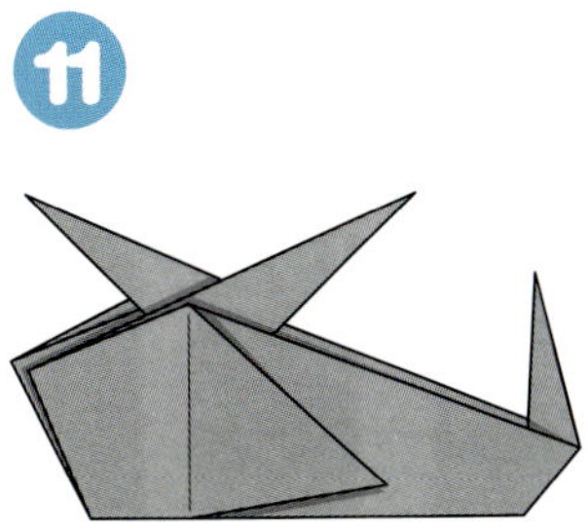

完成。

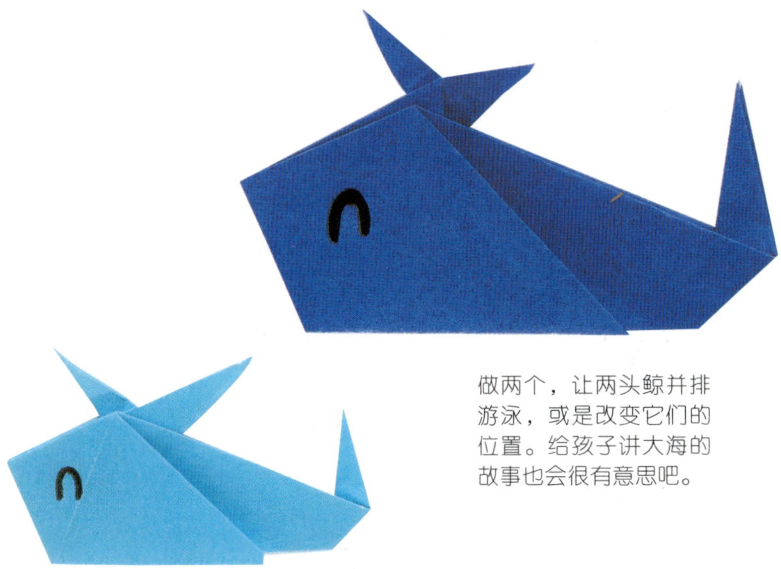

做两个，让两头鲸并排游泳，或是改变它们的位置。给孩子讲大海的故事也会很有意思吧。

海豚

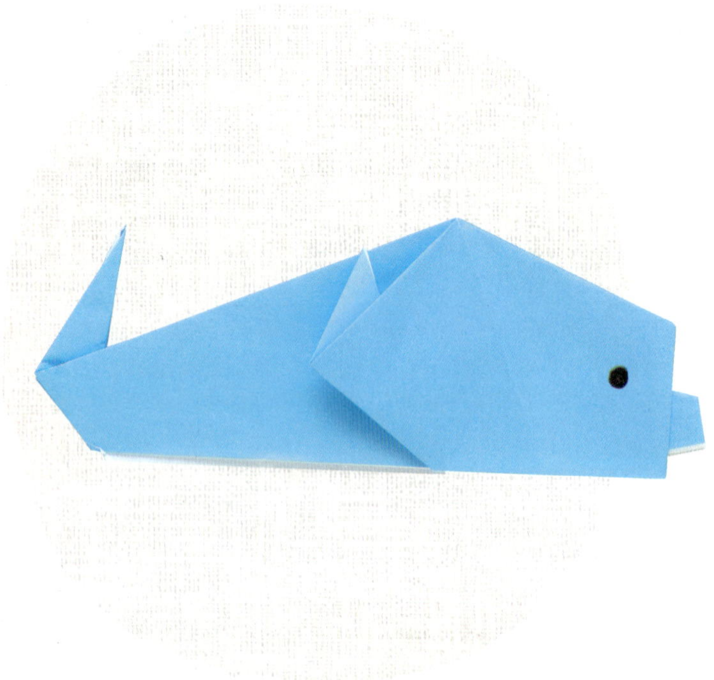

大海中最受男孩和女孩喜欢的莫过于海豚了。
折叠的要点在于，最后把海豚的嘴稍稍向上折一下，让嘴翘起来。

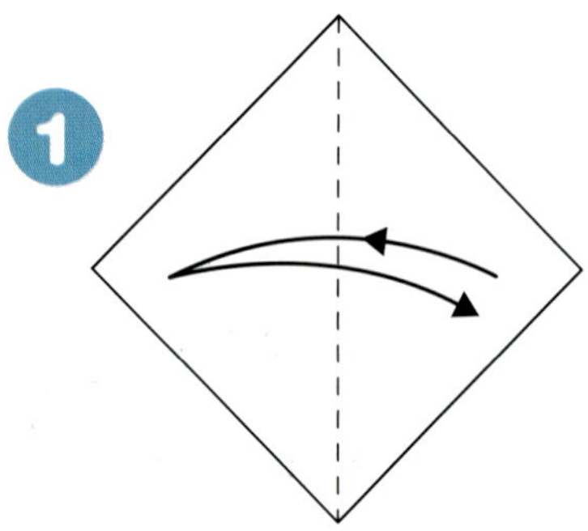

折出折痕。

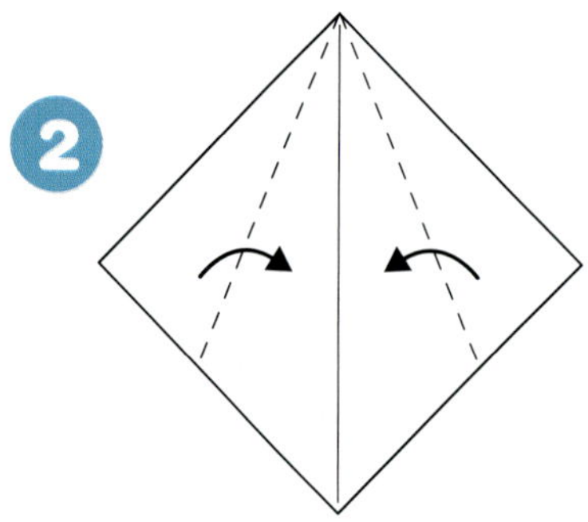

将两边向折痕折叠。

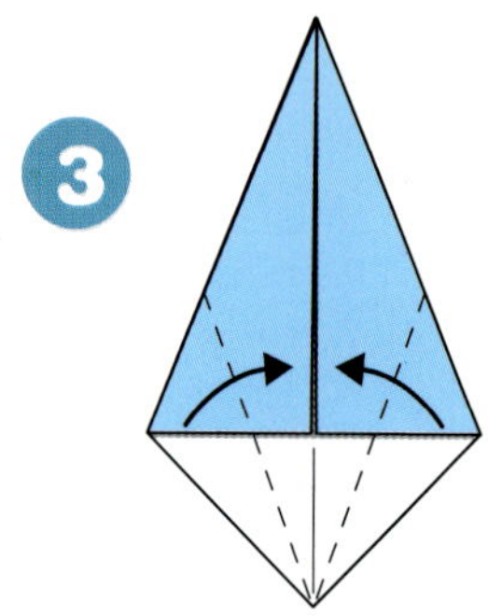

将下部两侧沿虚线向折痕折叠。

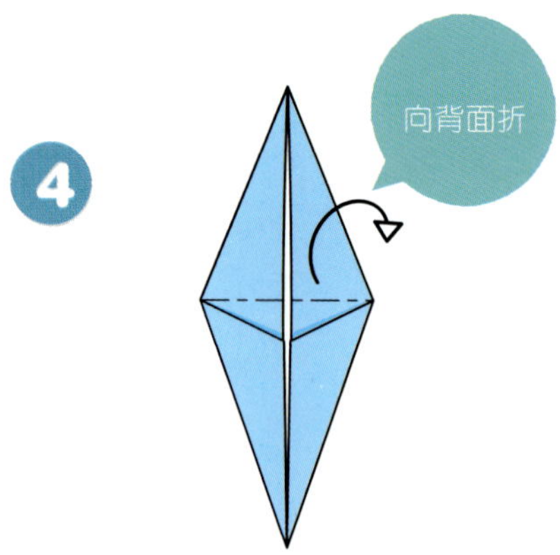

从中间山形折。

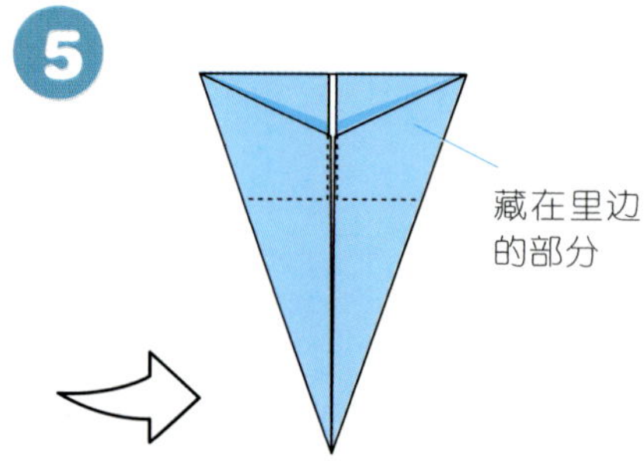

折好的状态。

6

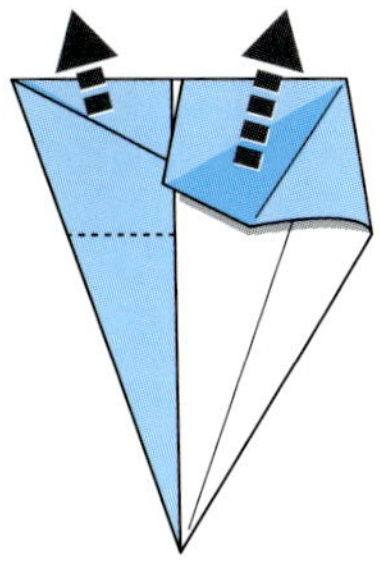

将里面拉出折成三角形，
做成鳍的部分。

将里面拉出，把上部折
成三角形后捏扁，就可
以折出漂亮的形状。

7

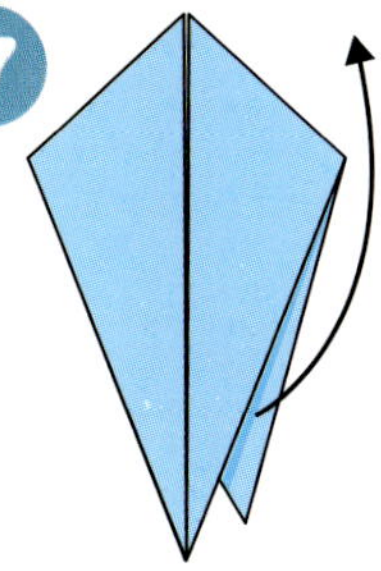

将反面向上折，打开。

8

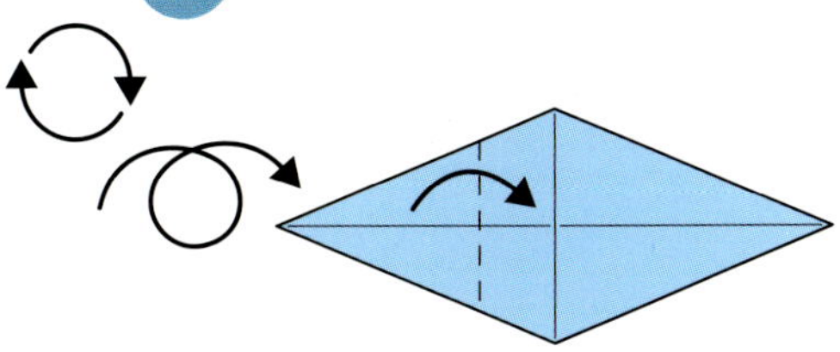

改变方向，翻过来。沿
虚线折叠。

9

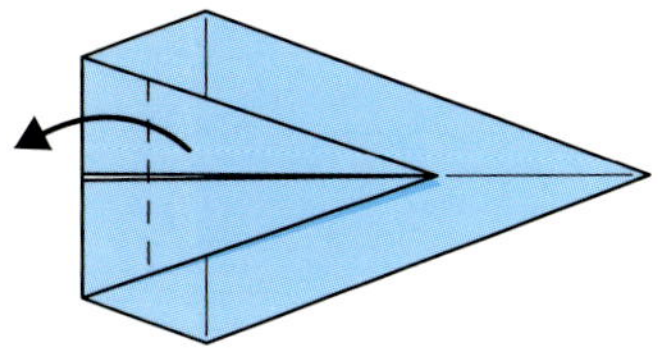

再沿虚线折叠。

10

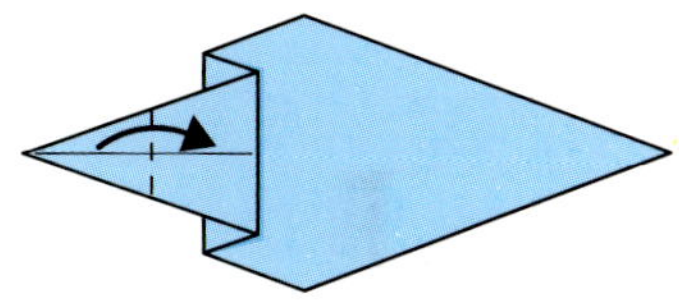

从中间折叠，做成海豚
的嘴巴。

11

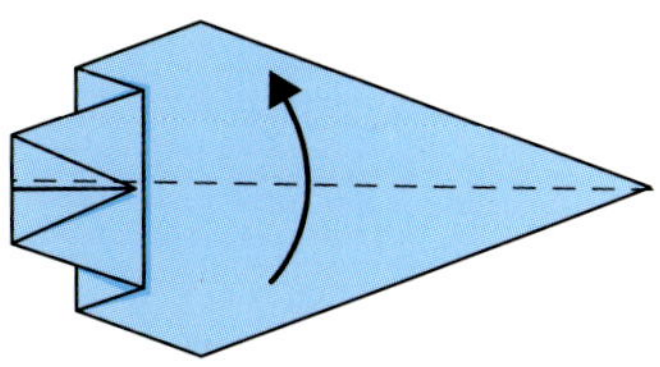

整体谷形折。

12

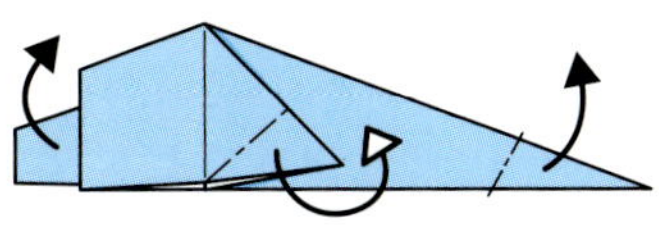

将嘴巴稍稍向上拉一拉。鳍
的部分山形折，背面也同样
山形折。尾部内向反折（参
照P11B式样）。

13

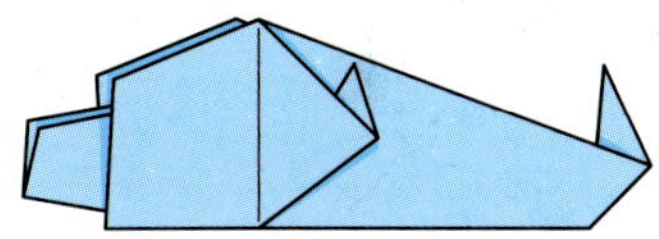

完成。

用其他折纸做一个
圈圈，套在海豚身
上，就好像海豚在
表演节目一样。

大班

海狗

在水族馆里海狗总是给我们表演各种节目。

因为作品还能够立起来，做好后孩子们看了都会很兴奋的。

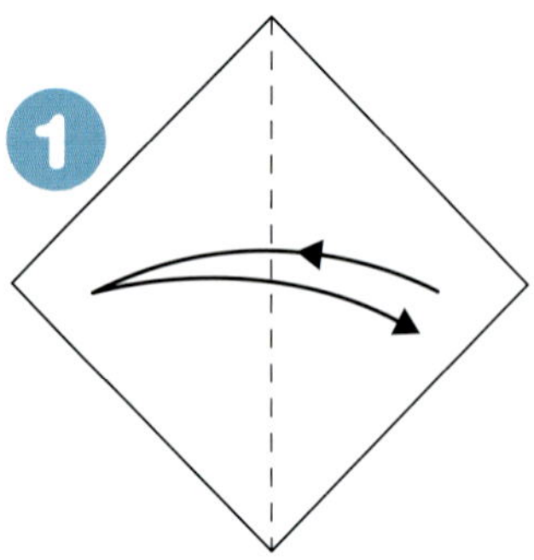

折出折痕。

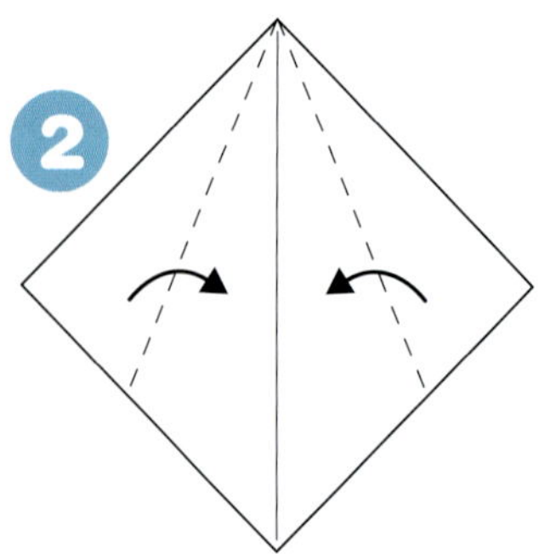

将两边向折痕折叠。

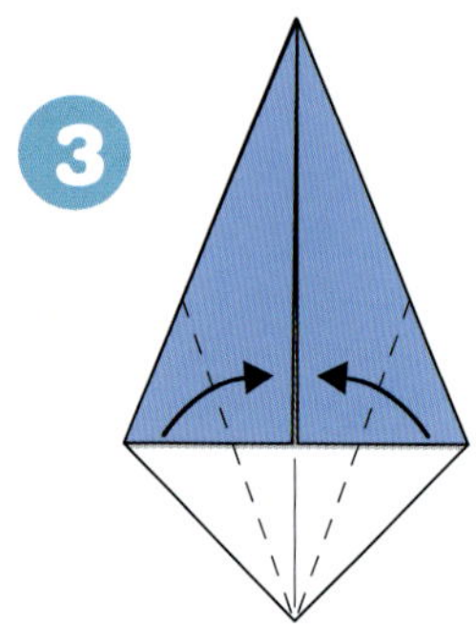

将下部两侧沿虚线向折痕折叠。

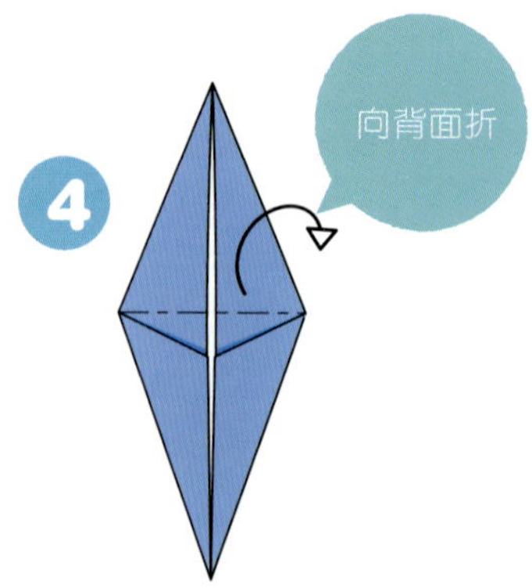

从中间山形折。

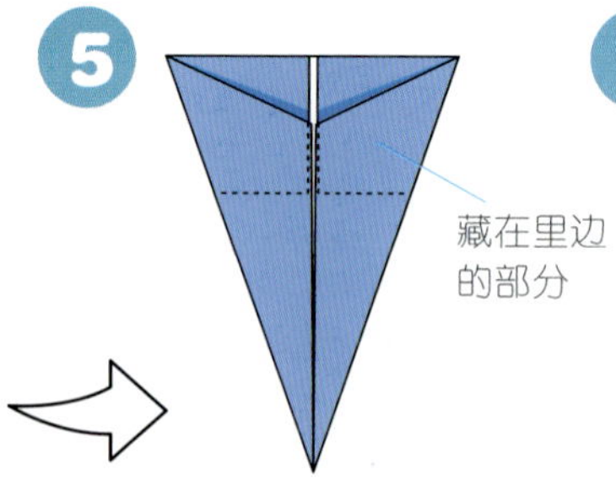

折好的状态。

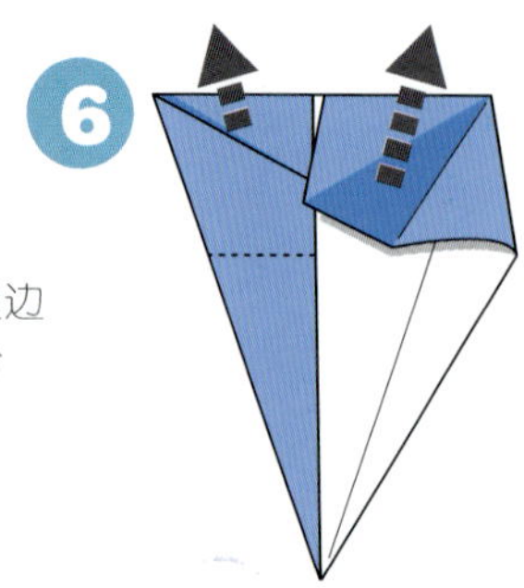

将里面拉出折成三角形，做成鳍的部分。

将里面拉出，把上部折成三角形后捏扁，就可以折出漂亮的形状。

7

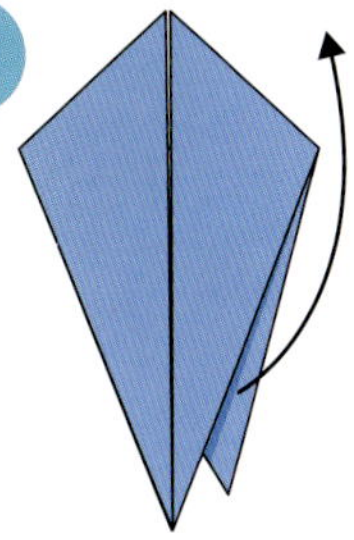

将反面向上折，打开。

8

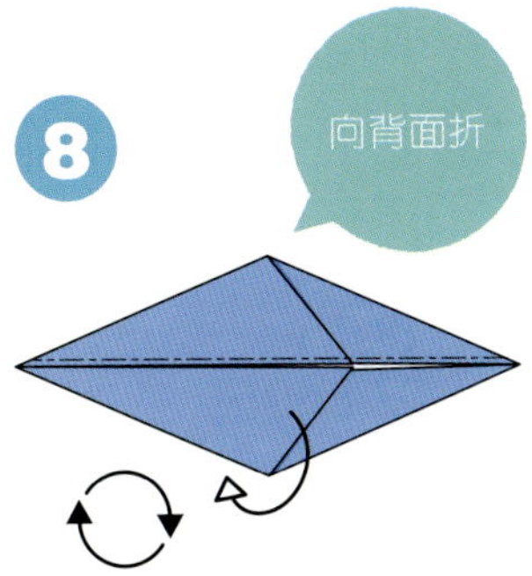

改变方向，整体山形折。

9

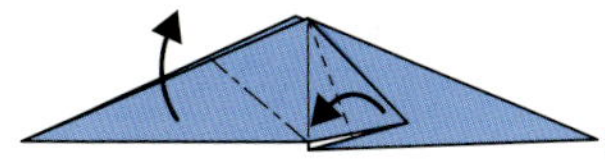

头部沿虚线作稍深的内向反折（参照P11B式样）。鳍的部分从中间沿虚线折叠。背面也一样。

制作头部时，为了让脖子能够立起来，内向反折是重点。

10

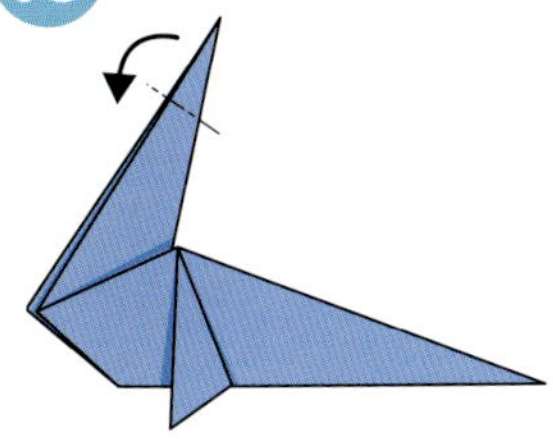

尖端沿虚线内向反折（参照P11B式样），制作头部。

11

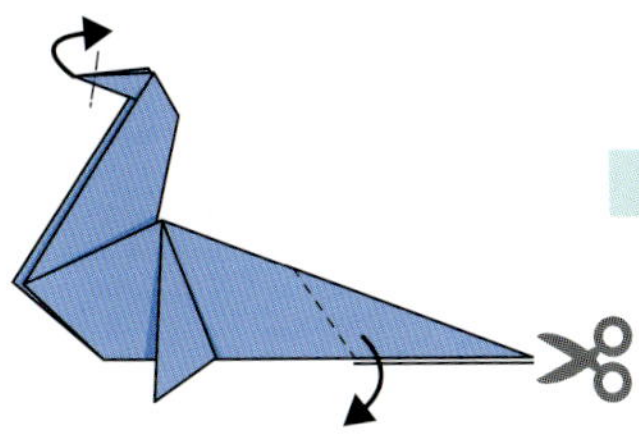

尖端沿虚线内向反折（参照P11B式样），做嘴巴。脚部用剪刀剪一下，谷形折。背面也一样。

面部的尖端内向反折，做嘴巴。

12

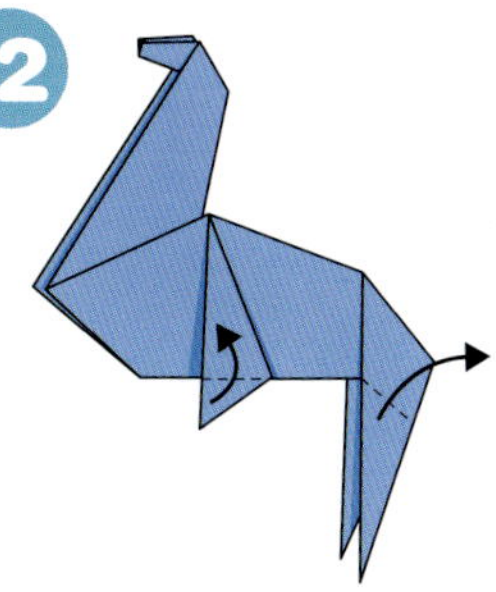

鳍和脚部沿虚线折上去。背面也一样。

13

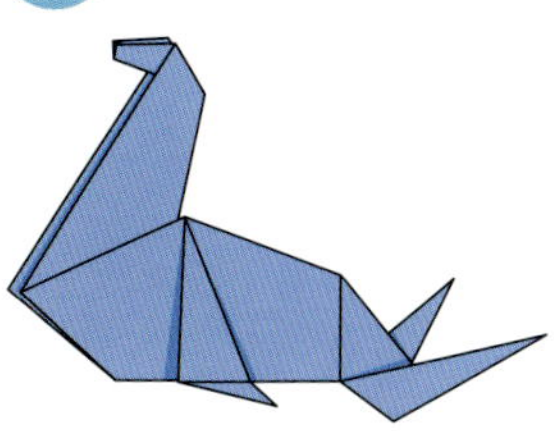

完成。

在海狗的头上放上气球（参照P90），就像在水族馆看到的节目一样。

大班

虾

制作虾的特点在于，首先制作虾的须，并且身体部分是重复山形折和谷形折的台阶状折叠。

台阶状折叠后身体可以自由弯曲。

1

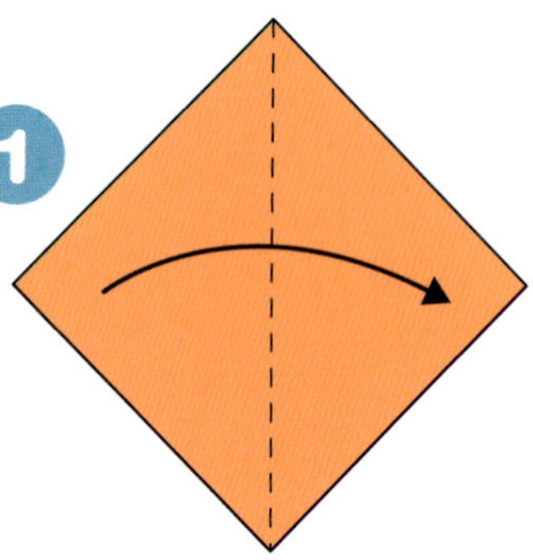

折纸正面朝上，沿虚线从中间对折。

2

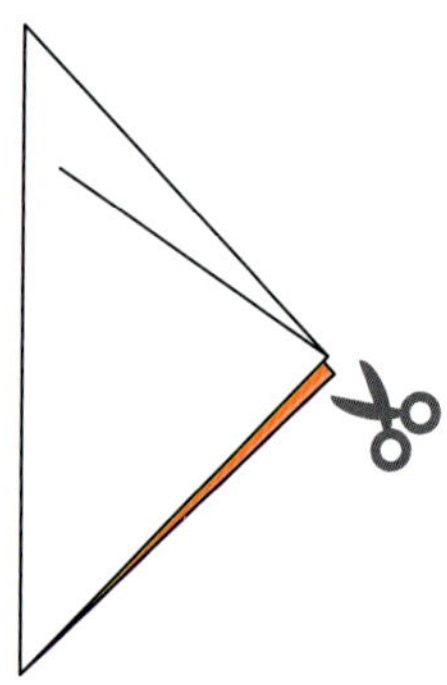

用剪刀剪开做虾须的部分。

虾须部分前面是尖的，但是中间如果太细的话，就不能对折起来。考虑到还要对折，请用剪刀剪。

3

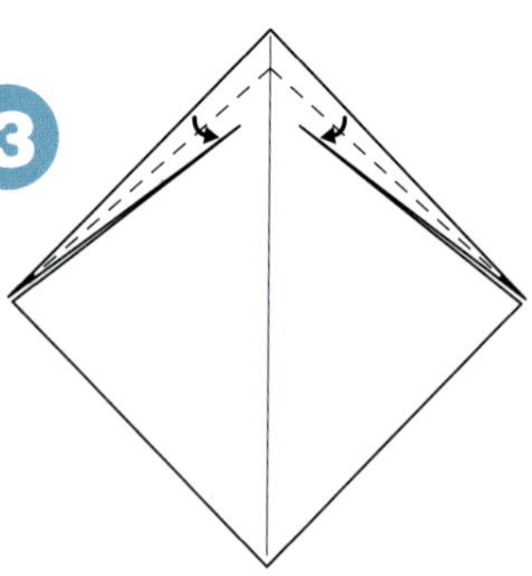

展开，从折纸背面将虾须部分对折。

将虾须部分从中间对折起来，最后这里会成为虾的头部。

4

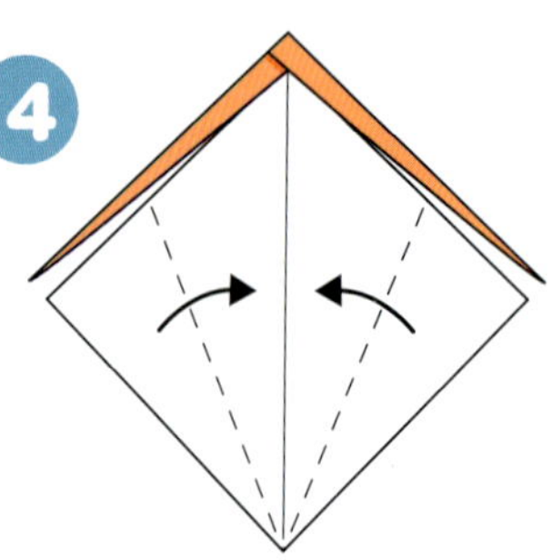

将两边向折痕折叠。

5

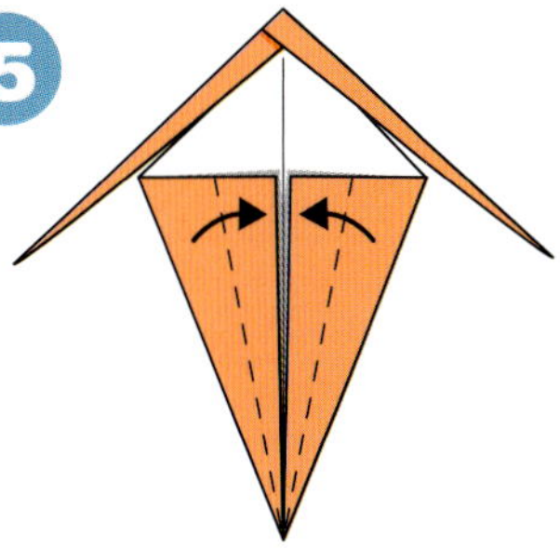

沿虚线向折痕再折一次。

6

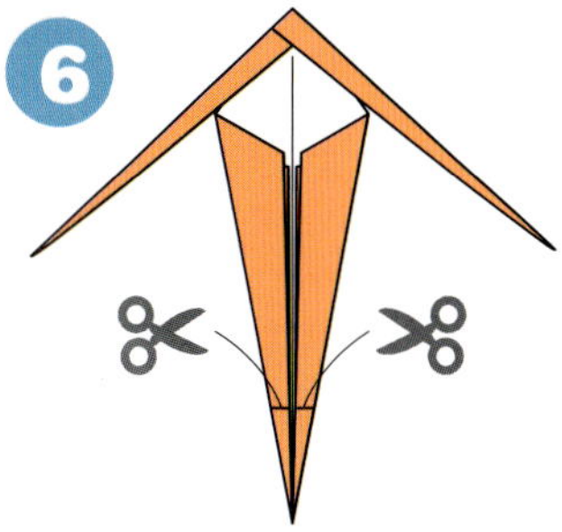

用剪刀将下部的上层折纸左右各剪一下，打开做尾部。

一定要只剪上层折纸的部分，剪得多了会把尾巴整个剪掉，虾就没有尾巴了。

7

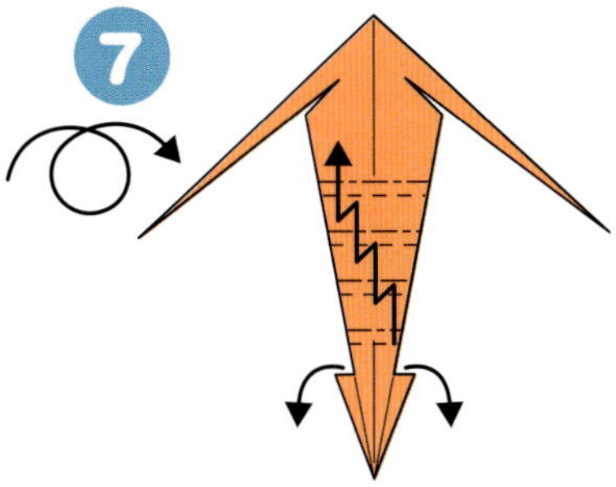

翻过来，台阶状折叠（参照P12）。

8

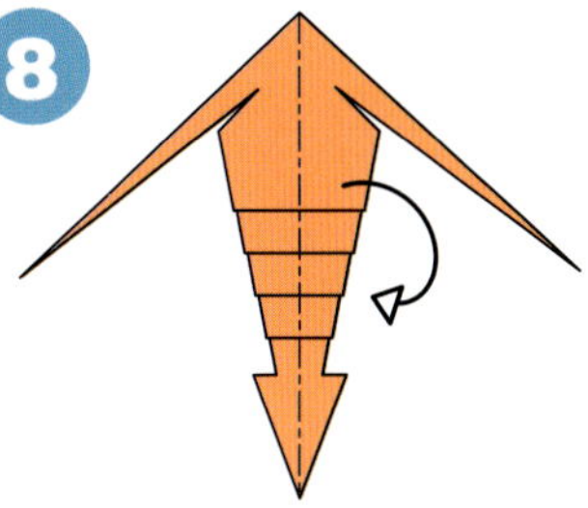

整体山形折。

9

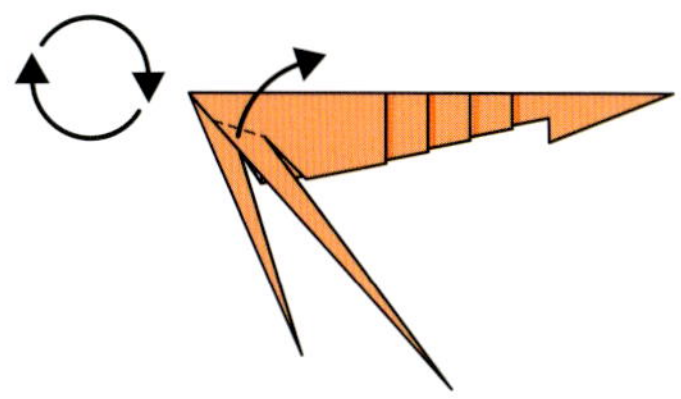

改变方向，沿虚线把虾须折上去。

10

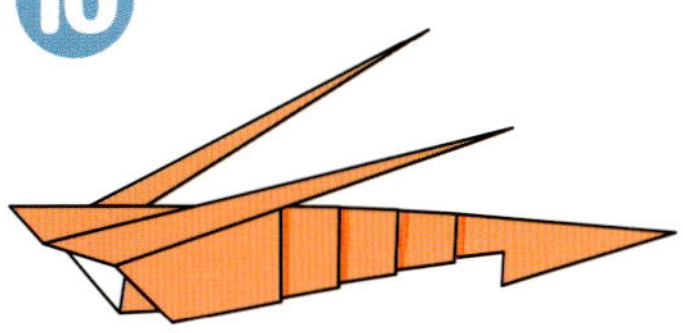

完成。

将台阶状折叠反过来折的话，就变成了跳起来的虾。

园长的小总结

用知了做游戏

折纸，折的过程就非常有意思，但是再动动脑子、下点工夫就会变得更有意思。
园长老师教大家做孩子们喜欢的用知了玩的游戏。

··· 准备的东西 ···

磁铁

绳子

纸杯

除此之外还需要透明胶和双面胶。

粘上磁铁玩

用双面胶将磁铁粘在P40~41做的知了的腹部。

磁铁吸在冰箱上，就像知了停在上面一样。

穿上绳子玩

将合适长度的绳子穿在P40~41中做的知了上，挂在门把手或衣架上，同时拽两根绳子，知了就爬上去了。

仅在穿绳子的部分中间用透明胶或双面胶粘住。

利用纸杯玩

使纸杯头朝下，在纸杯上打两个洞，穿上合适长度的绳子。在纸杯上粘上P40~41中做的知了，挂在门把手或衣架上，同时拽两根绳子，知了就爬上去了。

花和食物的折纸

花能够培养孩子们的季节感，
食物可以用在购物游戏中。

小班

郁金香

第一次踏入幼儿园的季节正好是点缀春天的花朵中有代表性的郁金香盛开的季节。
请尝试不同折法。

A 折法

1
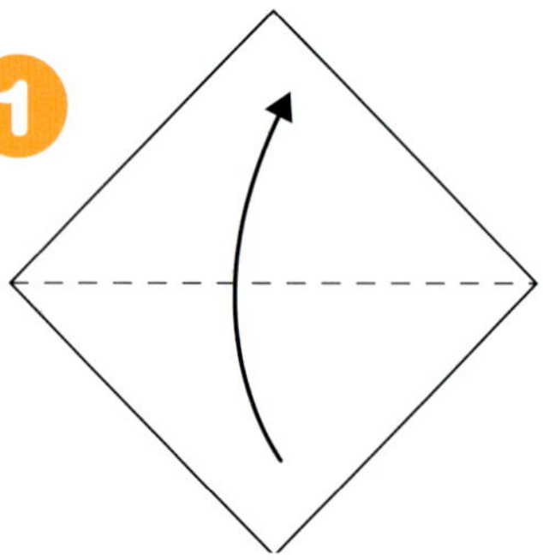
沿虚线对折。

2

中间留出空隙，沿虚线斜着折。

3
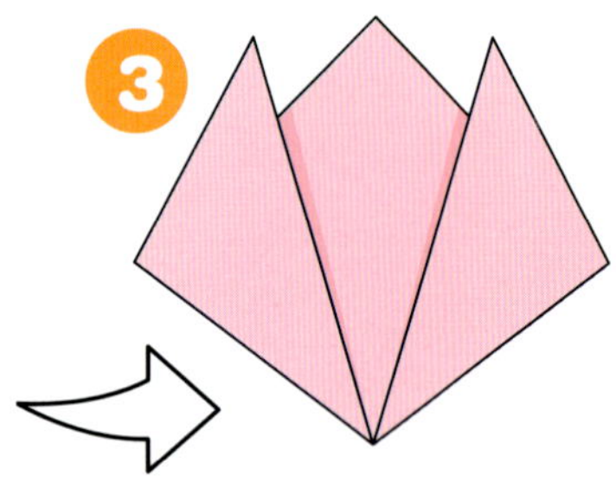
完成。

Column

将郁金香上部的中间沿虚线谷形折，翻过来就是“小猫”。
小猫的折法见P19。
学会一种折法，即使是小孩子也能折出各种不同的作品。

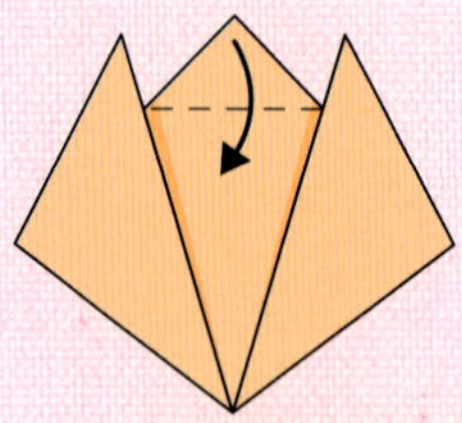
沿虚线谷形折

变成小猫了

B 折法

1

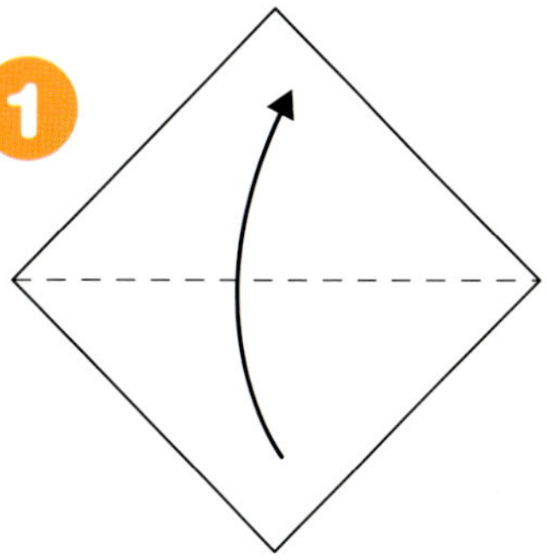

沿虚线对折。

2

中间留出空隙，沿虚线斜着折。

3

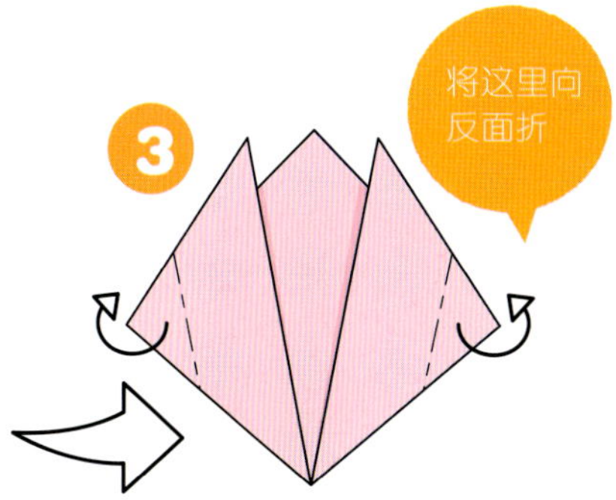

两侧沿虚线山形折。

4

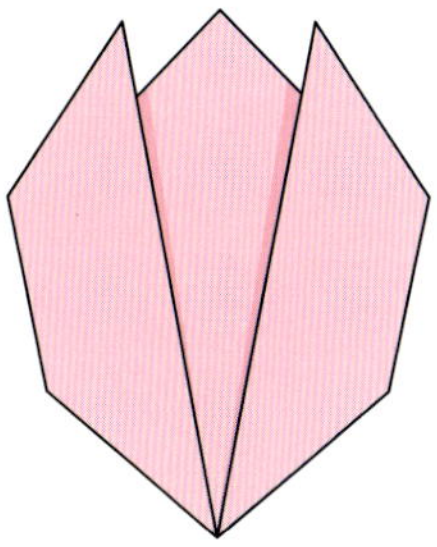

完成。

郁金香（B折法）

郁金香（C折法）

C 折法

1

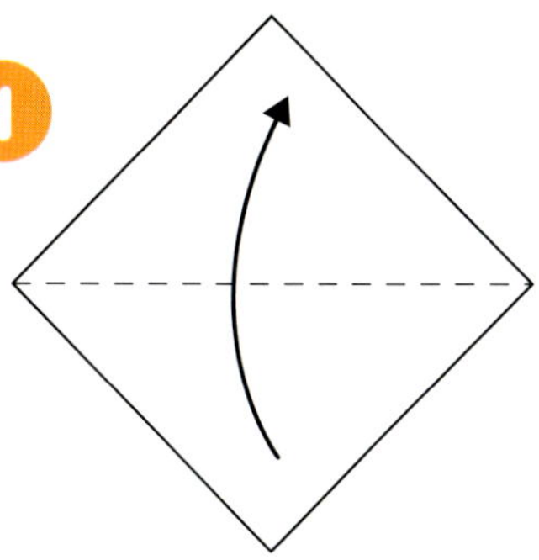

沿虚线对折。

2

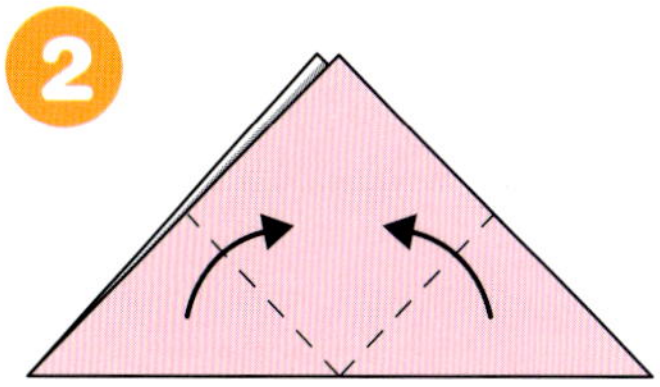

沿虚线向中间折。

3

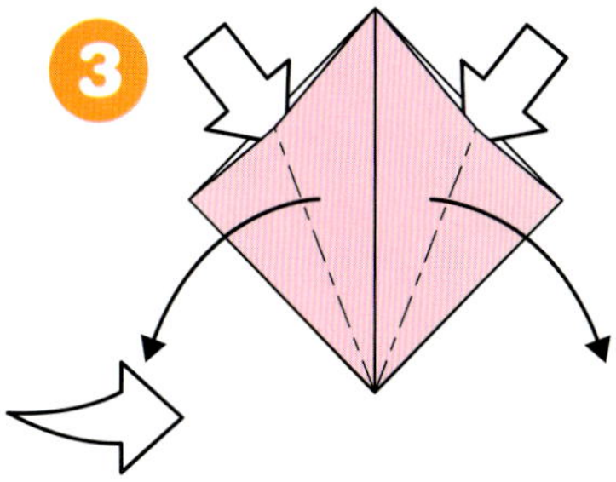

手指插入折纸两侧的中间，
将折纸打开，按扁。

把手指插入折纸两侧
的中间，将左右两侧
整体撑开，按扁。

4

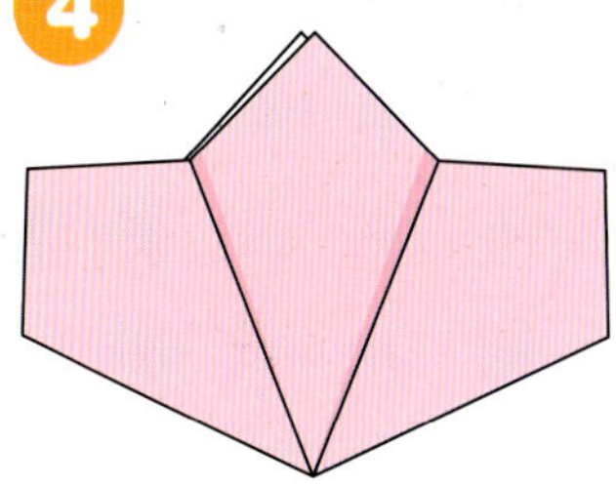

完成。

小班

树叶

在这里介绍两种树叶的折法。学会这两种折法，能够演变出各种造型。

A 折法

1

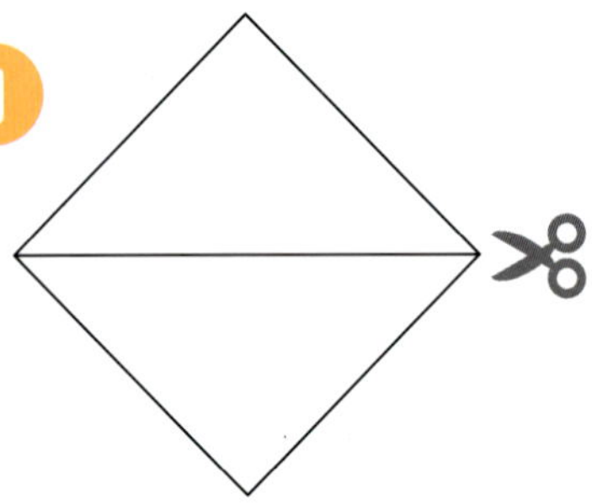

用剪刀沿对角线将折纸剪成两半。

2

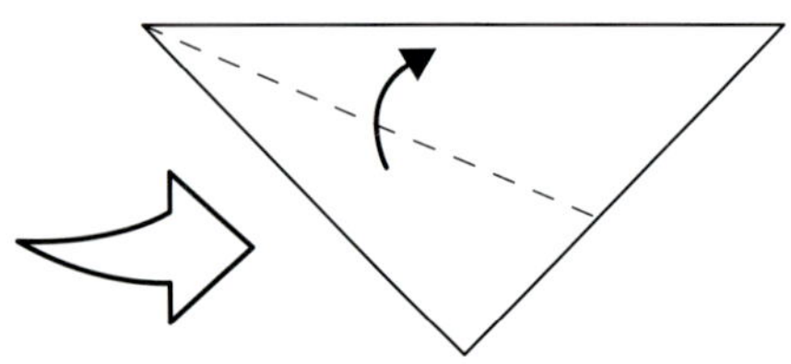

把剪下来的折纸沿虚线折叠。

3

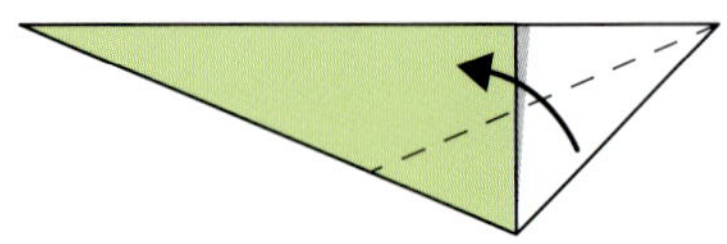

再沿虚线将折纸右侧折起。

4

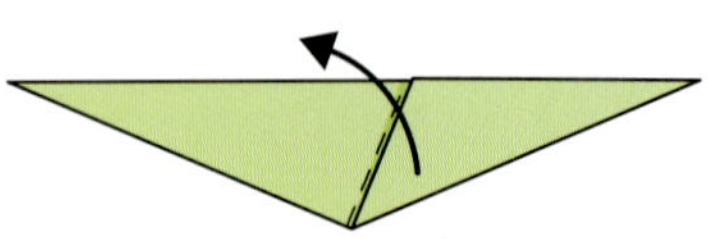

沿虚线折起。

5

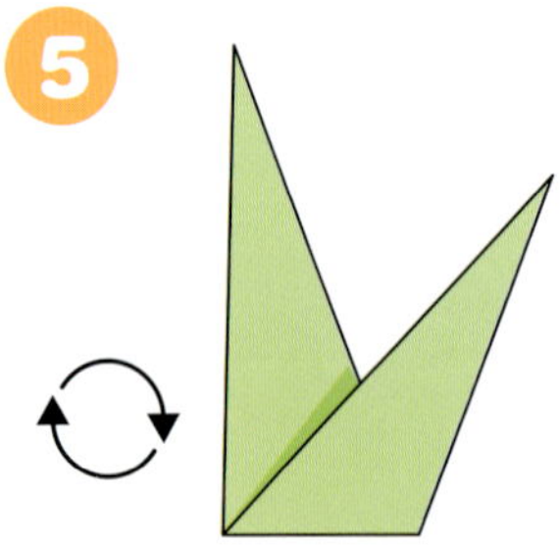

改变方向，完成。

也可以用不同颜色的折纸再做一个，重叠在一起。

B 折法

1

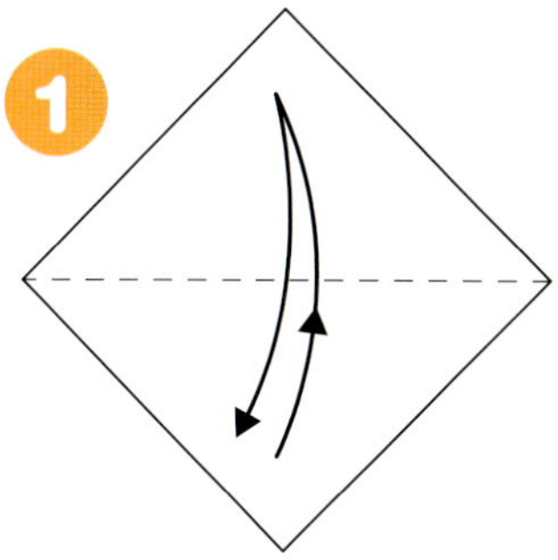

折出折痕。

2

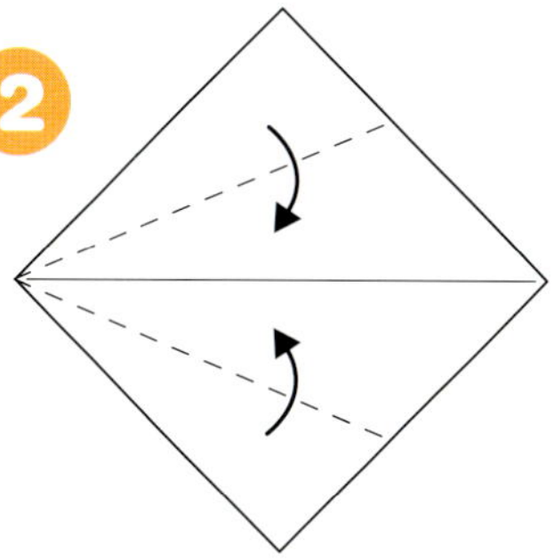

将两边向折痕折叠。

3

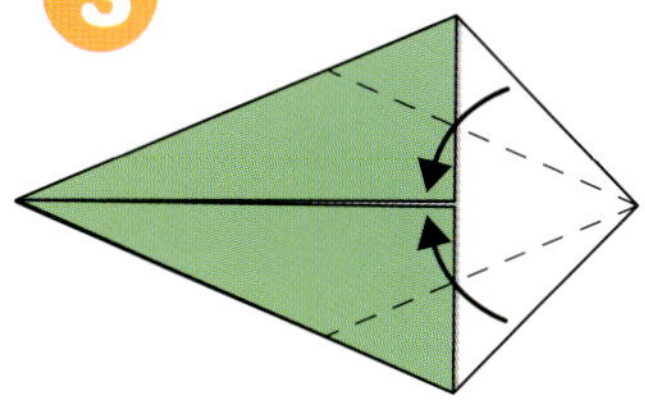

再沿虚线向折痕折叠。

4

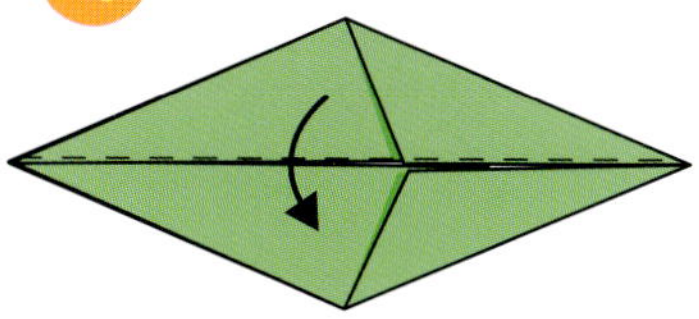

整体谷形折。

5

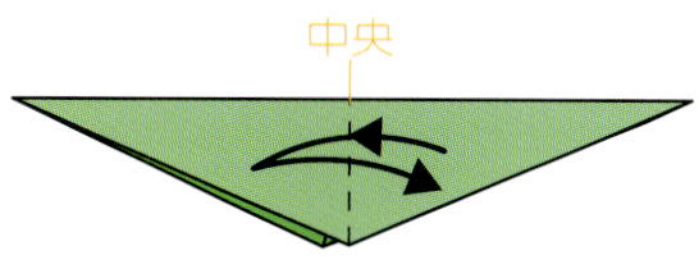

对折一下，折出折痕。

6

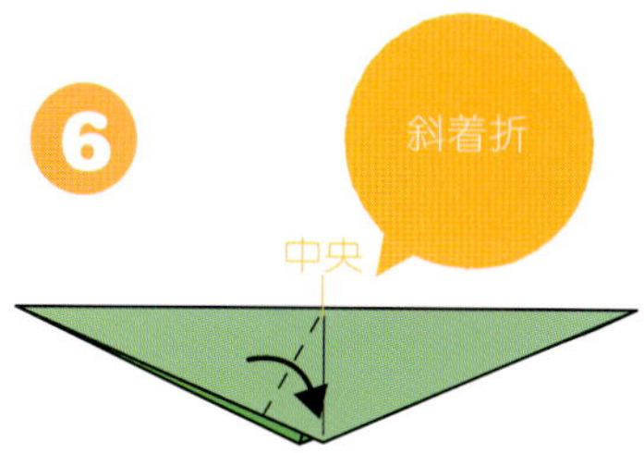

将中间的折痕作为支点，沿虚线折叠。

7

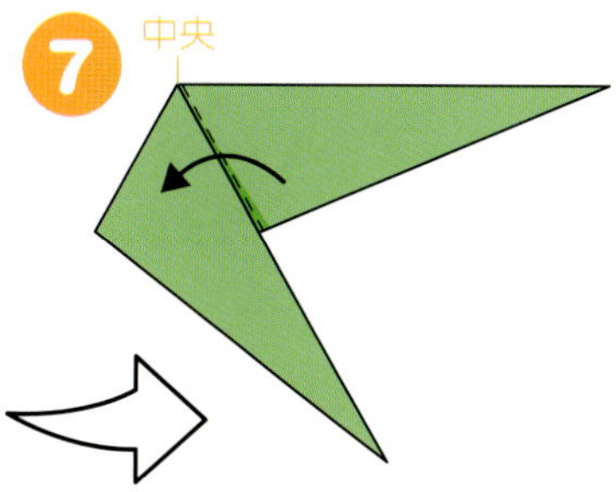

上面也沿虚线折叠。

8

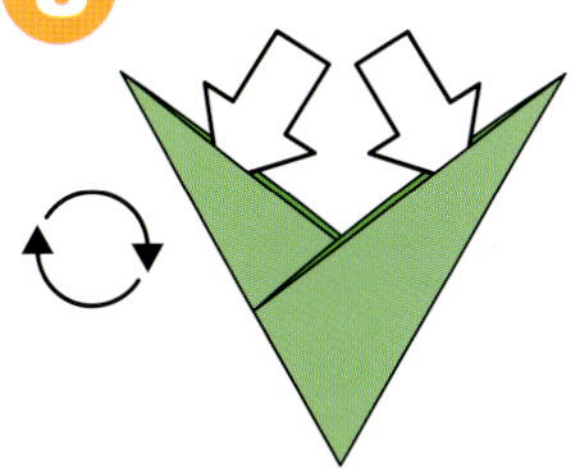

改变方向，将手指插入折纸中，左右同样打开后按扁。

将手指插入折纸中整体打开，然后按扁。

9

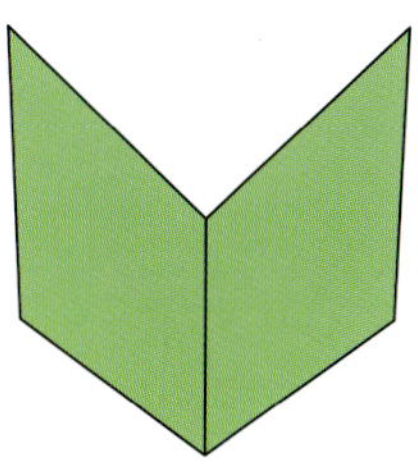

完成。

树叶（B折法）完成了。

中班

蝴蝶花

蝴蝶花是在五月份左右盛开紫色花朵的美丽植物。

改变一下郁金香的折法就可以完成，请一定尝试一下 。

花朵

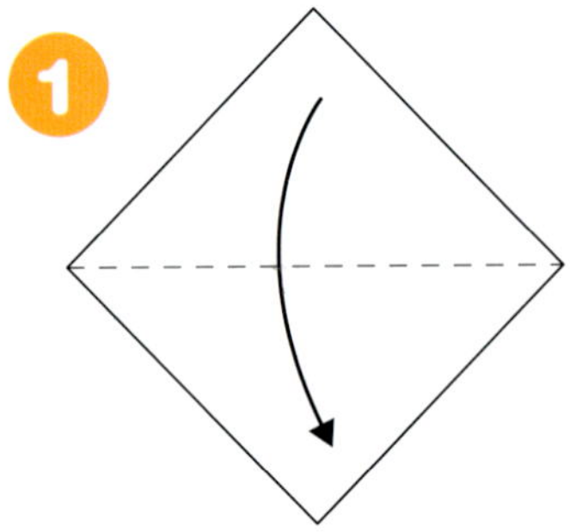

沿虚线对折。

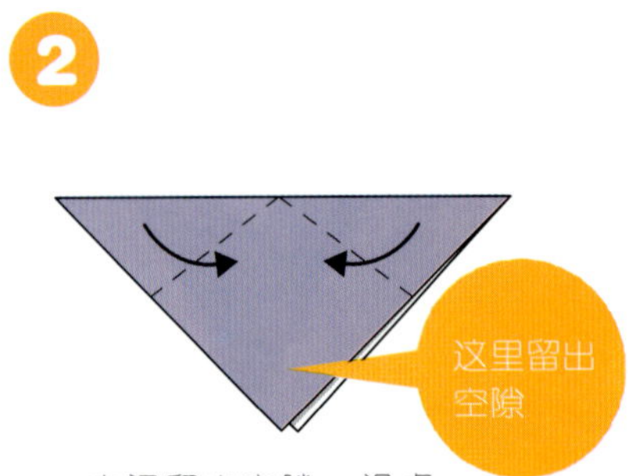

中间留出空隙，沿虚线斜着折。

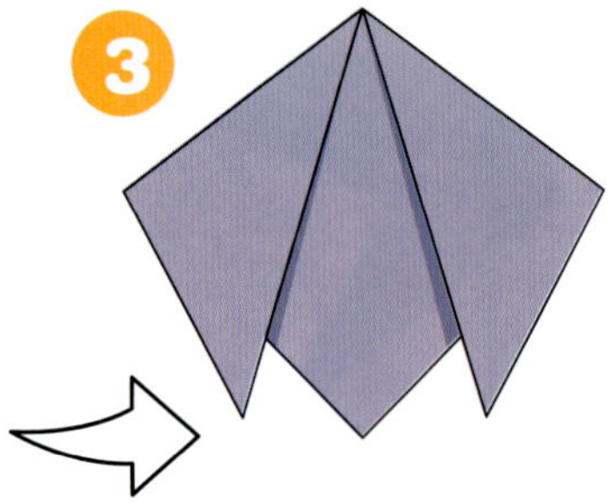

折好的状态。

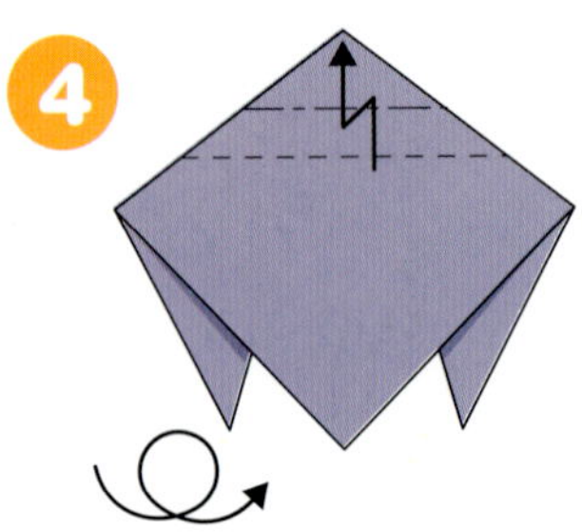

翻过来，上部台阶状折叠（参照P12）。

台阶状折叠后的状态。

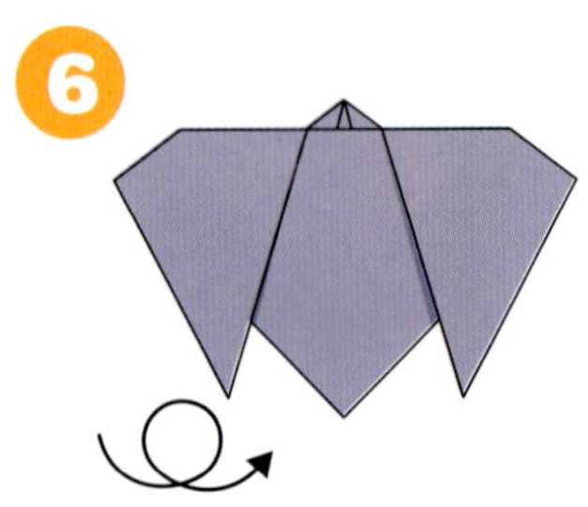

翻过来，完成。

叶子

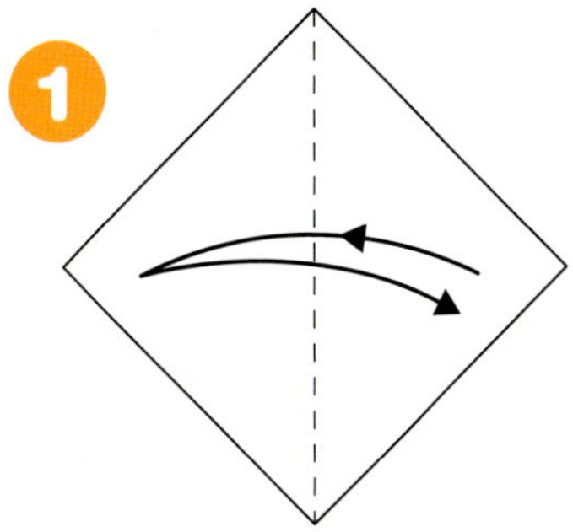

沿虚线折出折痕。

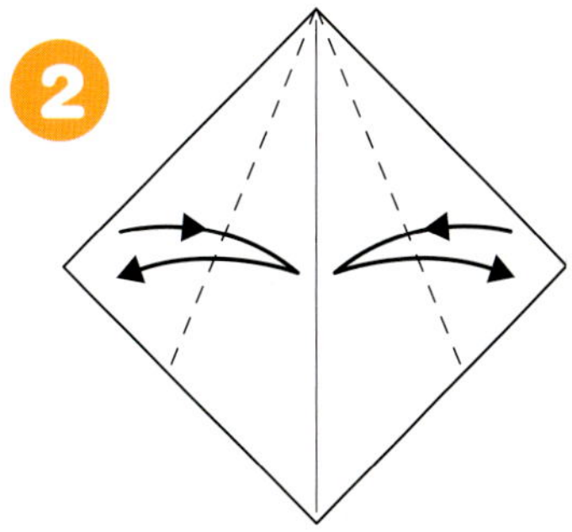

将两边向折痕折叠，再次折出折痕。

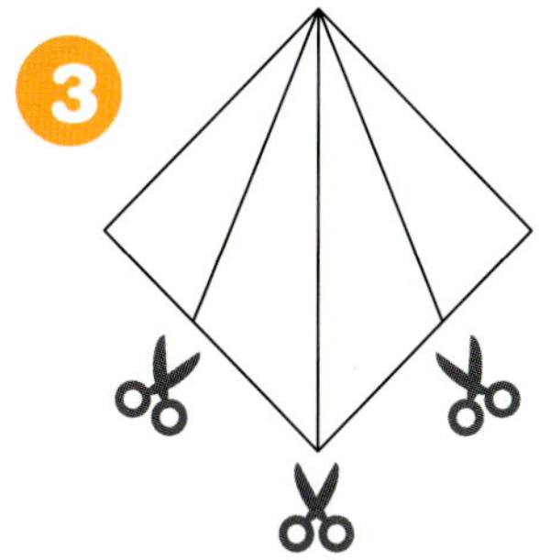

用剪刀沿折痕将折纸剪成四部分。

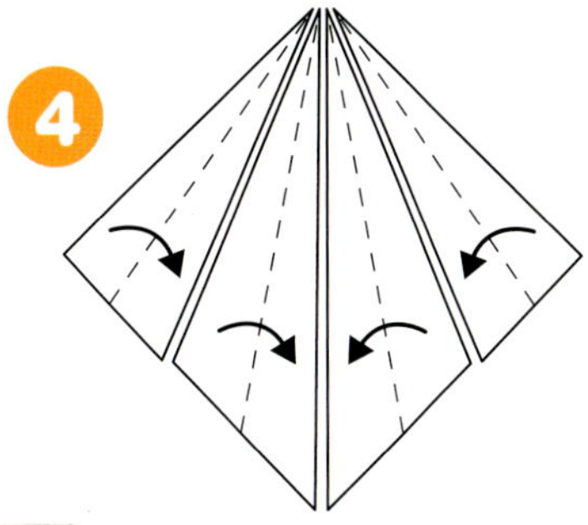

分别沿虚线对折。

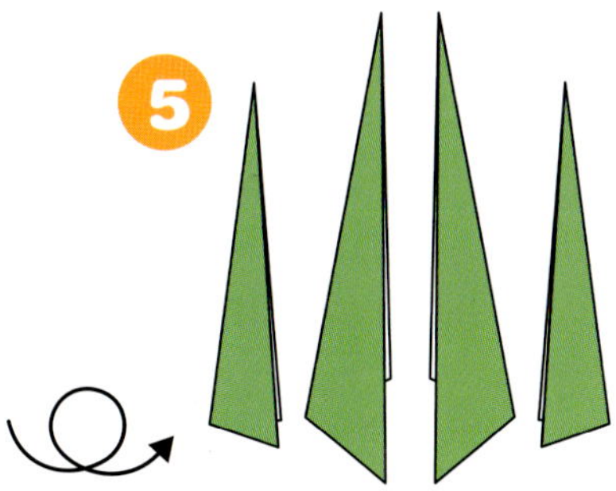

翻过来，完成。

蝴蝶花的叶子

Column

不同的摆法可以做出蝴蝶花、菖蒲花和燕子花。

蝴蝶花

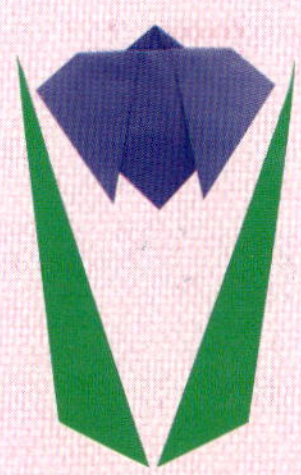

将花放在和叶子一样高的位置

菖蒲花

将花放在比叶子高的位置

燕子花

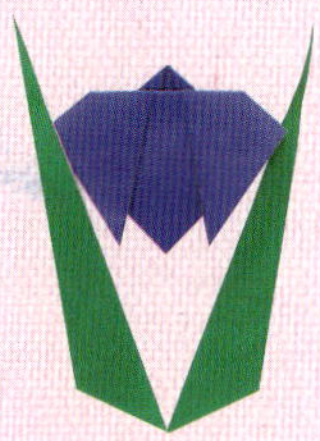

将花放在叶子中间的位置

大班

枫叶

利用三张折纸来制作。
用小的折纸制作就变成枫叶。
用大的折纸制作会变成天狗手中的大扇子。
这是有好多玩法的折纸。

中间部分

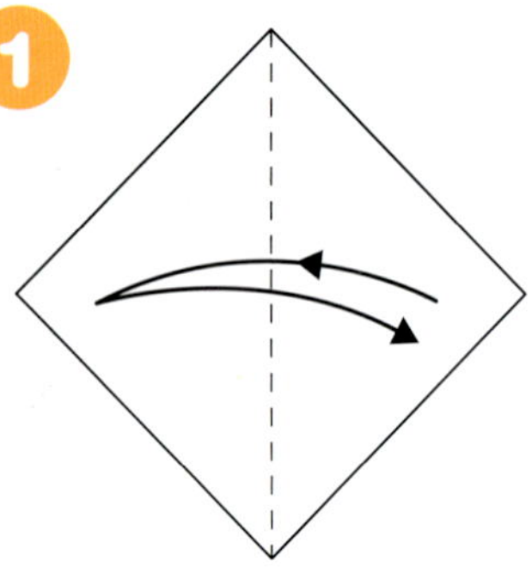

1 沿虚线折出折痕。

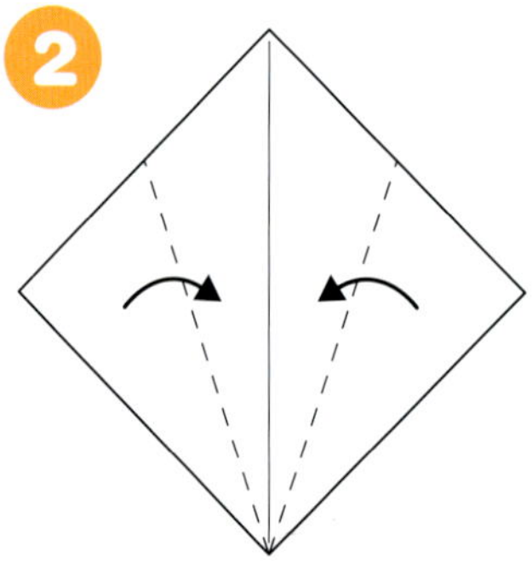

2 将两侧向折痕折叠。

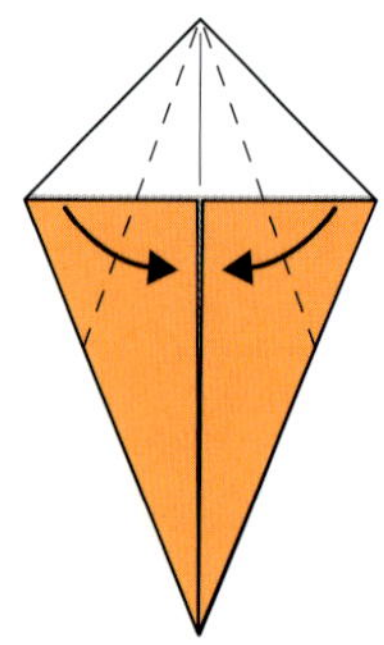

3 将折纸上部两侧沿虚线向折痕折叠。

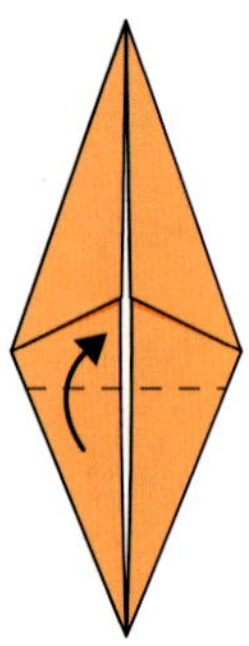

4 从中间稍靠下的地方沿虚线上折。

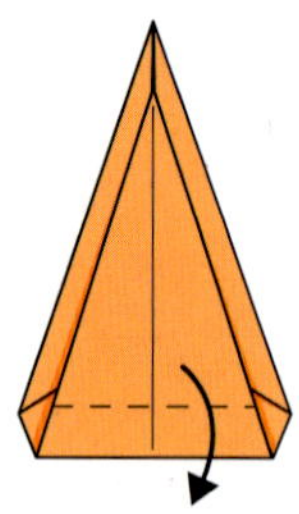

5 再沿虚线谷形折，做成台阶状折叠。

6

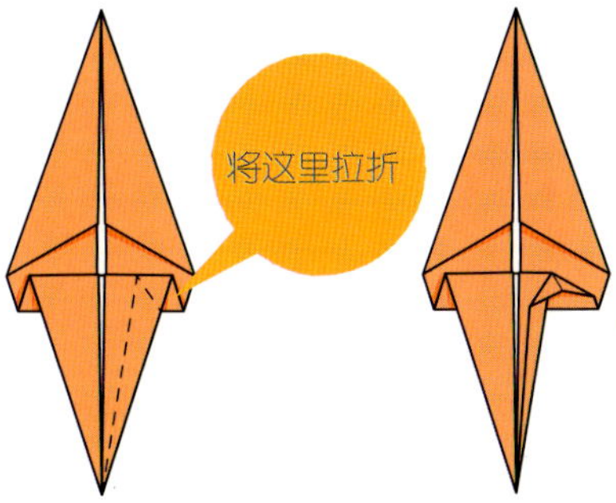

将拉开部分折成三角形。

台阶状折叠后，沿虚线将折纸向中间拉折（参照P13）。另一侧也一样。

7

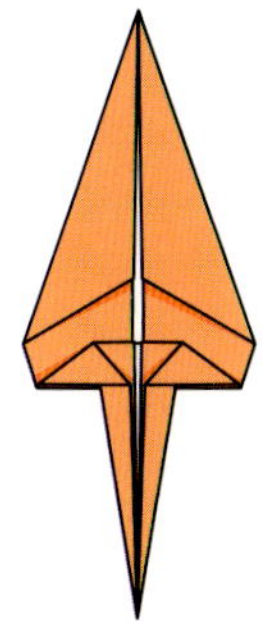

折好的状态。

8

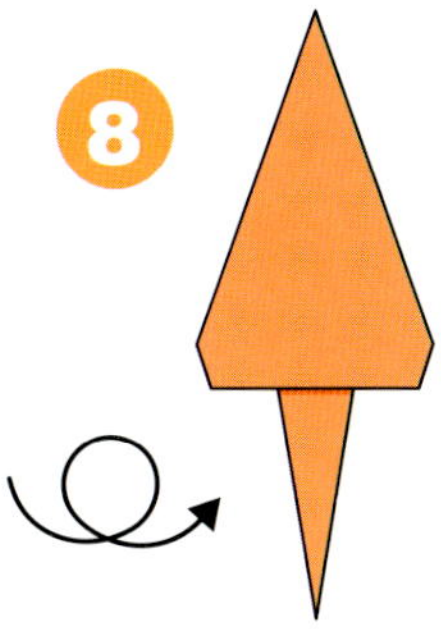

完成的中间部分。

翻过来，完成。

左右叶子的部分

1

按照树叶的B折法（参照P63），用枫叶颜色的折纸制作两个。

2

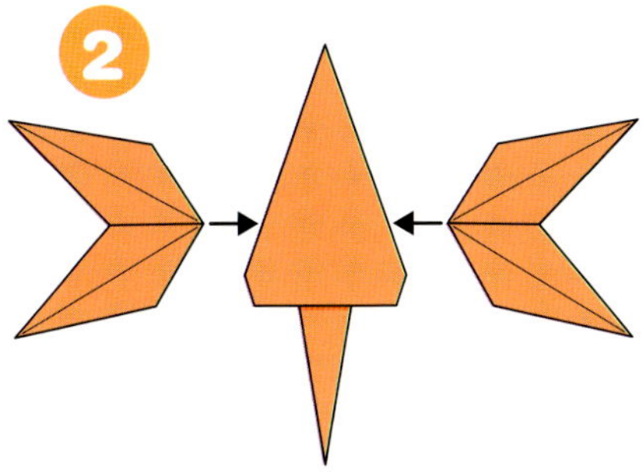

将制作好的左右叶子粘在中间部分的两边。

3

完成。

Column

中间部分如果不用橘黄色或红色折纸而用绿色折纸，就变成了树。
如果用绿色折纸折好了，知了或蝴蝶等虫类（参照P38~45）和树木组合在一起就可以打造出森林的感觉了。

小班

酸浆果

染上色彩的花萼中饱含着果实的样子用折纸表现了出来。

变换一下还能变成妖怪！

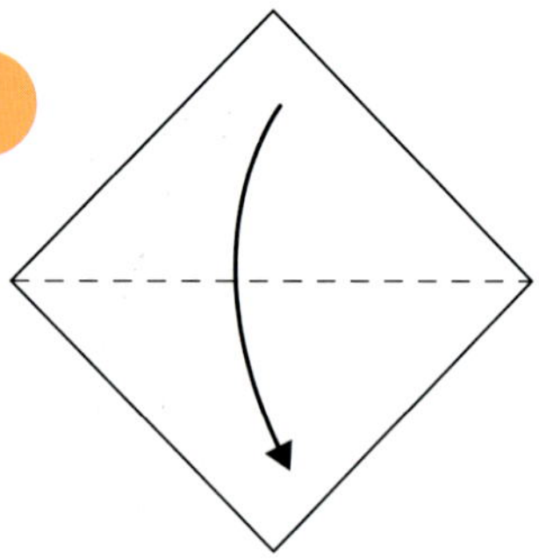

从中间对折。

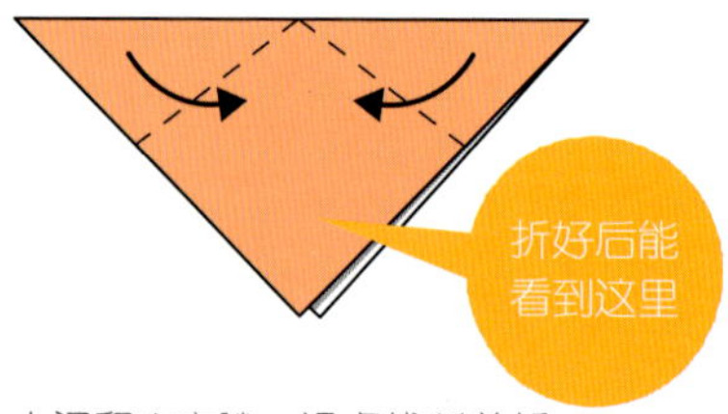

中间留出空隙，沿虚线斜着折。

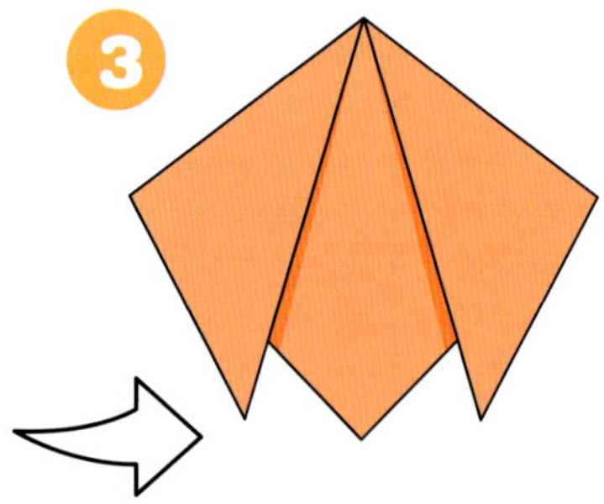

花萼完成。

用黄色折纸剪个圆粘在花萼的上部。完成。

Column

用蓝色折纸制作花萼，再用其他颜色的折纸剪出圆形并画上面部表情，粘到花萼上，就变成了妖怪。

除此之外，用天蓝色折纸折花萼，用白色折纸剪出圆形并画上表情，粘到花萼上，就变成了晴天娃娃。

小班

白萝卜

食物的折纸更容易用在游戏中。和孩子一起玩菜店游戏吧。

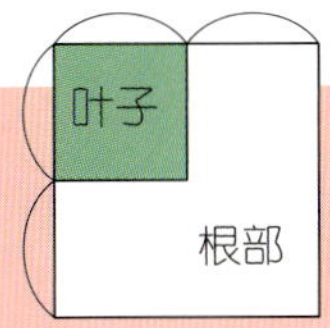

以白萝卜根部为1来看，叶子部分用1/4大小的折纸来做，作品比例会比较好。

1

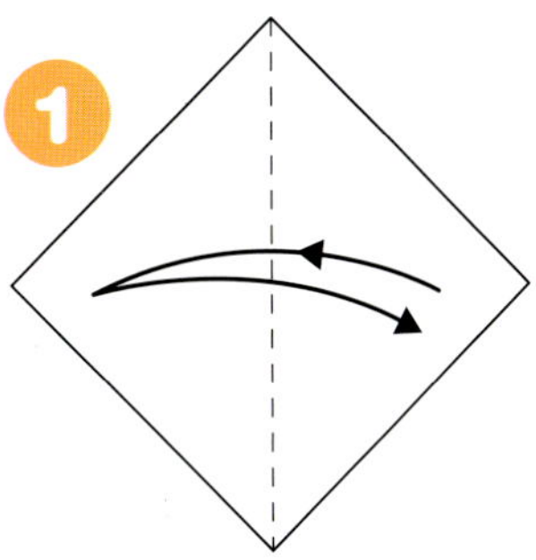

沿虚线折出折痕。

2

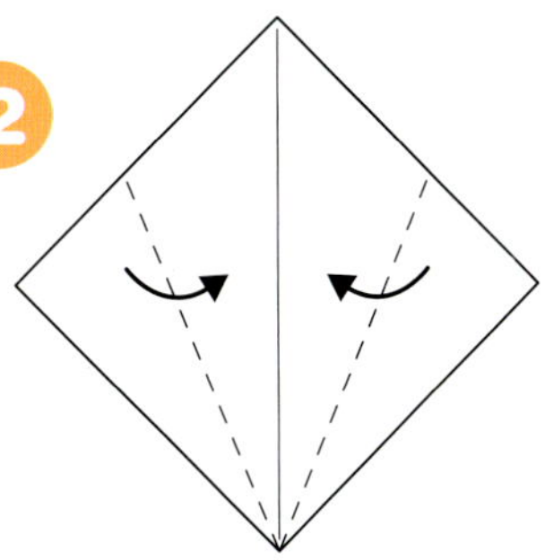

将两侧向折痕折叠。

3

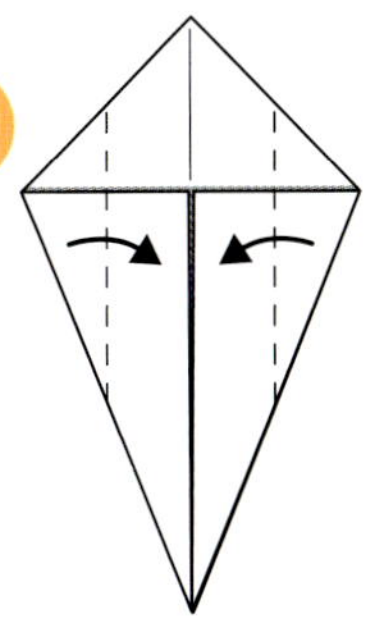

再沿虚线向中间折叠。

4

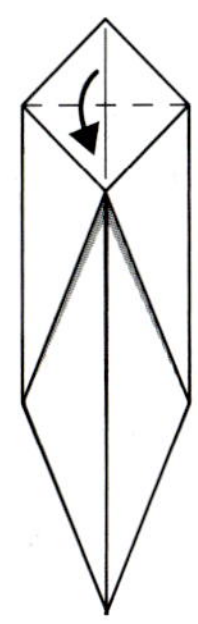

上部沿虚线谷形折。

5

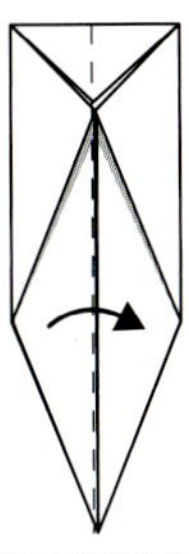

整体谷形折。

6

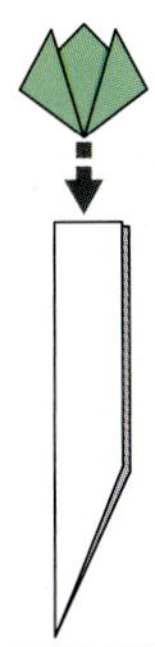

根部完成。用根部折纸1/4大小的绿色折纸，按郁金香的A折法（参照P60）折好叶子后，用胶水粘上。

7

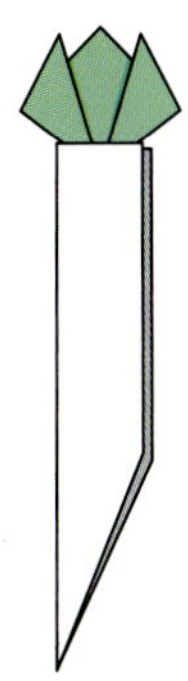

完成。

小班

胡萝卜

孩子们熟知的胡萝卜，还可以当做兔子折纸的小部件。除此之外也可以用在其他游戏中。

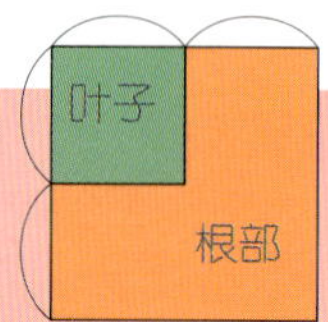

以胡萝卜根部为1来看，叶子部分用1/4大小的折纸来做，作品比例会比较好。

1

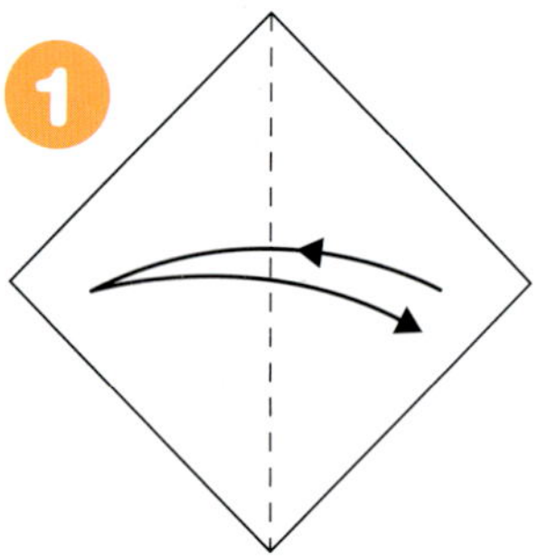

沿虚线折出折痕。

2

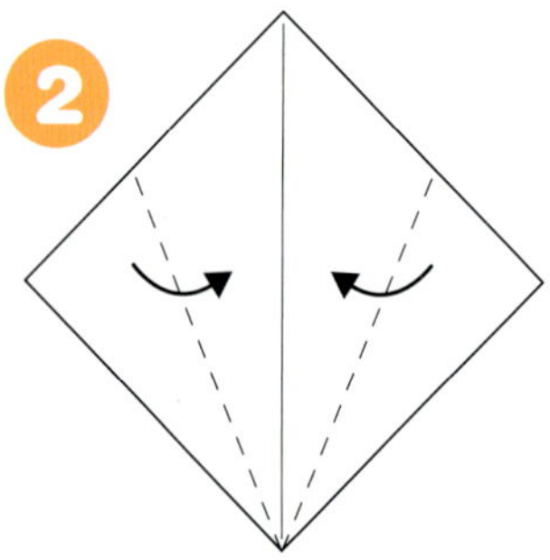

将两侧向折痕折叠。

3

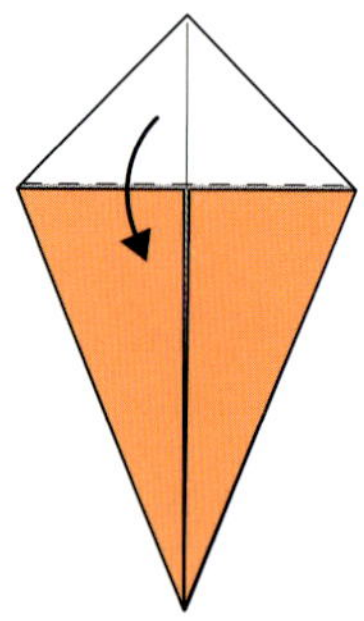

将上部沿虚线谷形折。

4

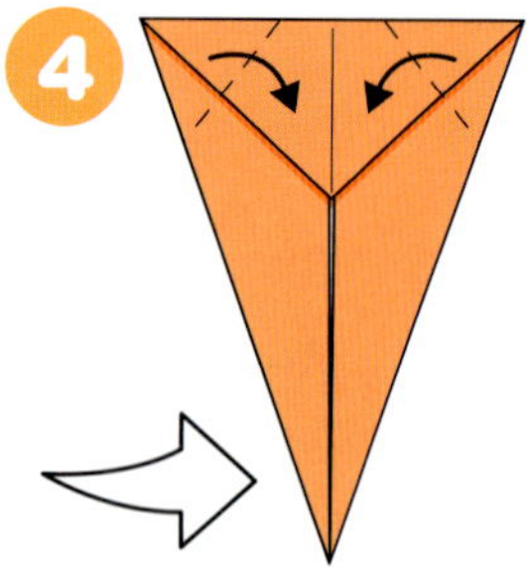

将两侧的角沿虚线谷形折。

5

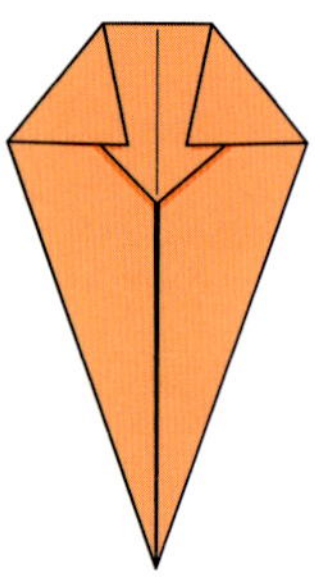

折好的状态。

6

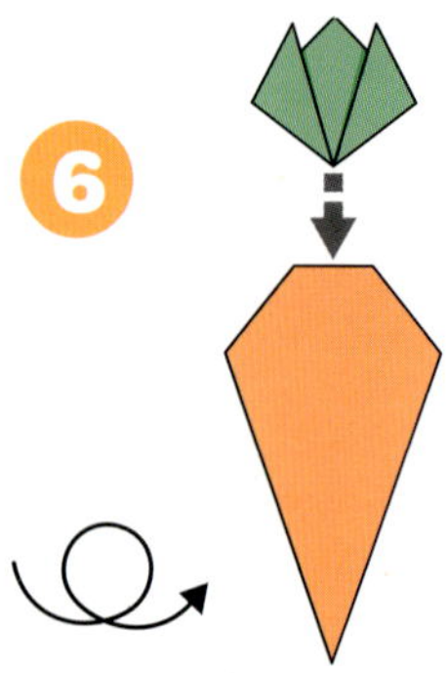

翻过来，根部完成。用根部折纸1/4大小的绿色折纸，按郁金香的A折法（参照P60）折好叶子后，用胶水粘上。

7

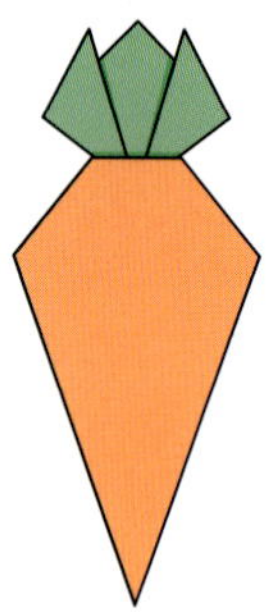

完成。

小班

牛蒡

比白萝卜和胡萝卜折得更细，加上叶子就成牛蒡了。

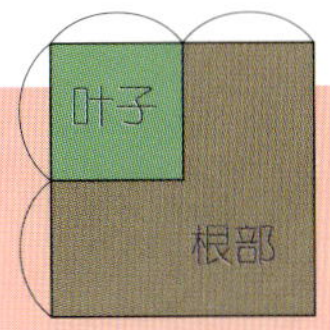

以牛蒡根部为1来看，叶子部分用1/4大小的折纸来做，作品比例会比较好。

1
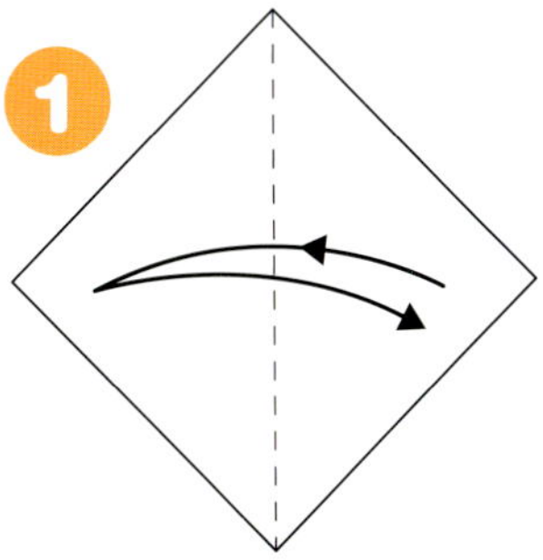

沿虚线折出折痕。

2
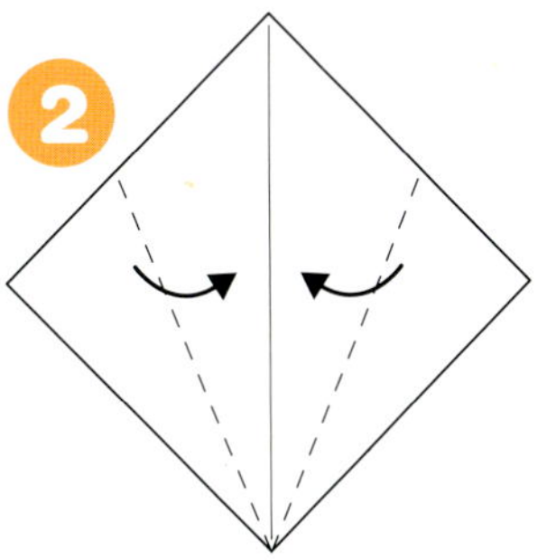

将两侧向折痕折叠。

3
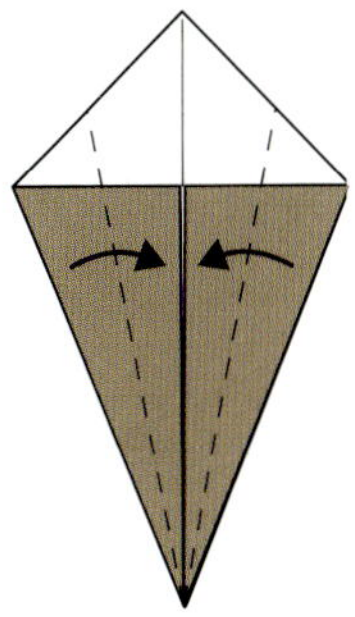

再将两侧沿虚线向折痕折一次。

4
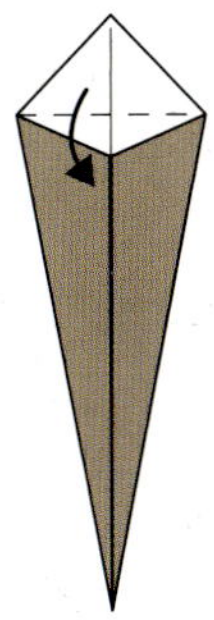

将上部沿虚线谷形折。

5
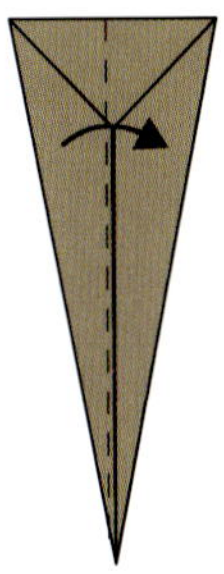

整体谷形折。

6
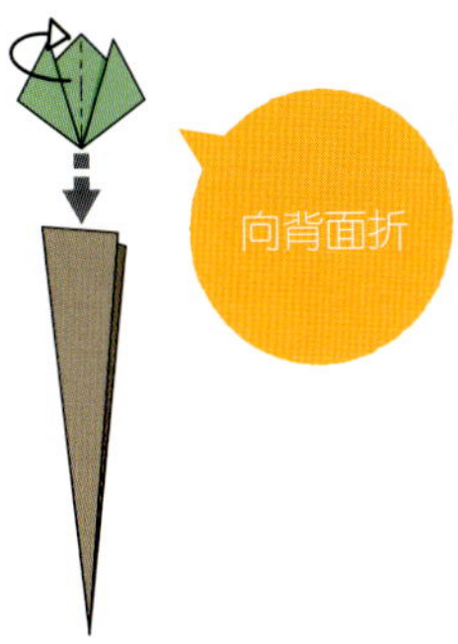

根部完成。用根部折纸1/4大小的绿色折纸，按郁金香的A折法（参照P60）折好叶子后，沿虚线山形折，用胶水粘上。

7

完成。

小班

芜菁

芜菁的根部和叶子可以用一样大小的折纸。

做一个大的芜菁，按照小人书中“大大芜菁”的故事玩游戏也很有意思哦。

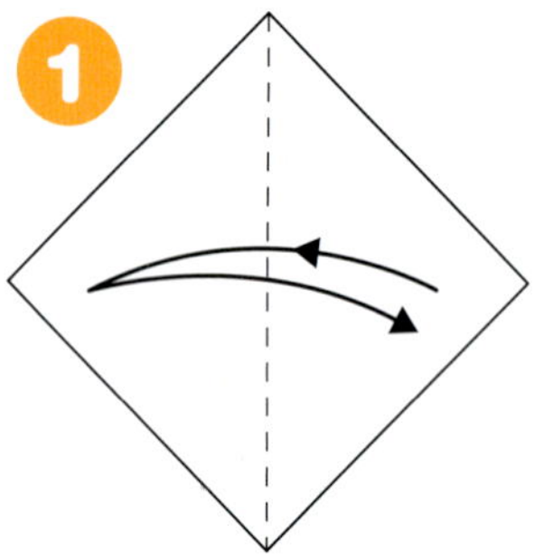

1 沿虚线折出折痕。

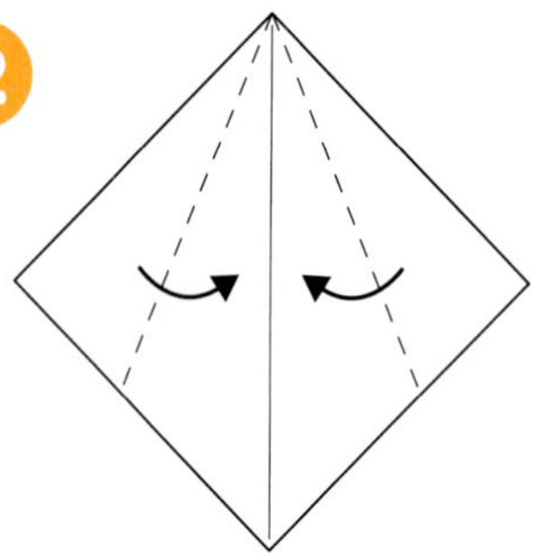

2 将两侧向折痕折叠。

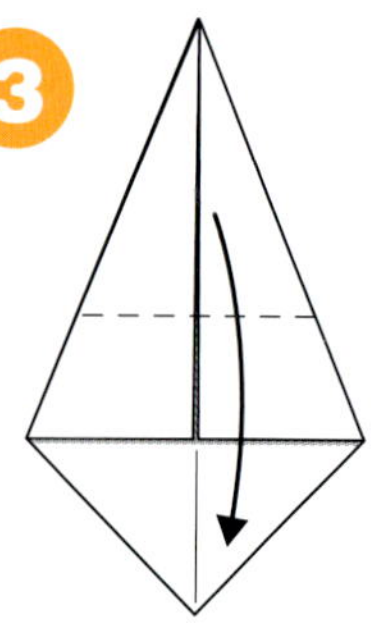

3 沿虚线对折。

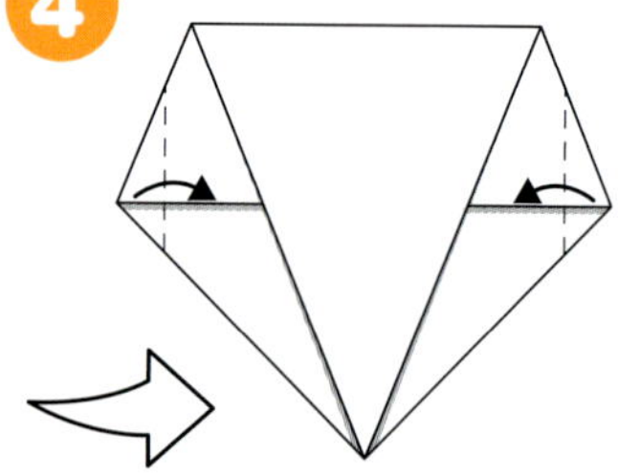

4 将两侧沿虚线谷形折。

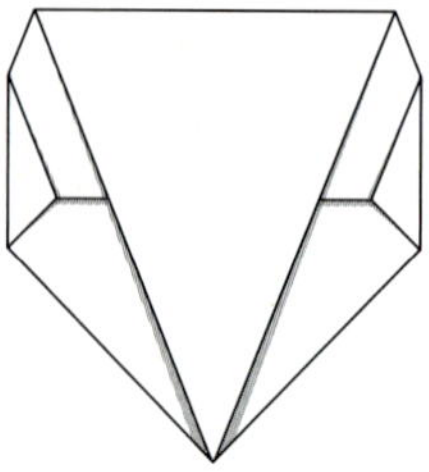

5 折好的状态。

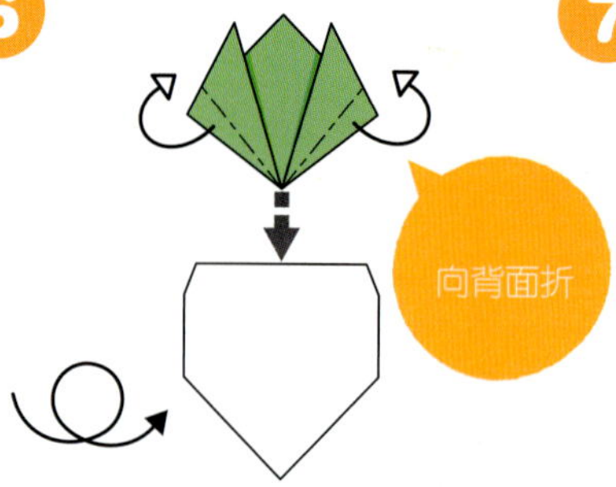

6 翻过来，根部完成。用和根部折纸同样大小的绿色折纸，按郁金香的A折法（参照P60）折好叶子后，沿虚线将叶子的两侧山形折，最后用胶水粘好。

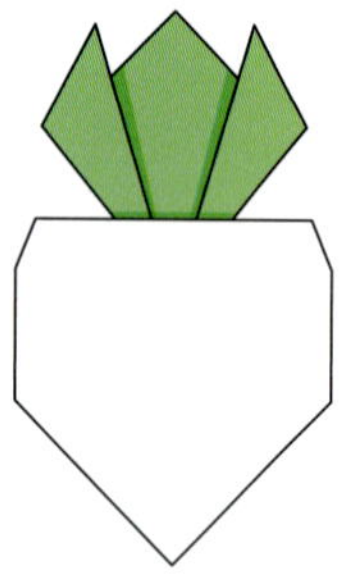

7 完成。

中班

草莓

红色的酸酸甜甜的草莓是孩子们最爱的水果。

做出大大小小的草莓放进篮子、袋子里也会很有意思。

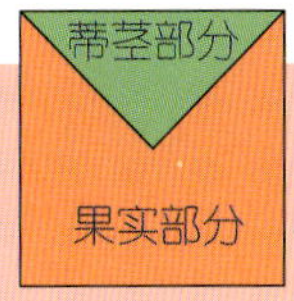

以果实部分为1来看，蒂茎部分用比果实部分折纸的1/4还要小的折纸来做，粘上后作品比例会比较好。

1

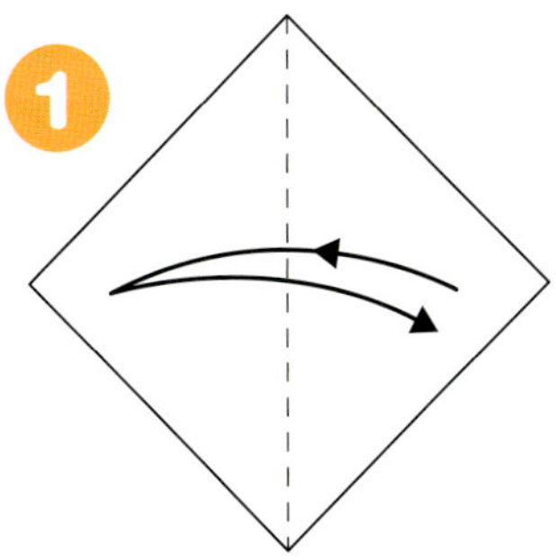

沿虚线折出折痕。

2

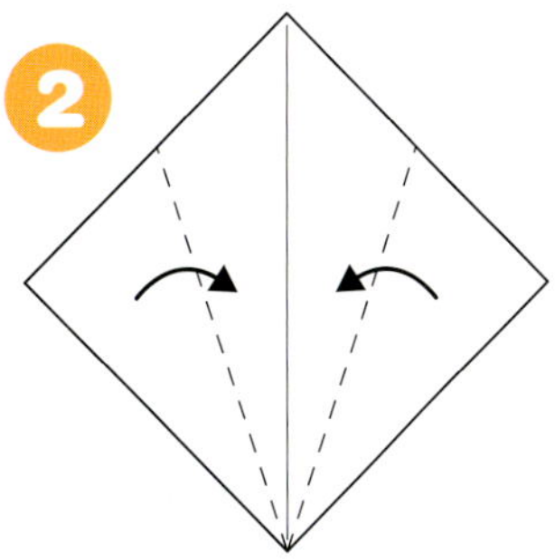

将两侧向折痕折叠。

3

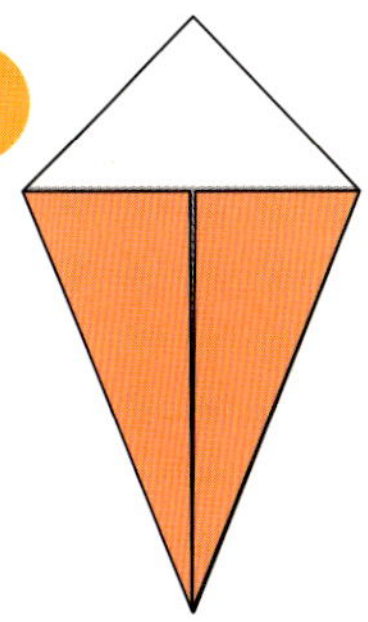

折好后的状态。

4

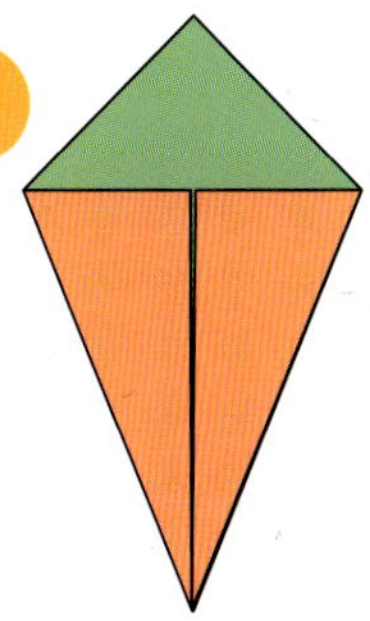

将蒂茎部分粘上。

5

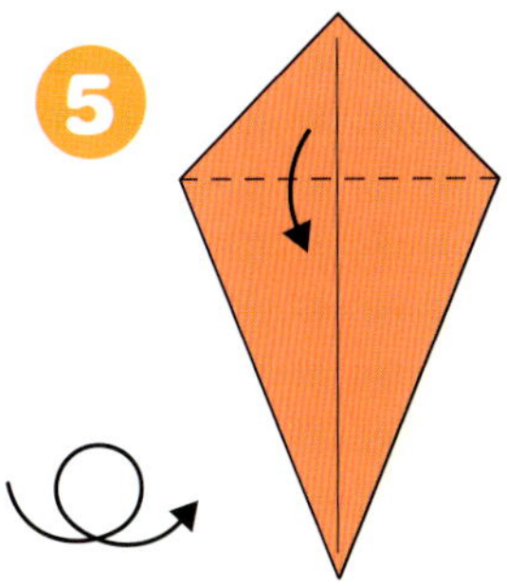

翻过来，沿虚线谷形折。

6

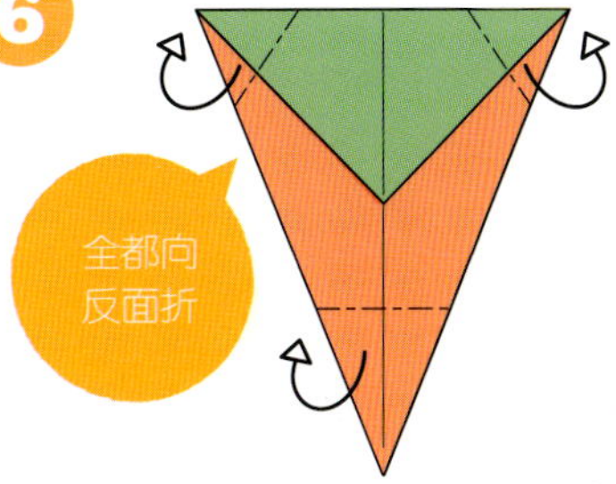

将三个角都沿虚线山形折。

7

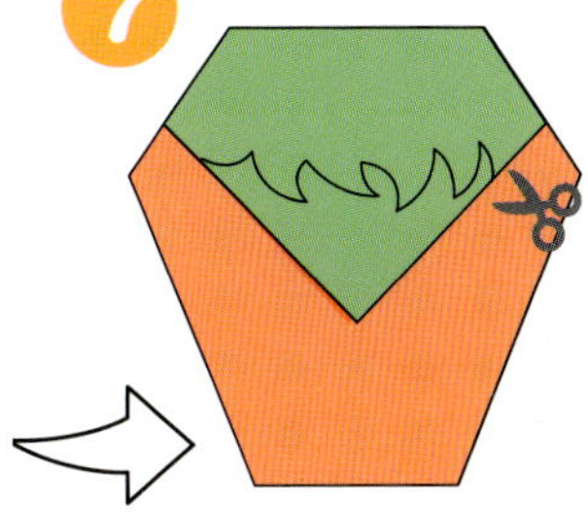

用铅笔画好蒂茎的线条后，用剪刀裁剪。

8

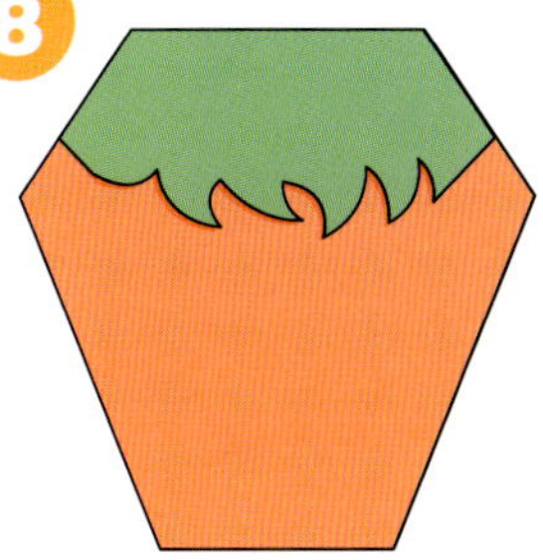

完成。

小班

香蕉

香蕉的折法特别简单，小孩子也能折成。

请家长和孩子一起折一下试试。

1

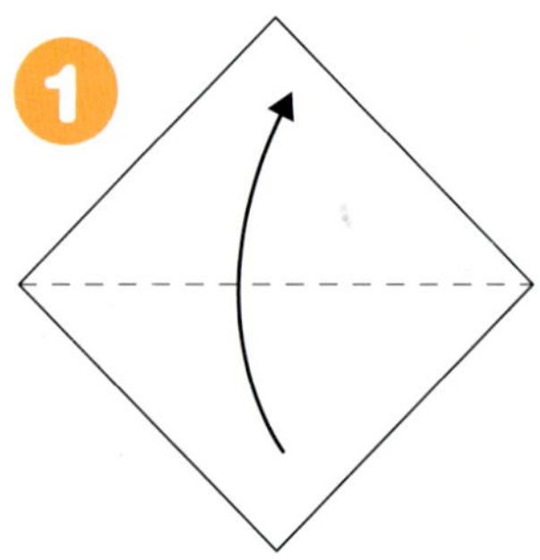

从中间对折。

2

中间留出空隙，沿虚线斜着折。

3

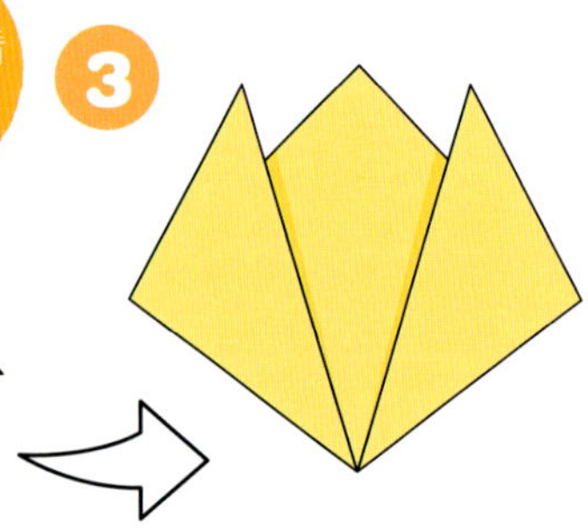

折好的状态。

4

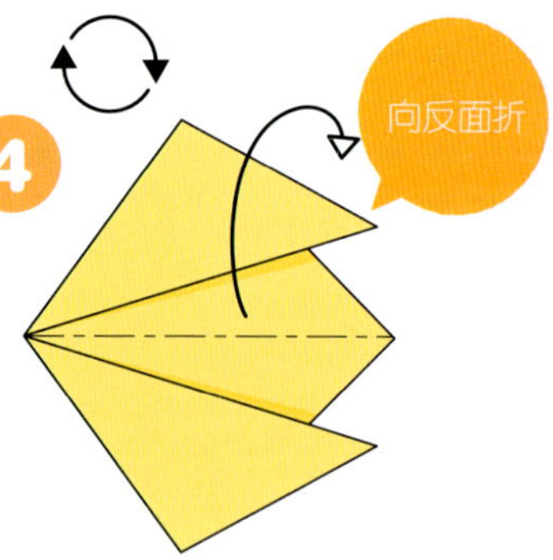

改变方向，整体山形折。

5

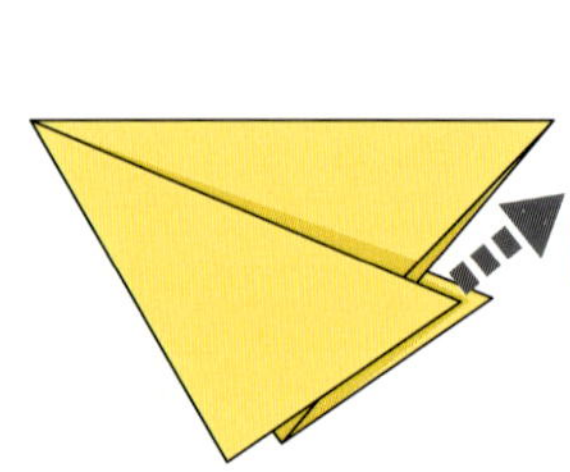

捏着最下面的折纸向上拉。

捏着向上拉就可以了。

6

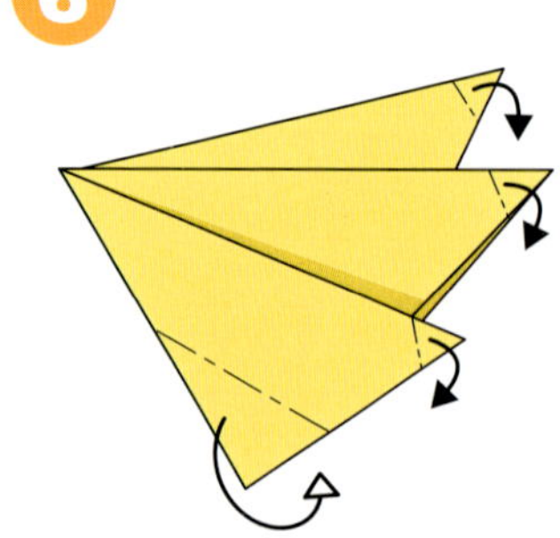

将下部沿虚线山形折，并把三个尖角内向反折（参照P11B式样）。

7

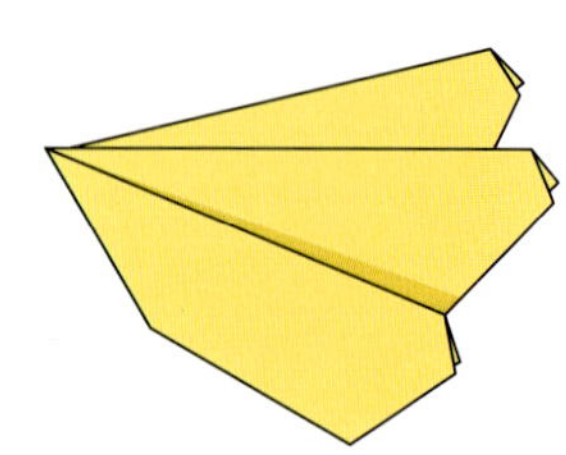

完成。

中班

西瓜

这是夏季最想制作的折纸。可以做一个大西瓜，装作吃得津津有味的样子，也很快乐！

如果西瓜皮部分的折纸边长为1，西瓜瓤部分的折纸边长为3/4，作品比例会比较好。

1

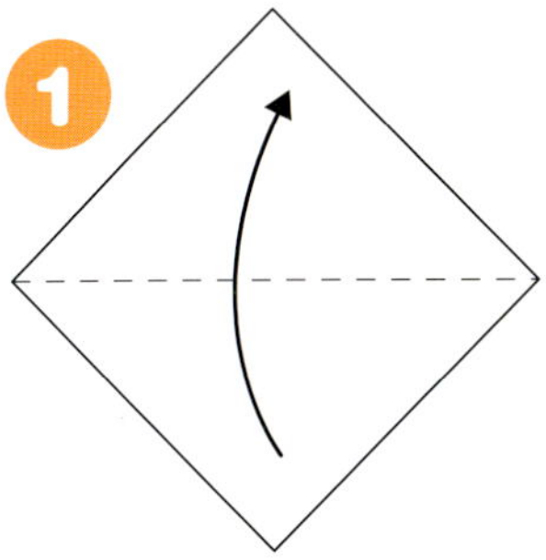

沿虚线从中间对折。

2

沿虚线向中间折。

3

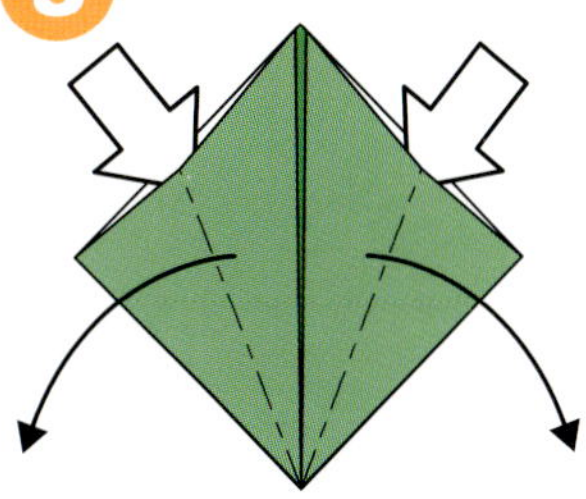

将手指插进两侧中间，打开按扁。

4

将上部三个尖端沿虚线山形折。

5

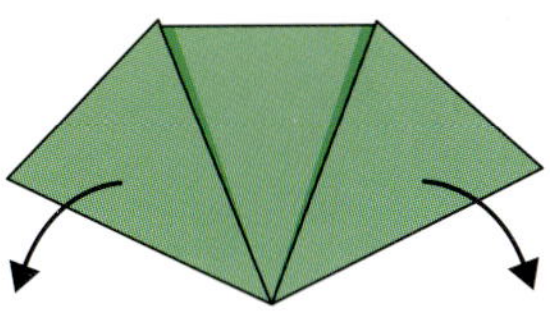

折好的状态。将折纸全部打开。

6

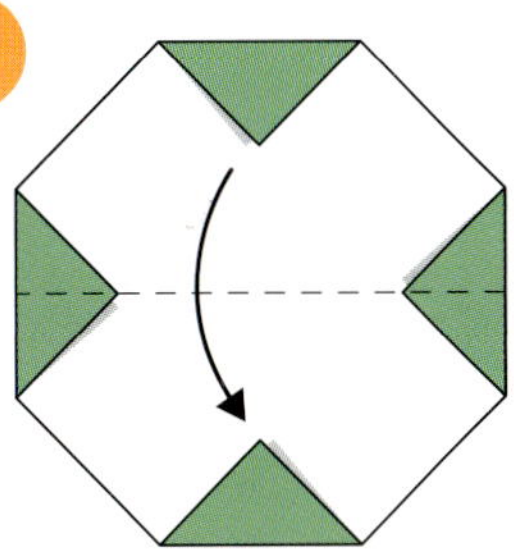

将折纸的四角沿折痕谷形折，然后整体沿虚线对折。

7

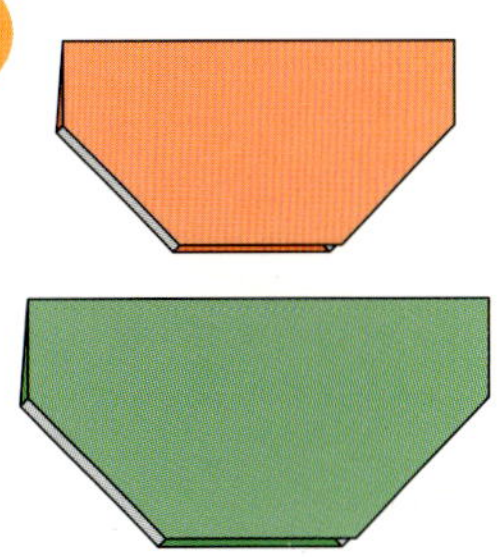

用边长为西瓜皮折纸3/4的红色折纸按同样的折法折出西瓜瓤部分，夹在西瓜皮上。

8

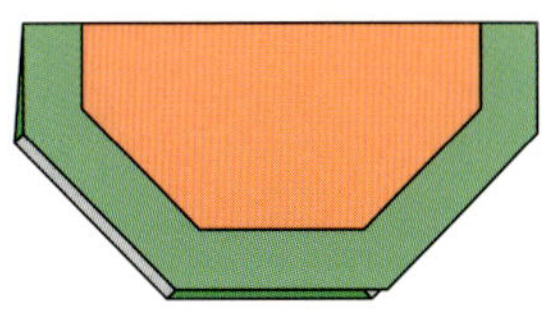

用胶水粘牢，完成。

大班

柿子

用折纸做秋天的水果——柿子。用红色或者橘黄色折纸，能够折出成熟度不同的柿子哦。

1

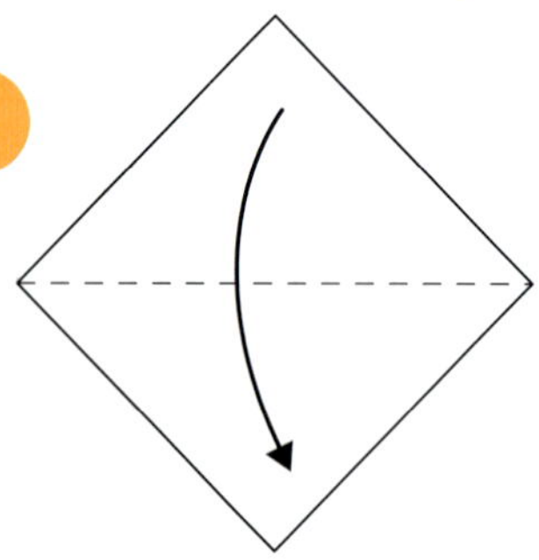

沿虚线从中间对折。

2

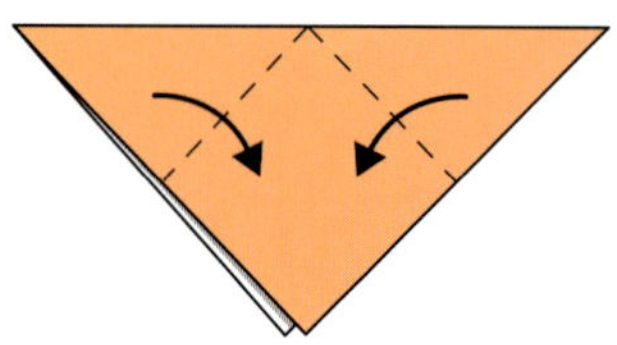

沿虚线向中间折。

3

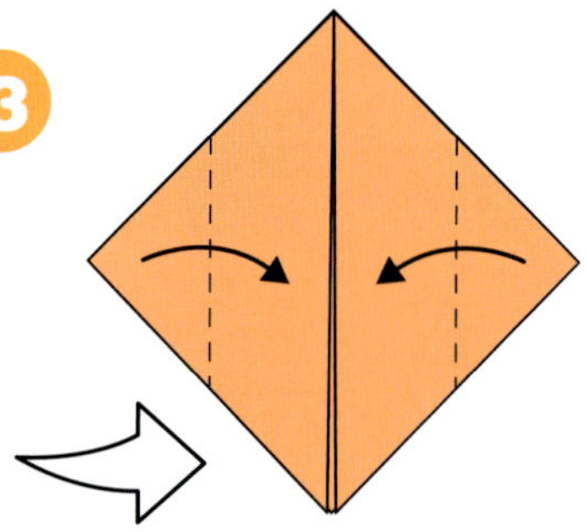

沿虚线将两侧向中间折，折出折痕。

4

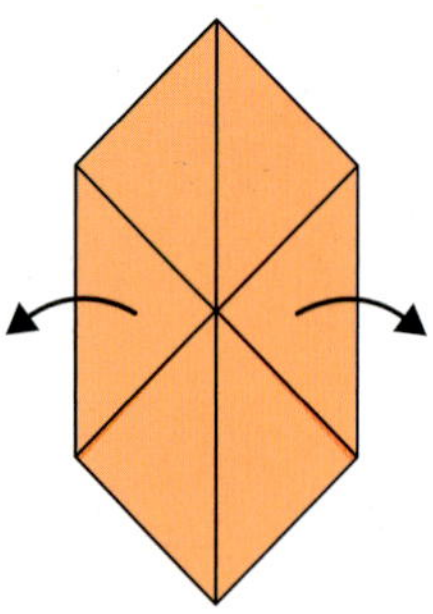

折折痕时的状态。打开。

5

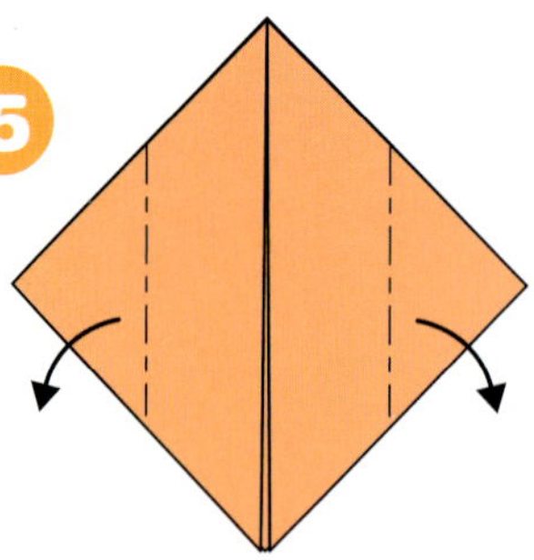

沿折痕将两侧的尖角折进去。

将手指插进折纸中间向内部伸，会比较容易折好。

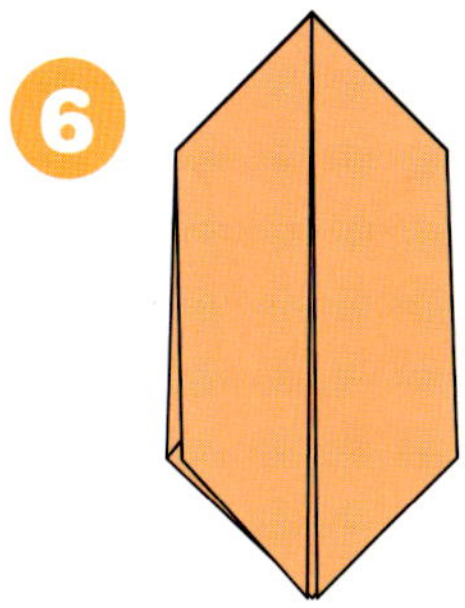

折好后的状态。

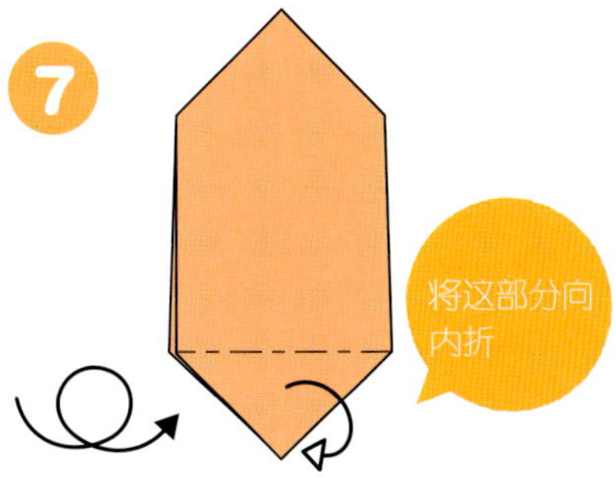

翻过来，将下部沿虚线向内折。

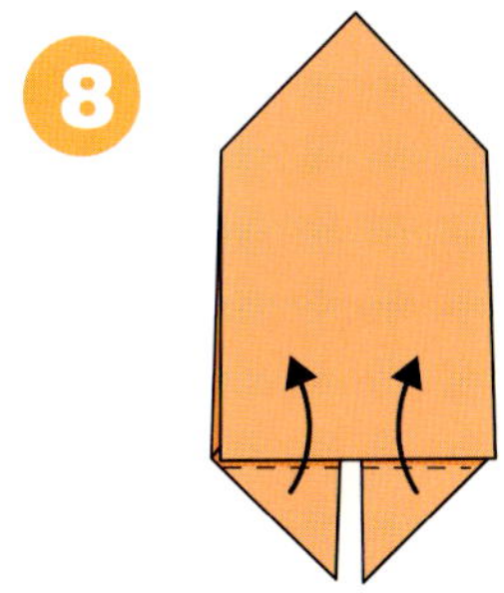

将下部的两个三角形折上来。

把手指插进折上来的两个三角形中并打开，按扁。

将手指伸进三角形中，打开后按扁。左右一样。

完成。

做出许多柿子放在有脚三方（参照P118）里，看上去也很有意思。

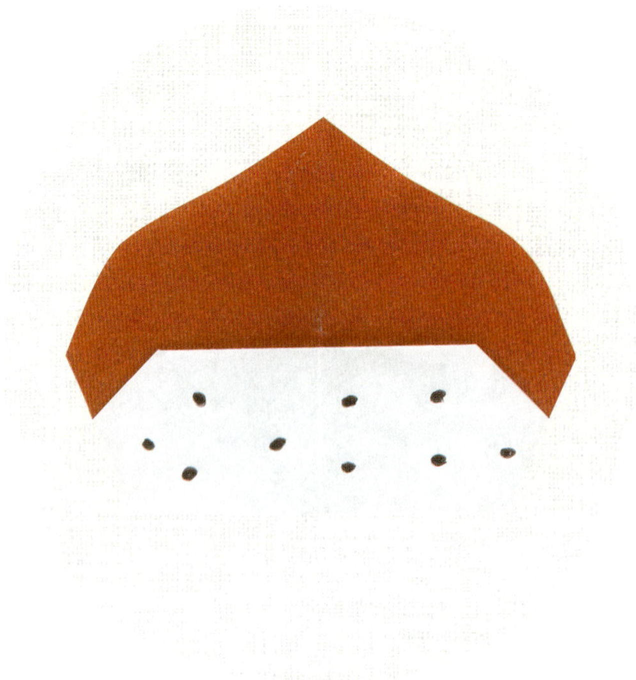

中班

栗子

在秋天时试着折一折栗子吧。栗子也是孩子们熟知的一种季节食物。

改变裁剪的位置还能变成橡果。

1

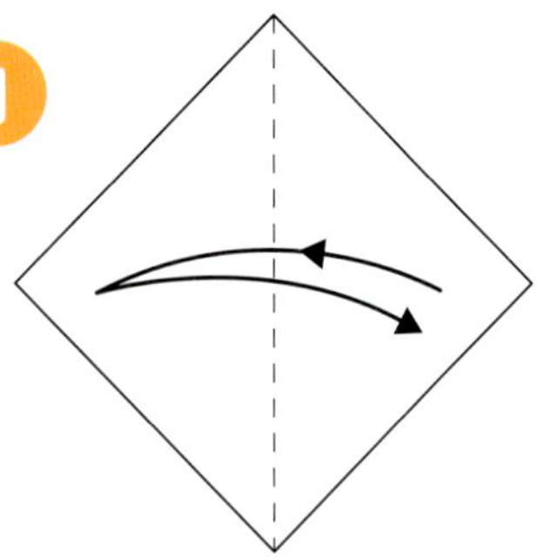

沿虚线折出折痕。

2

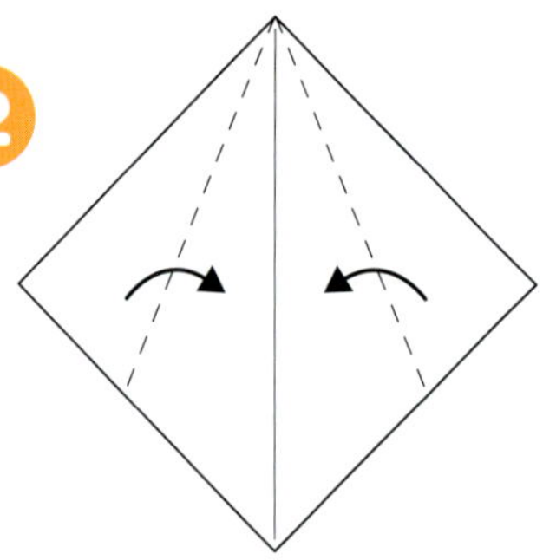

将两侧向折痕折叠。

3

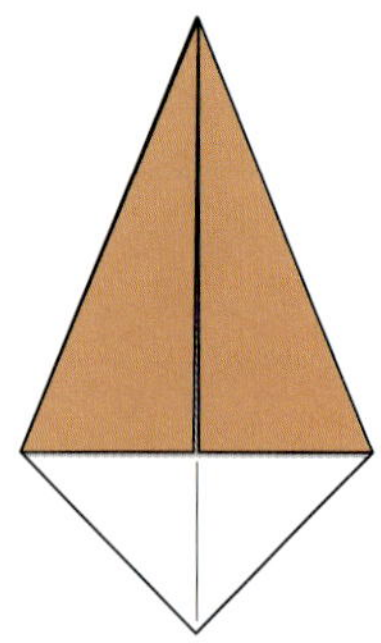

折好时的状态。

4

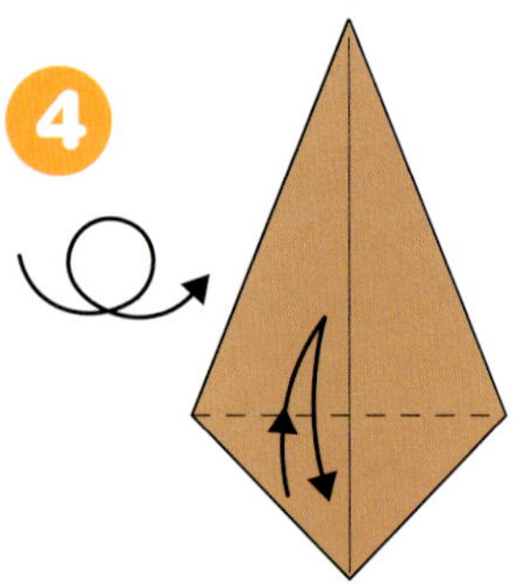

翻过来，将下部沿虚线向上折一下，折出折痕。

5

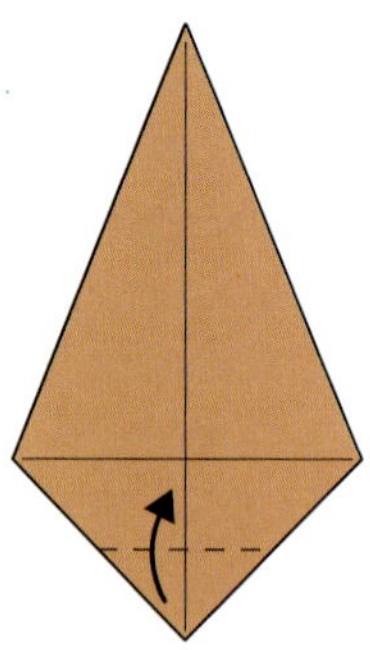

将下部沿虚线向上折。

6

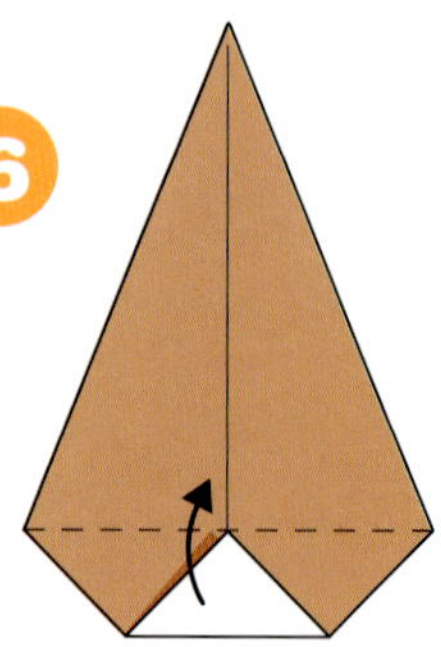

再沿虚线向上折。

7

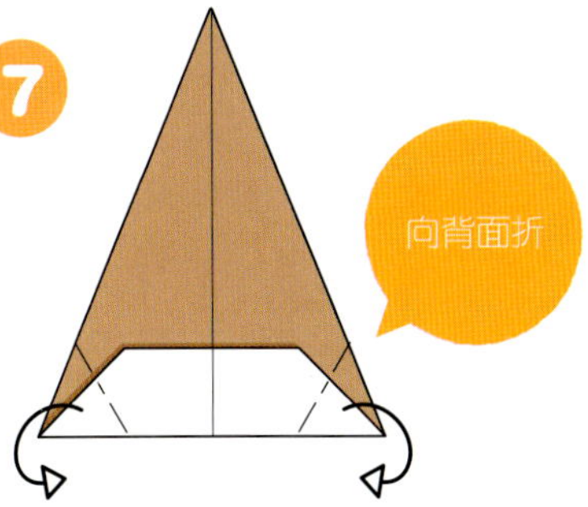

沿虚线将两侧山形折。

8

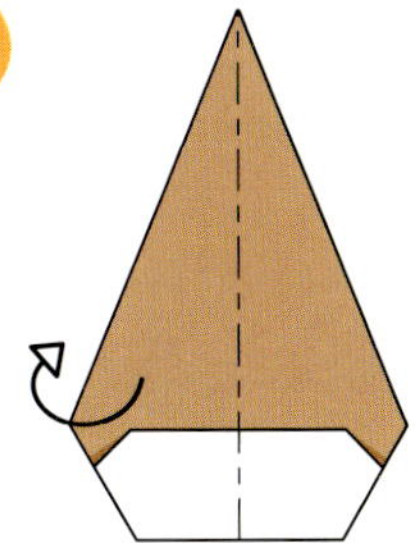

整体山形折。

9

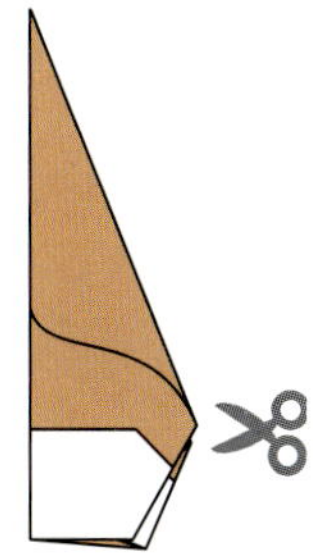

用铅笔按栗子的形状画上曲线后，用剪刀剪掉。

10

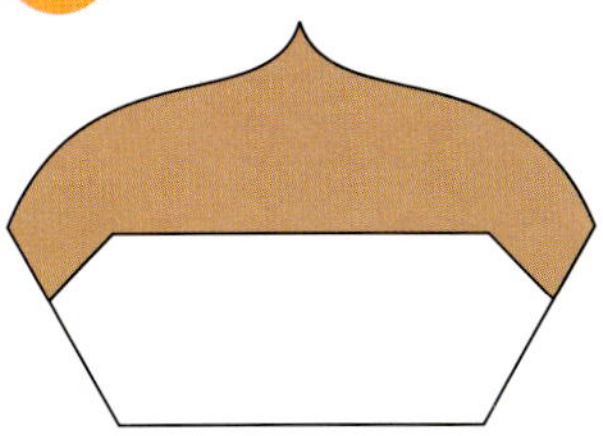

打开，完成。

画的时候要注意画得圆一些，这样剪出来才好看。

Column

来做一下橡果。在制作栗子的步骤7时，将两侧折进去深一些，使整体更加细长。用铅笔画出橡果的形状后，用剪刀剪开，又是一个讨孩子喜欢的果实。

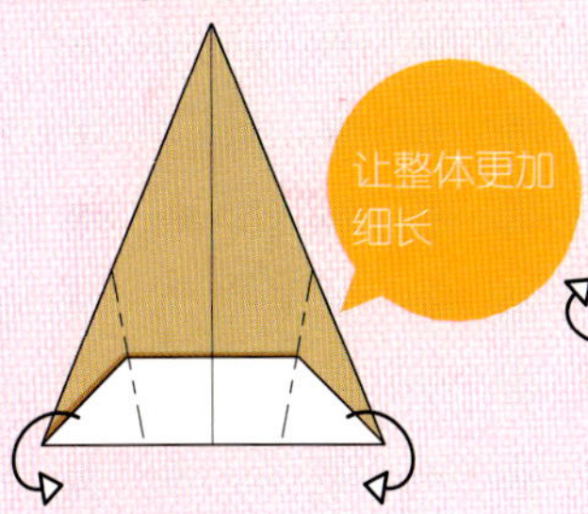

将两侧沿虚线山形折

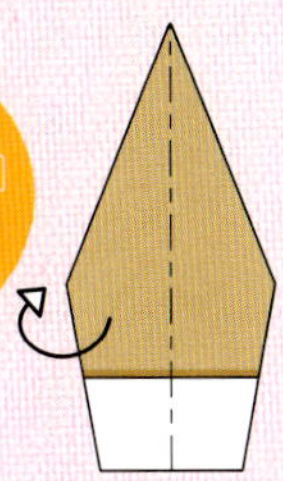

整体山形折

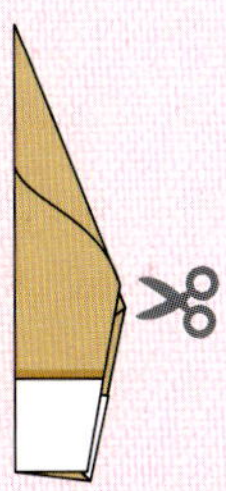

画上橡果的形状，用剪刀裁剪

画成细长的，然后用剪刀剪。

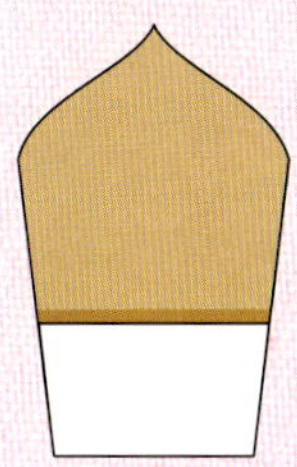

打开，橡果完成

孩子们玩折纸的小窍门

怎么能让孩子觉得折纸更有意思呢？准备些什么，怎么给孩子说好呢？
在这里介绍一下幼儿园里教孩子们的方法，以及玩折纸的小窍门。

孩子对折纸不感兴趣怎么办？

首先让孩子用大人做好的折纸做游戏。

没有接触过折纸的孩子，第一次接触折纸时可能不感兴趣。这时，先让孩子玩一下大人做好的折纸。比如折一个纸飞机给孩子，在玩耍时孩子会想拥有一个自己的纸飞机，这样自然就激发了孩子想折纸的动机。

必须准备很多折纸吗？

如果可以，请尽可能地准备各种颜色的折纸。

因制作的作品不同而需要不同颜色的折纸。基本上准备越多颜色的折纸越好，这样能够培养孩子对色彩的感觉能力。准备好放折纸的盒子，随时随地都能够和孩子一起玩折纸。和孩子一起玩折纸还能够加强大人和孩子间的交流。

给孩子解释不清楚折法的时候该怎么办？

用最简单的语言给孩子解释。

给孩子解释折法时，尽量用孩子熟知的语言。比如，向面前折的时候，可以说“折个三角形的小围裙，折纸两边说你好的折法”或者“让两个角见面，说你好”；要折出折痕的时候可以说“来轻轻地像熨衣服一样压平”；将左右折在一起时可以说“这边（右边）还有这边（左边）合在一起，压扁扁”。就像这样说。

可以做游戏的折纸

拍洋画、掷飞镖、照相等，折纸能做很多游戏。在这里介绍可以运用在游戏中的折纸。

拍洋画 A

制作两个形状相同的部件，组合起来。

选择你喜欢的两种颜色，一起来动手试试吧！

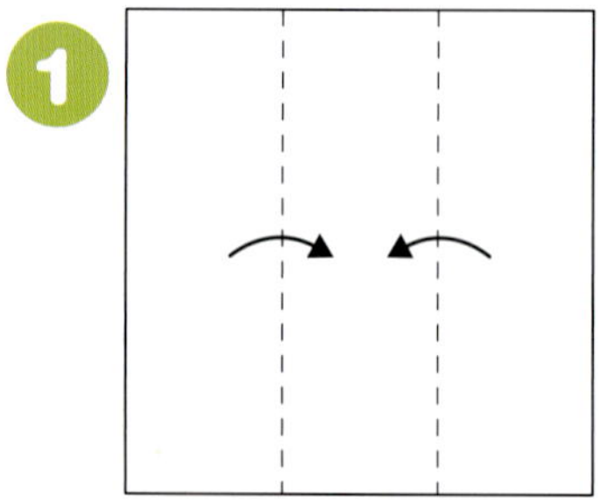

沿虚线将折纸两侧各1/3的部分向中间折。用不同颜色的折纸折出同样的造型。

将右侧1/3的部分向中间折，然后将左侧像包在右侧上一样折叠。

沿虚线将两种颜色的折纸的上下角谷形折。

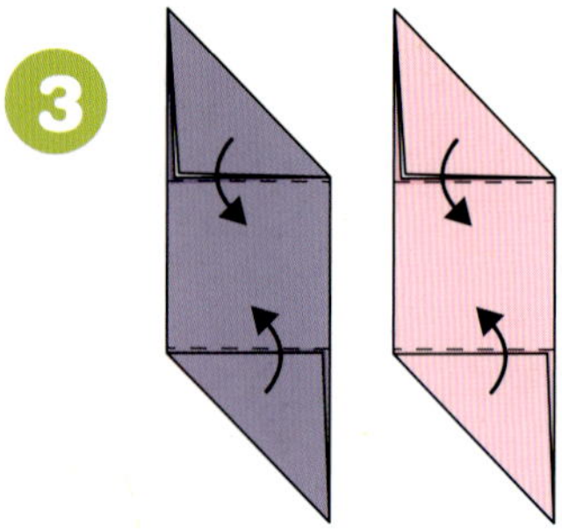

将两种颜色的折纸沿虚线折出折痕。

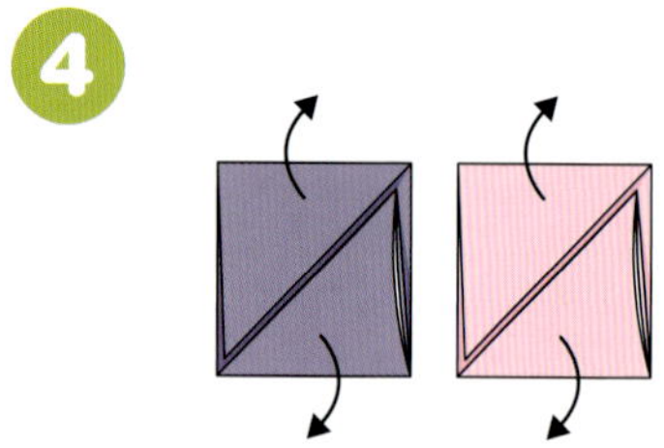

折折痕时的状态。分别将两角打开。

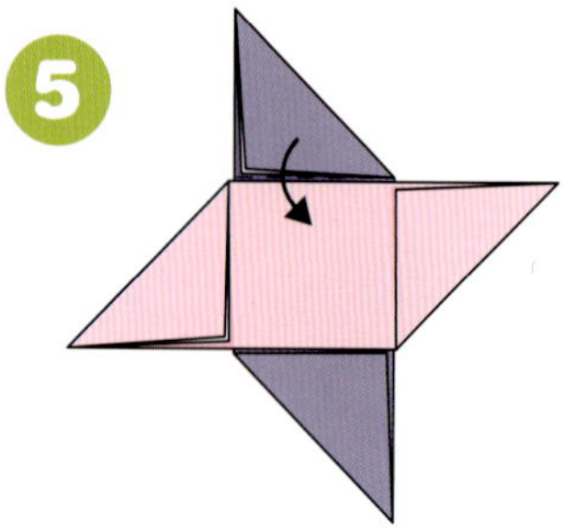

将两张折纸十字重叠，将上部的角沿虚线谷形折。

6

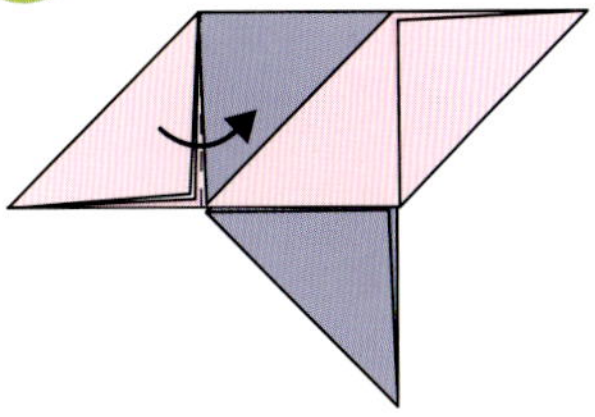

将左侧的角沿虚线谷形折。

要点在于按顺序折起。

7

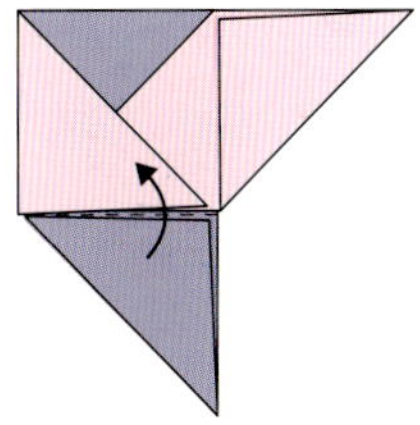

将下部的角沿虚线谷形折。

8

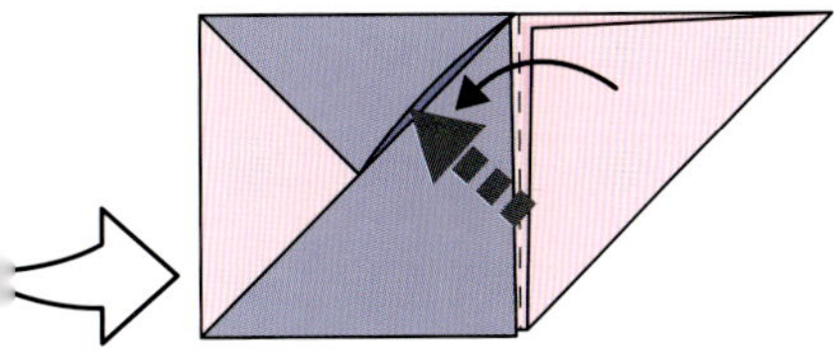

将右侧的角沿虚线谷形折后，
插入上部的角中。

9

完成。

背面是一个颜色。

顺着插进上部的角中。

组合自己喜欢的
颜色，制作色彩
鲜艳的拍洋画。

大班

拍洋画 B

比拍洋画A稍难。
不同之处在于，折好后正反都是交错的两种颜色。

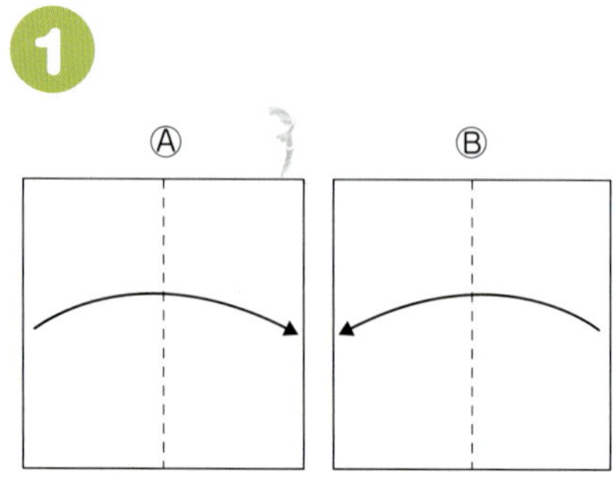

准备两张不同颜色的折纸（ⒶⒷ），分别沿虚线对折。

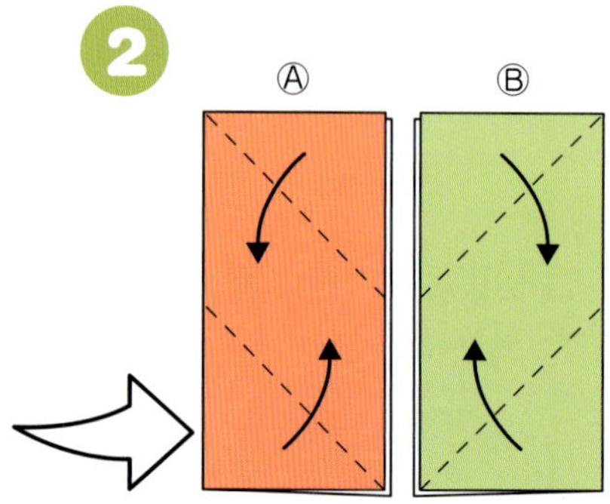

使两张折纸左右对称，沿虚线将两张折纸的上下角谷形折。

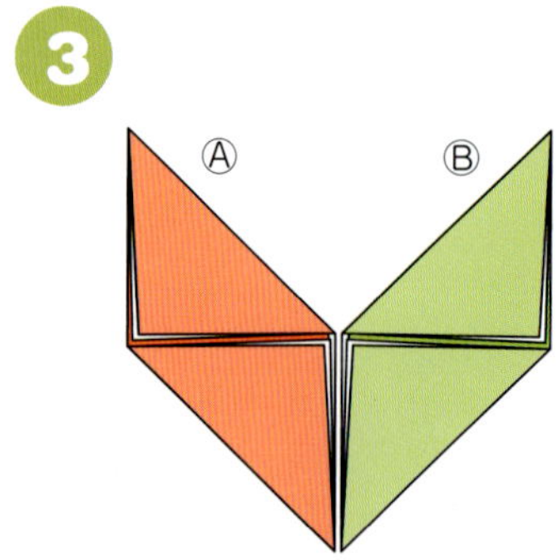

折好的状态。

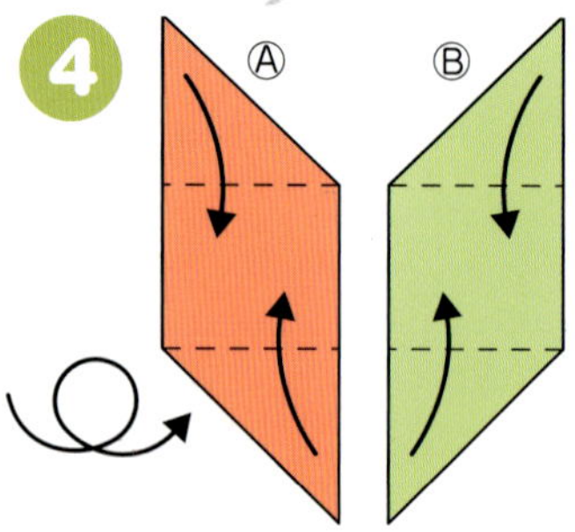

翻过来，沿虚线谷形折一下，折出折痕。

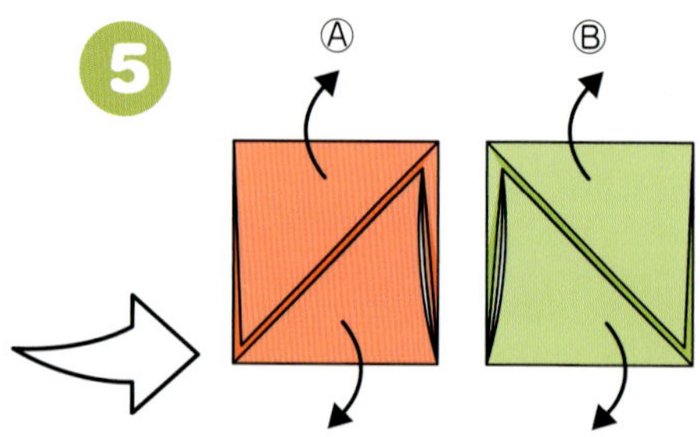

折折痕时的状态。将两张折纸打开。

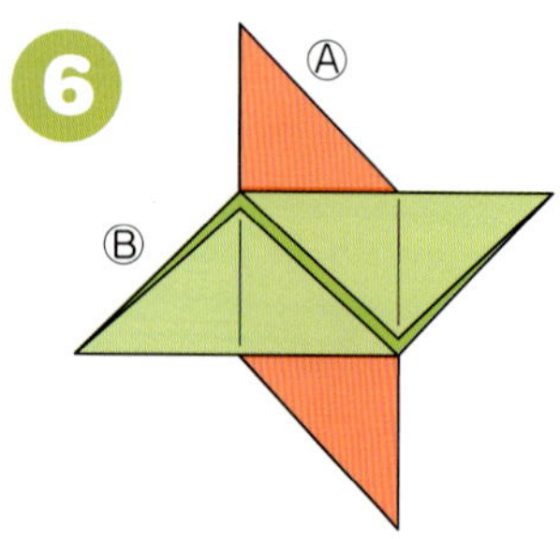

将Ⓑ折纸翻过来，改变方向，与Ⓐ折纸十字重叠。

7

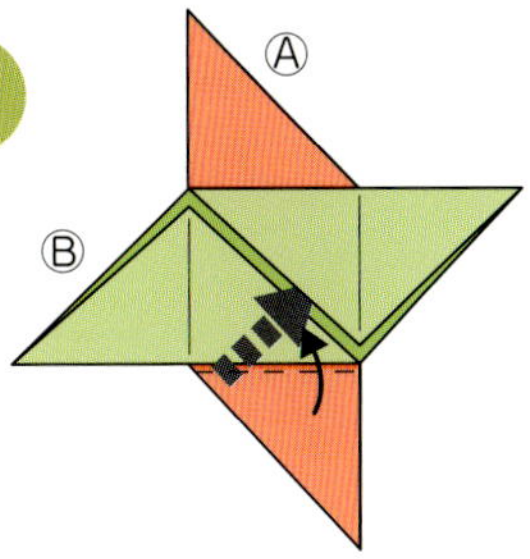

折上来后，将尖端插进Ⓑ折纸中。

将Ⓐ折纸的下角沿虚线上折，插入Ⓑ折纸中。

8

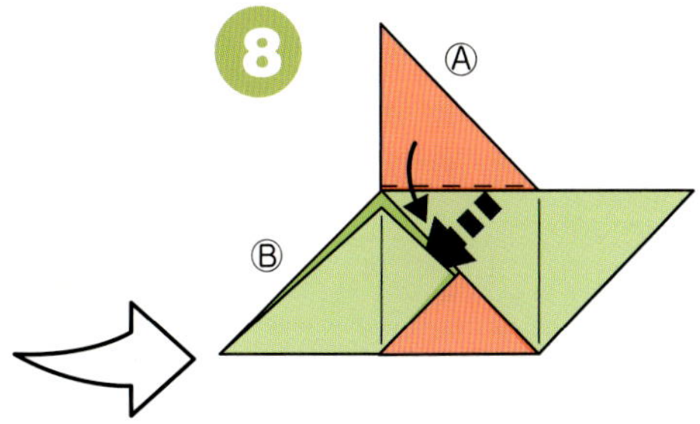

将Ⓐ折纸的上角沿虚线谷形折，插进Ⓑ折纸中。

9

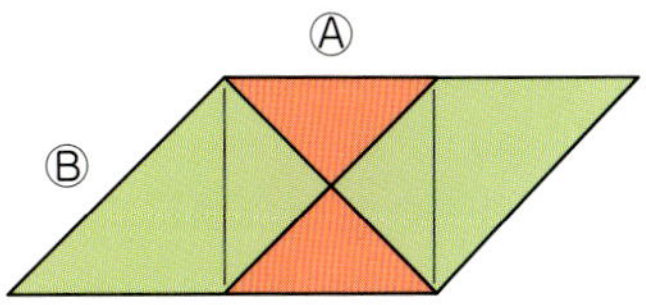

插好后的状态。

10

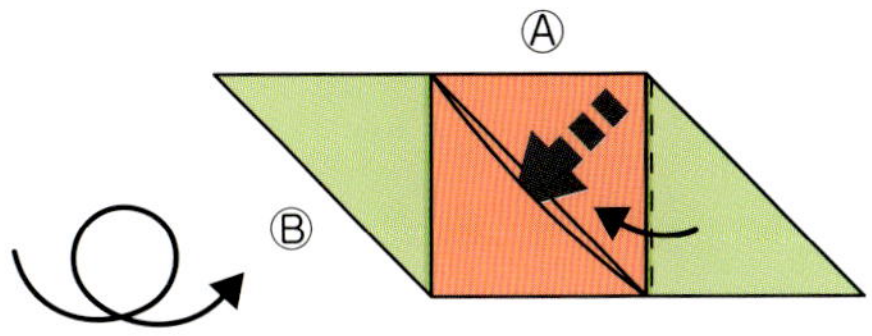

翻过来，将Ⓑ折纸右侧的角插进Ⓐ折纸中。

11

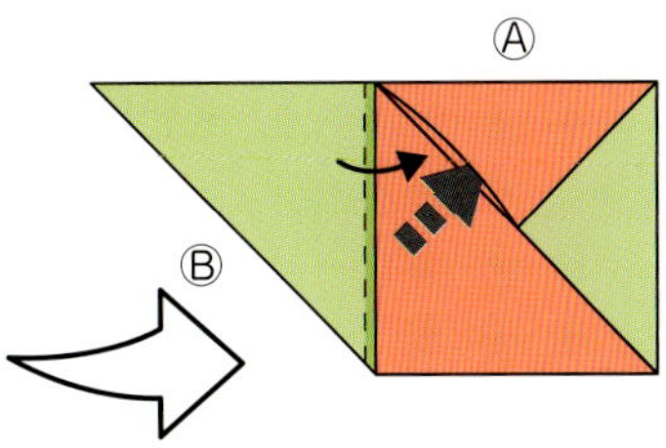

顺着插进Ⓐ折纸中。

将Ⓑ折纸左侧的角插进Ⓐ折纸中。

12

完成。

正反都是交错的双色。

Column

用透明胶将三根牙签缠在一起，插入拍洋画中间，这样就变成了陀螺，转起来能看到更好看的颜色。

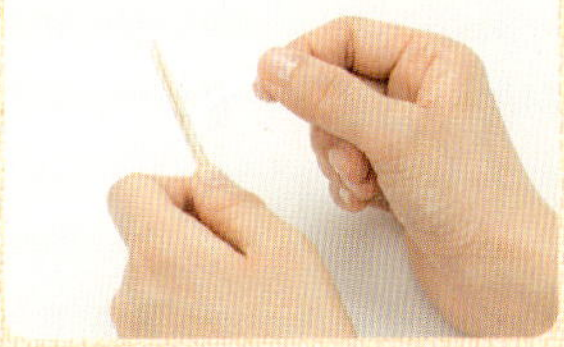

用透明胶将三根牙签缠在一起

将牙签插入拍洋画中间，完成

孩子们在兴奋地玩拍洋画陀螺

大班

飞镖

飞镖不管怎么看都最帅。用自己喜欢的两种颜色的折纸折折看吧。

1
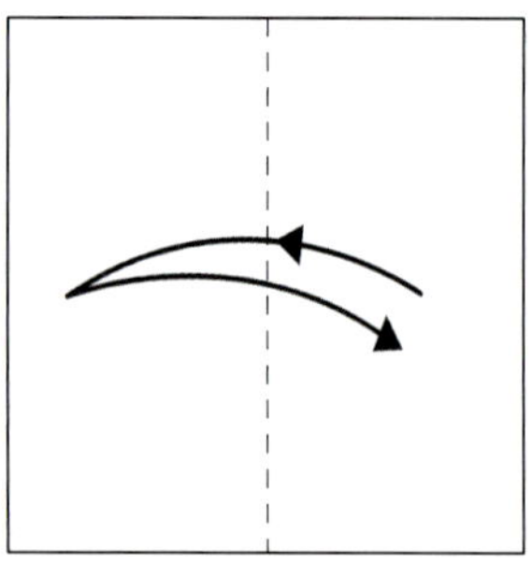

沿虚线从中间对折，折出折痕

2
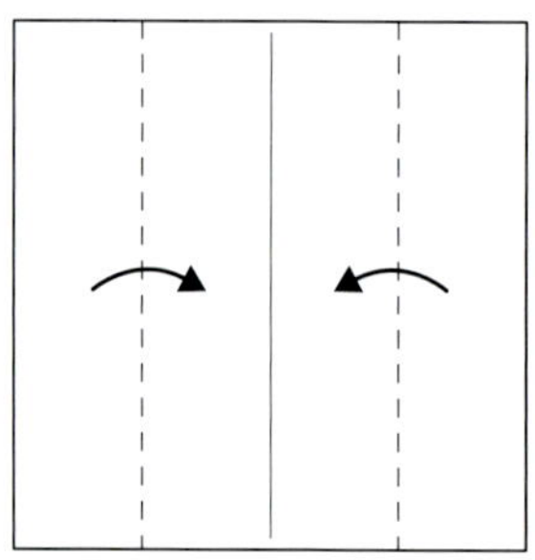

将两侧沿虚线向折痕折叠。

3
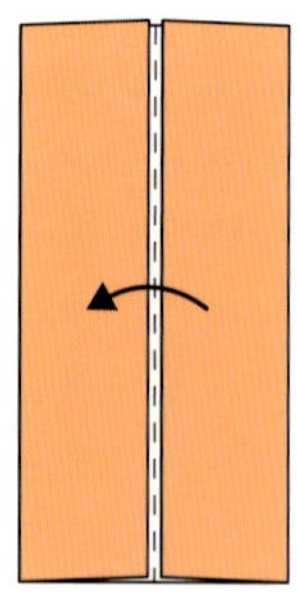

整体沿虚线对折。

4
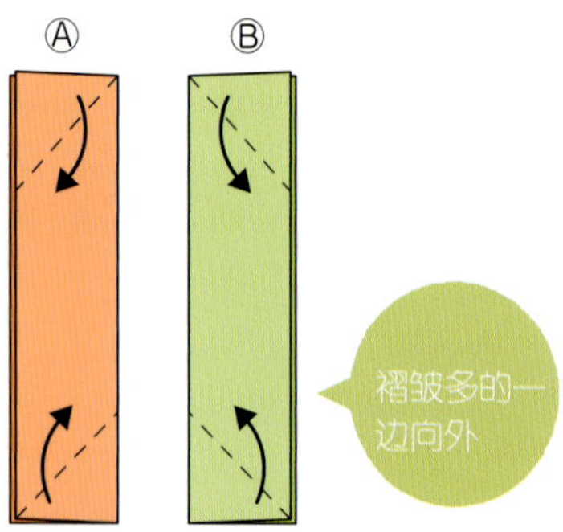

按同样的方法折一个不同颜色的。使两张折纸（ⒶⒷ）左右对称，沿虚线将两张折纸的上下角谷形折。

5
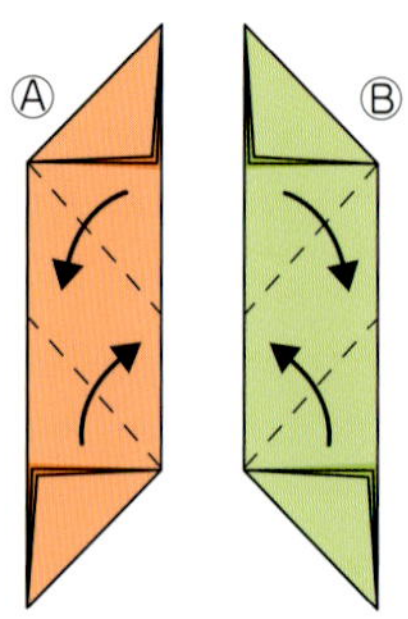

使两张折纸左右对称，沿虚线将上下部分谷形折。

6
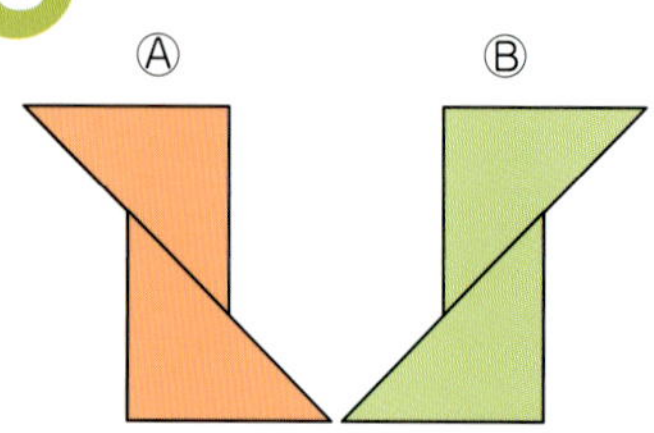

折好后的状态。

7

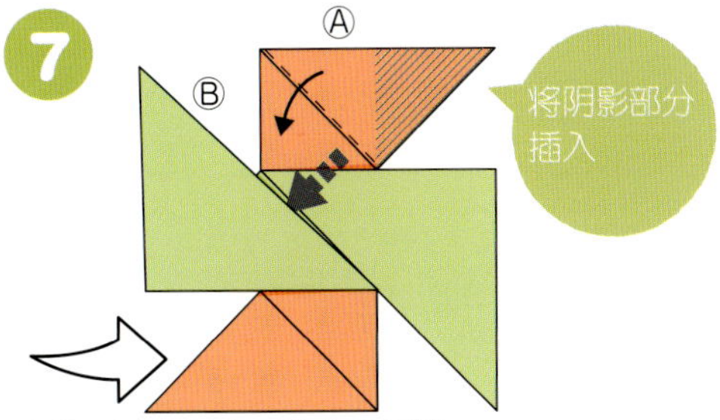

将Ⓐ折纸翻过来，改变Ⓑ折纸的方向并使其和Ⓐ折纸十字重叠。将Ⓐ折纸沿虚线折叠，并将阴影部分插入Ⓑ折纸。

8

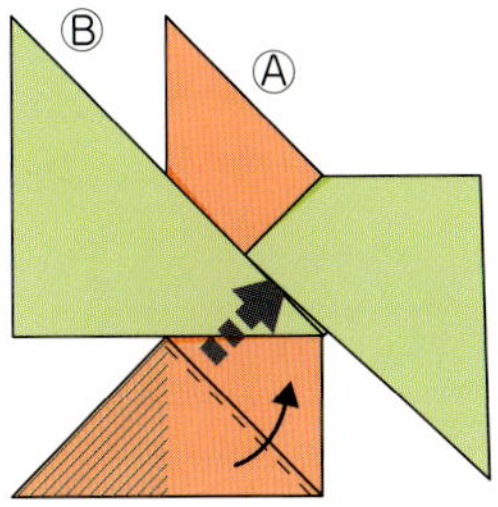

将Ⓐ折线沿虚线折叠，并将阴影部分插入Ⓑ折纸。

将尖端插入Ⓑ折纸。

9

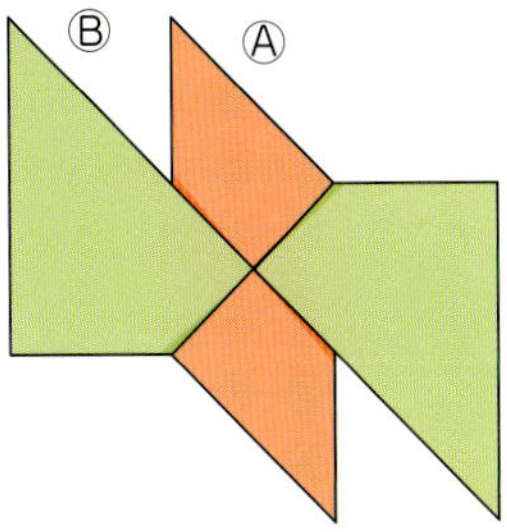

Ⓐ折纸插好后的状态。

10

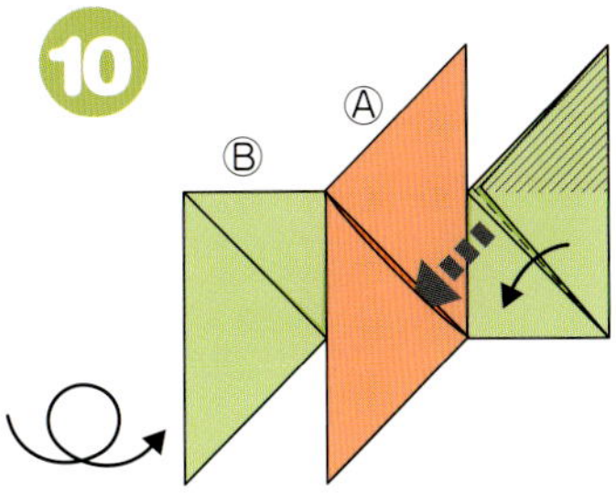

翻过来，将Ⓑ折纸沿虚线折叠，并将阴影部分插入Ⓐ折纸。

11

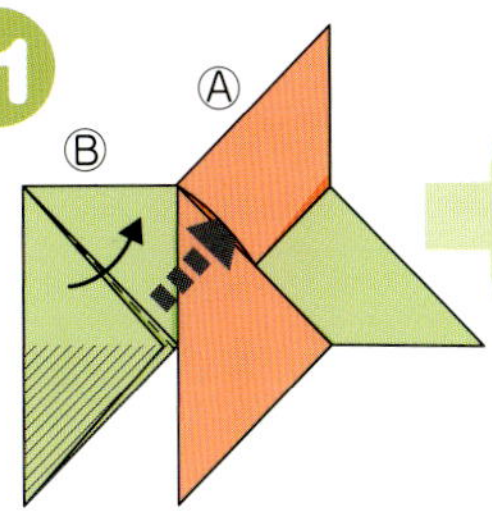

将Ⓑ折纸沿虚线折叠，并将阴影部分插入Ⓐ折纸。

顺着插进Ⓐ折纸中。

12

完成。

要想折出酷酷的飞镖，就一定要认真地把四个角折得一样尖。

大班

照相机

用拇指按一下照相机的背面，会发出快乐的快门声。“来，茄——子！”大家一起来玩吧。

1

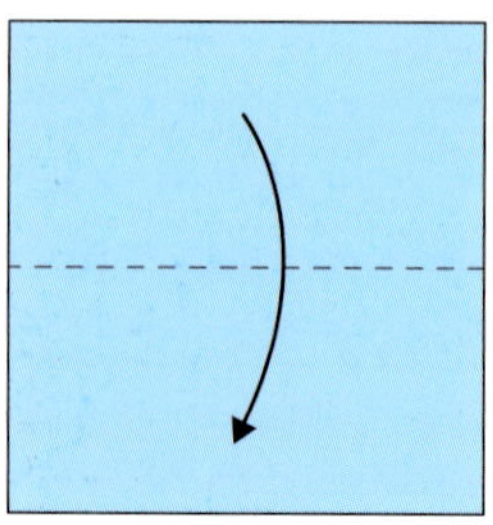

将折纸正面朝上，沿虚线对折。

2

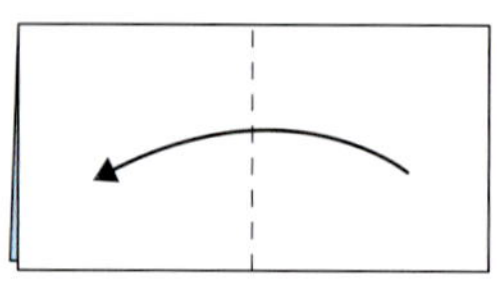

再次沿虚线对折。

3

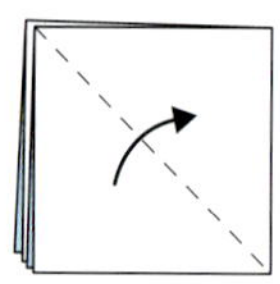

将最上面的一层折纸沿虚线向上斜折。背面也一样。

4

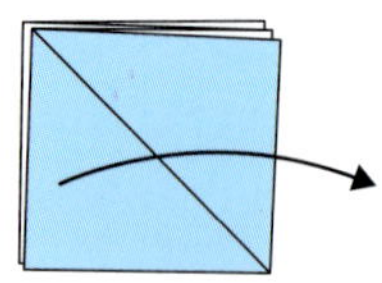

折好后，沿箭头方向打开。

5

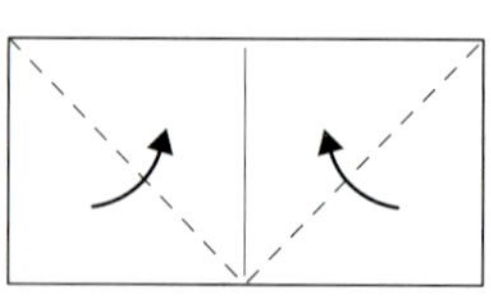

沿虚线向中间折起。

6

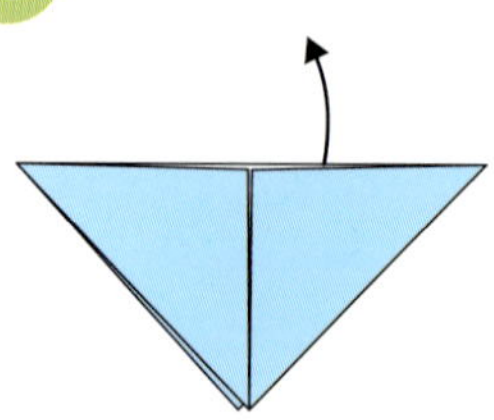

将背面打开。

7

打开后的状态。

8

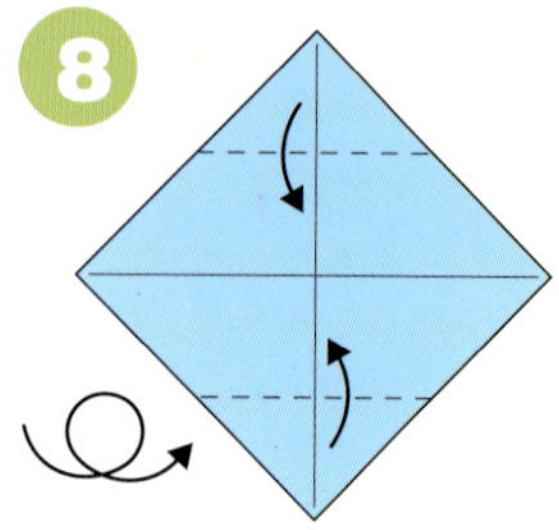

翻过来，沿虚线将上下两个角向中间折。

9

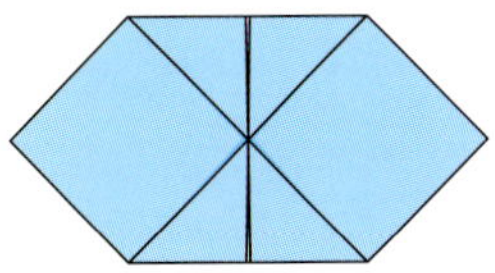

折好的状态。

10

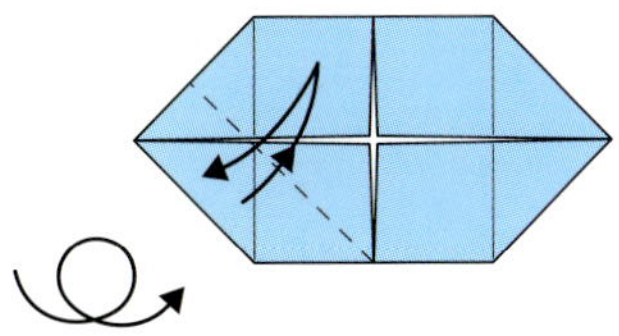

翻过来，沿虚线从下向上斜折，折出折痕。

11

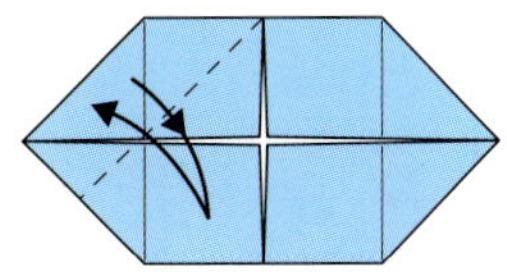

上部同样沿虚线斜折，折出折痕。另一侧同样将上下都折出折痕。

12

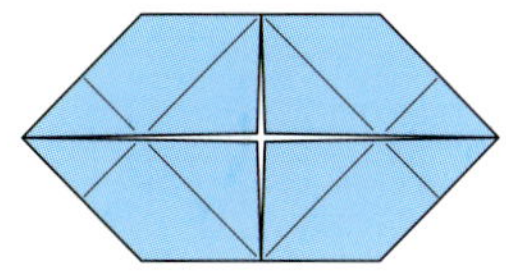

折出折痕后的状态。

13

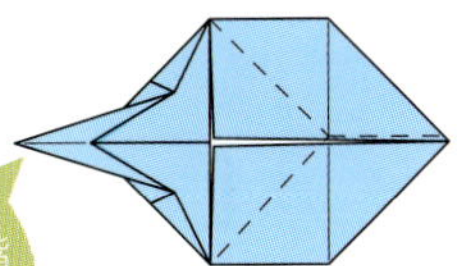

就像做鸟嘴一样折叠

捏折（参照P13），制作开关部分。

就像做三角形（鸟嘴）一样将两侧叠在一起。

14

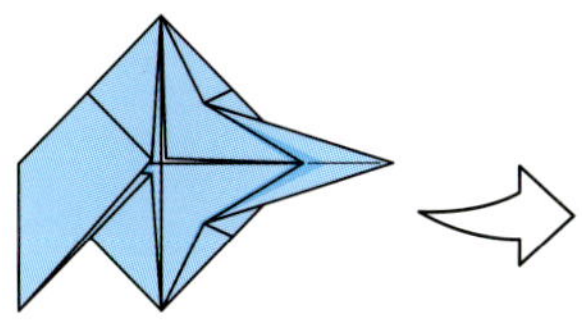

另一侧也一样捏折。

15

捏折后照相机两侧的开关部分。

16

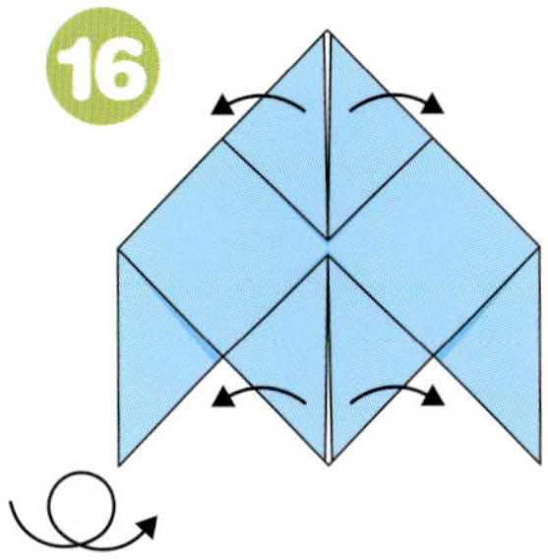

翻过来，将手指插入上部，打开。下部也一样。

17

打开后的状态。

18

再次翻过来，将开关的尖端分别沿虚线折叠。

19

完成。

玩的时候将两边的开关在中间挂起来。

“照相啦啊，嗨，茄——子！”孩子们会喜欢玩这个游戏的。

中班

气球

向里面吹气，气球就鼓起来了。
做成大气球，孩子会特别喜欢将气球拍得高高的。

1

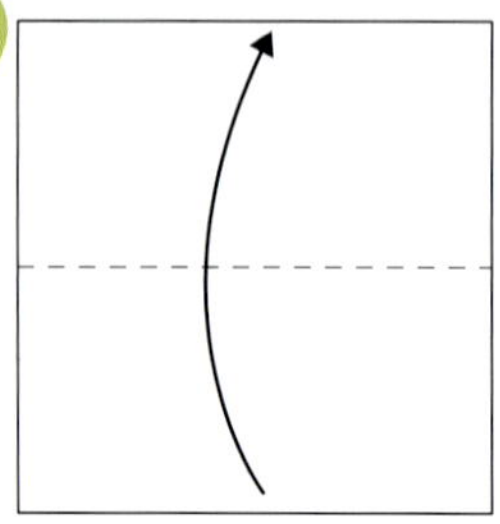

沿虚线对折。

2

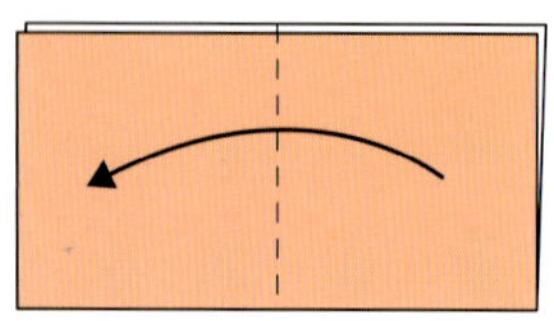

再沿虚线对折。

3

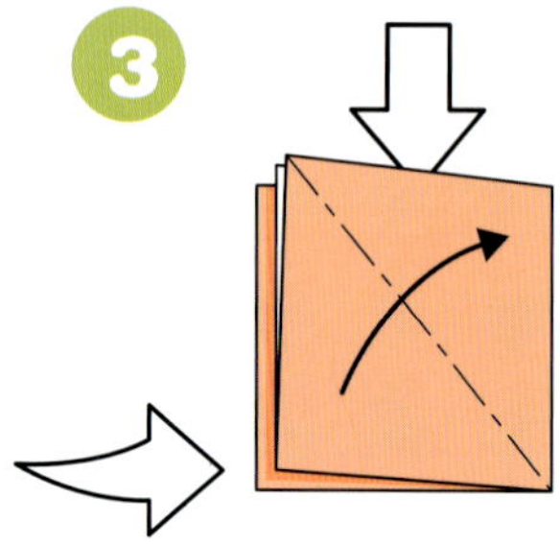

将手指插进上面的折纸中，打开。

将手指插入折纸中，向两侧撑开，按扁。

4

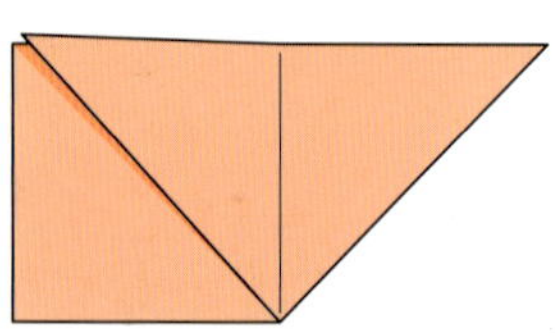

撑开按扁后的状态。背面也同样撑开按扁。

5

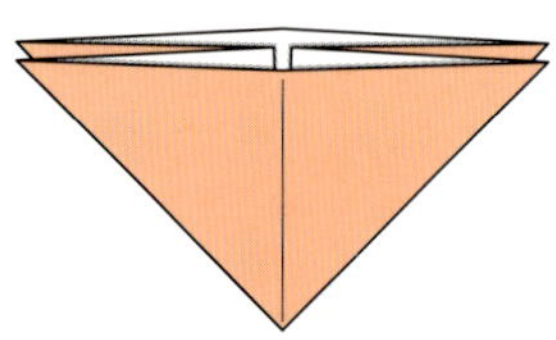

两面均撑开按扁后的状态。

6

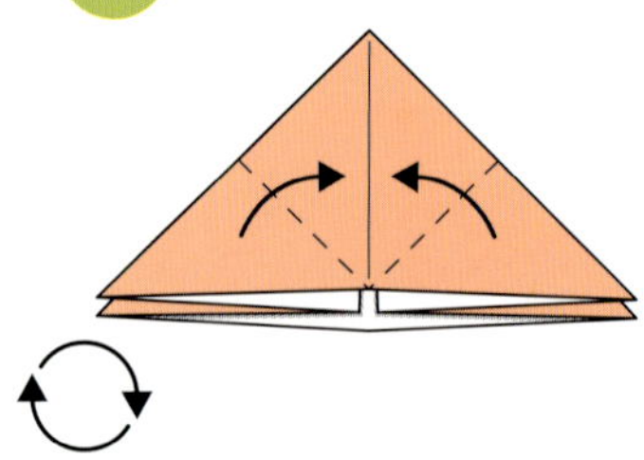

改变方向，将上层折纸的两侧沿虚线向中间折。

7

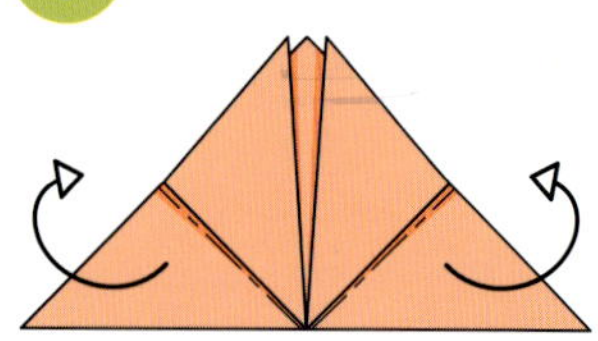

折好后的状态。反面也同样向中间折。

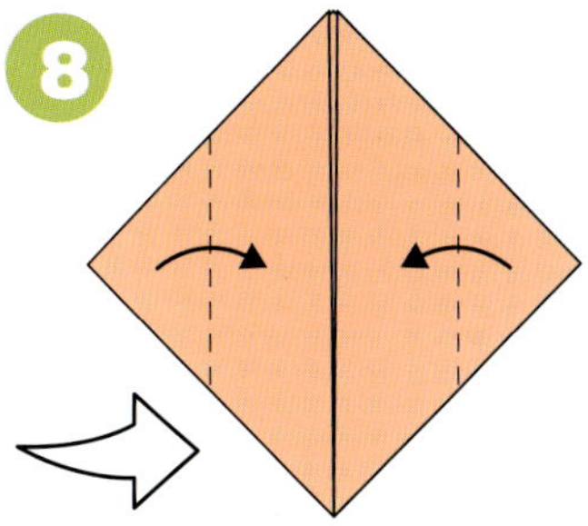

将上层折纸的两侧沿虚线向中间折。背面也同样将两侧向中间折。

沿虚线将上部谷形折。背面也一样。

将上部折下来的三角形插入步骤8折叠的部分。背面也一样。

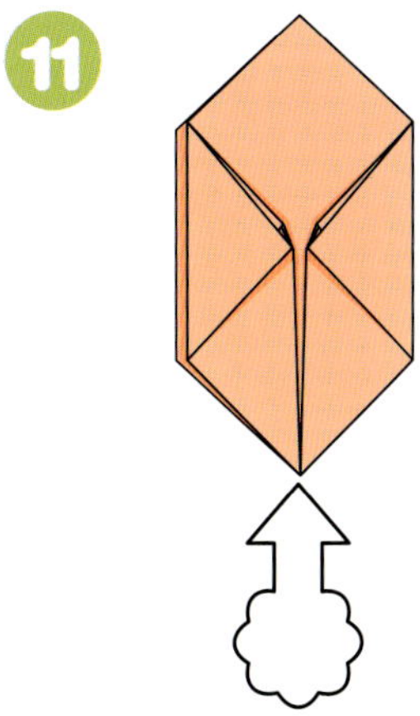

向里面吹气。

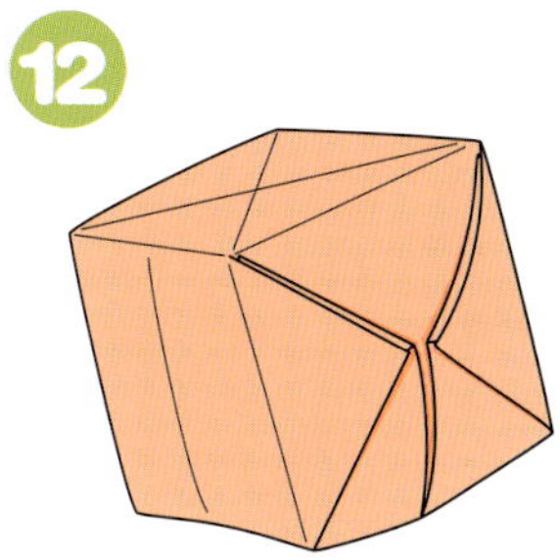

完成。

如果将大的包装纸剪成正方形做气球，请用吸管往里吹气。往大的气球里吹气时用吸管很方便。在幼儿园里，气球游戏特别受欢迎哦。

大班

相扑运动员

相扑运动员的折法和前面气球的折法很相似。做个相扑场地玩相扑也很有意思。

1

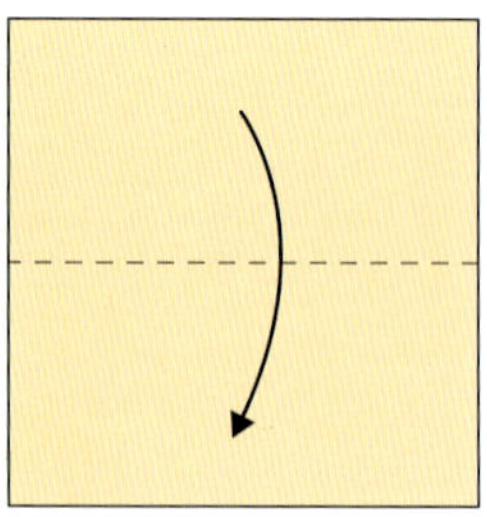

折纸正面朝上，沿虚线对折。

2

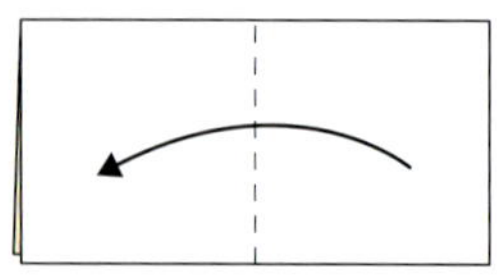

再次沿虚线对折。

3

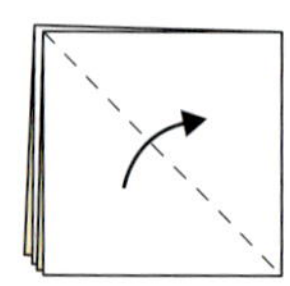

将上面的一层折纸沿虚线向上斜折。背面也一样。

4

折后打开。

5

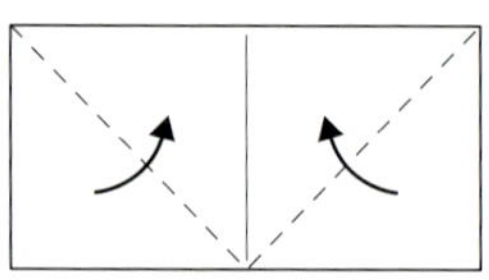

沿虚线向中间折。

6

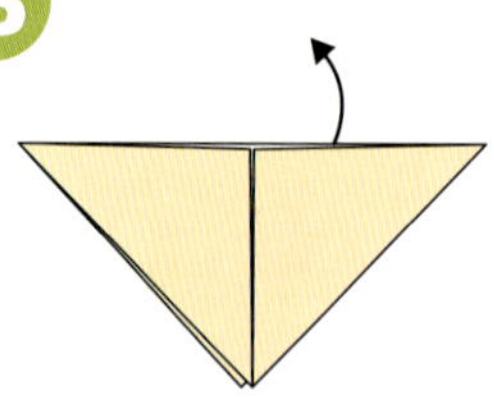

将背面打开。

7

改变方向，沿虚线山形折。

8

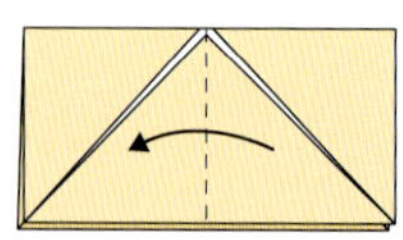

沿虚线对折。

9

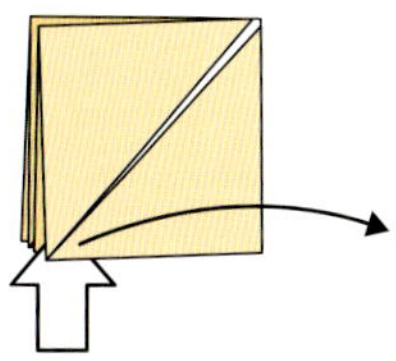

折后的状态。从下面插进手指把前面的折纸打开，然后按扁。

10

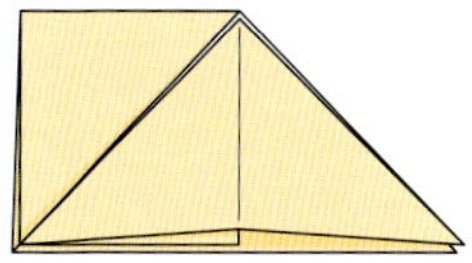

折后的状态。背面同样撑开后按扁。

11

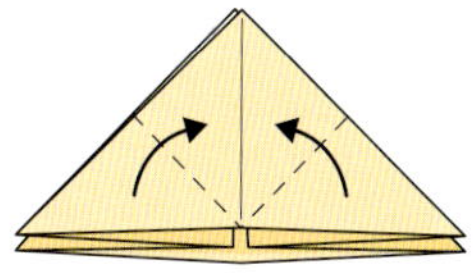

将上层折纸的左右两侧沿虚线向中间折。背面也一样。

12

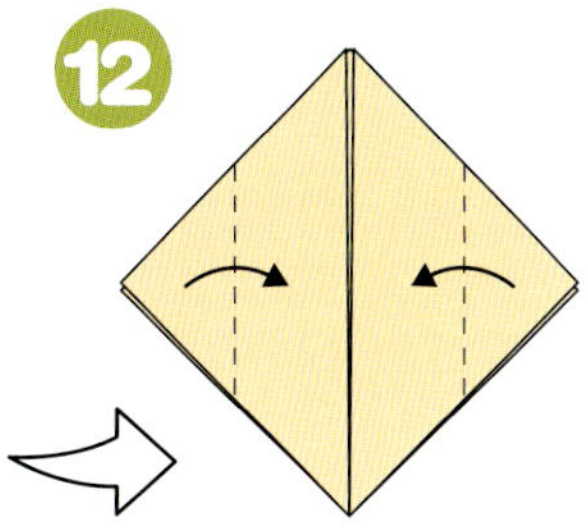

将上层折纸沿虚线向中间折。背面也一样。

13

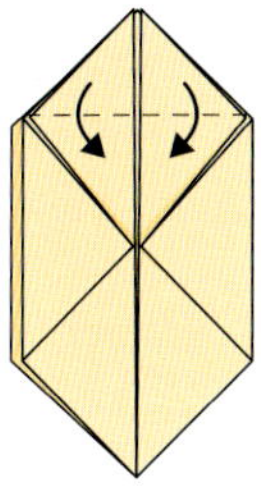

沿虚线将上部谷形折。背面也一样。

14

将上部折下来的三角形插入步骤12折叠的部分。背面也一样。

15

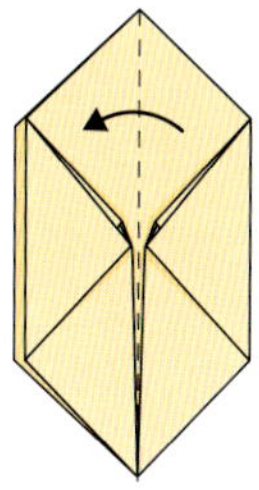

沿虚线从中间对折，露出另一面。背面也一样。

16

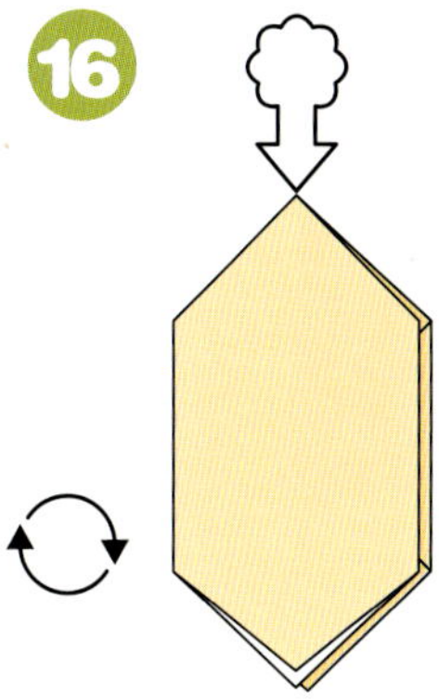

改变方向，画上相扑运动员的表情。向里面吹气。

17

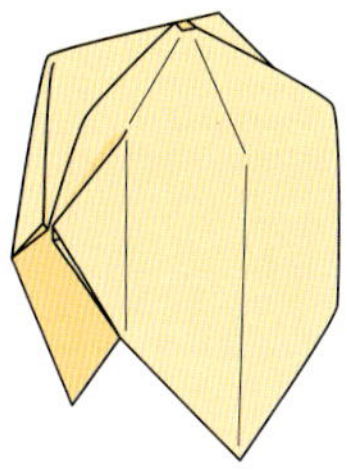

完成。

相扑运动员的表情在步骤16的时候画在平整的地方。将盒子的表面当成相扑场地，可以玩相扑游戏。在场地中间放两个相扑运动员，然后各自用手指敲打盒面，就可以比赛了。

小狐狸

嘴巴会开合的小狐狸。手指人偶一样的折纸上，可以画上各种不同的表情哦。

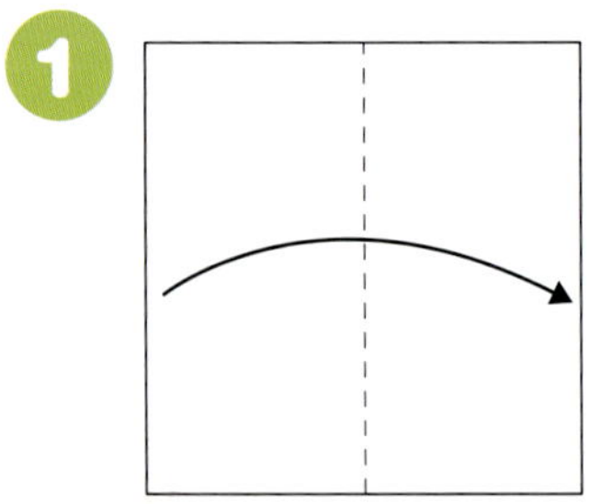

沿虚线对折。

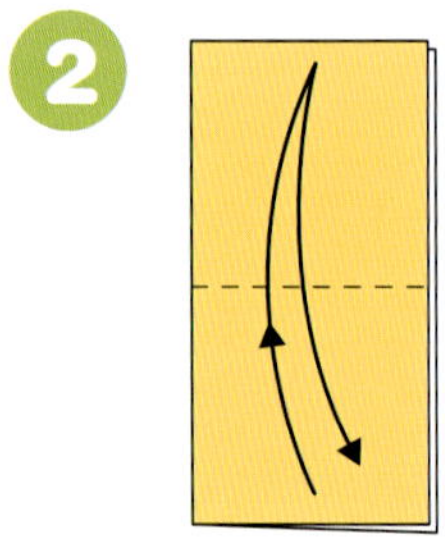

沿虚线折出折痕。

沿虚线将两边向折痕折叠。

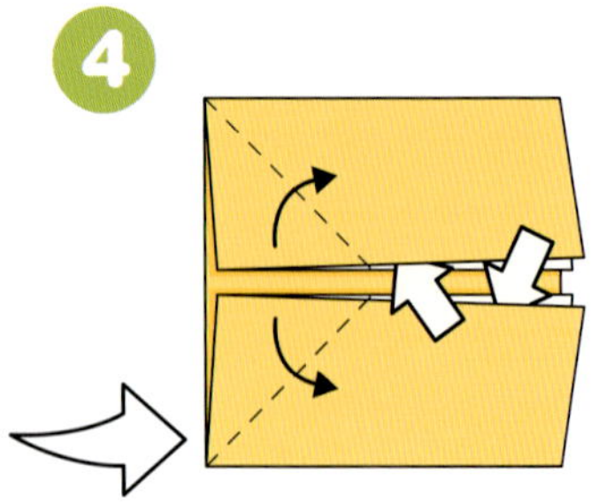

将手指插进去，分别撑开两侧，按扁。

先从上部开始，向上撑开，然后按扁。

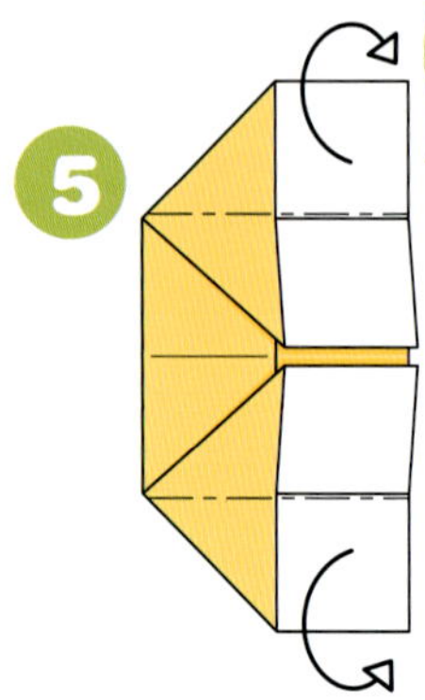

上下分别沿虚线山形折。

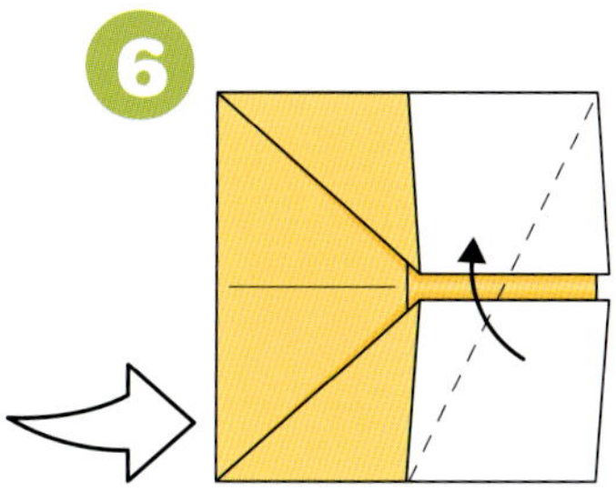

沿虚线将上层折纸斜折。

折后的状态。 反面也一样。

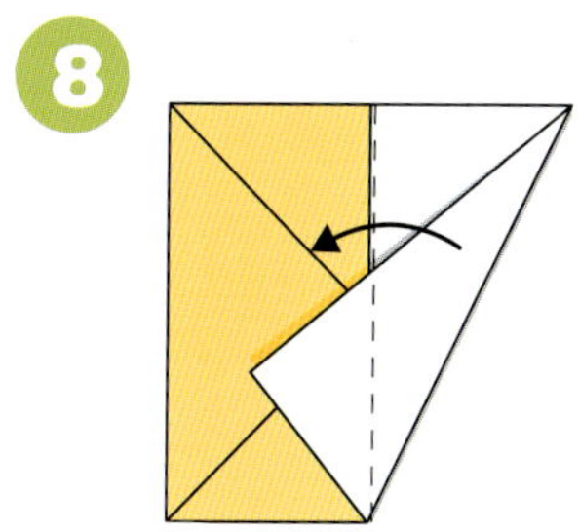

沿虚线从折纸中间折叠。

折后的状态。反面也一样。

沿箭头方向伸进拇指、食指和中指，将其撑开。从相反方向用另一只手的食指按着折纸的中间部分。

撑开的时候用另一只手按着小狐狸的嘴中间是技巧。

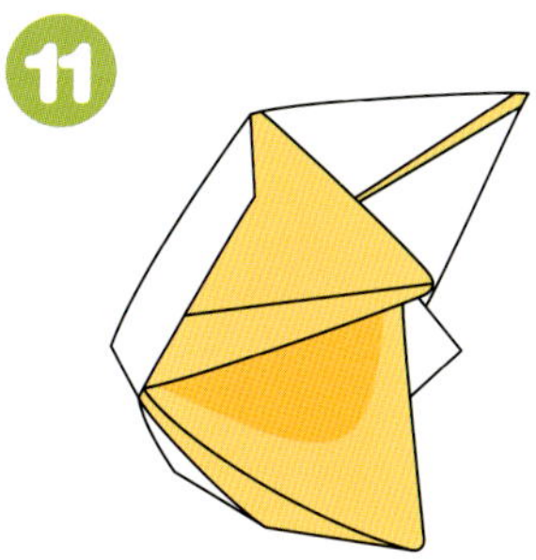

完成。

大狐狸和小狐狸面对面地聊天也会很有意思哦。

大班

手指玩偶
（兔子）

改变折纸的颜色，改变耳朵的角度，用剪刀剪一下改变形状，就能够做出各种手指玩偶。

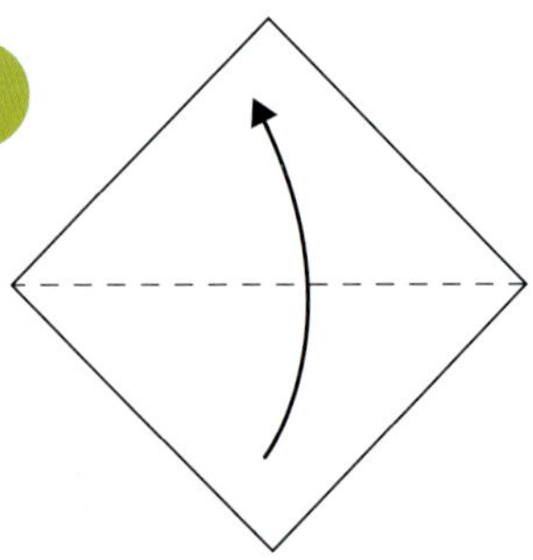

1 沿虚线对折。

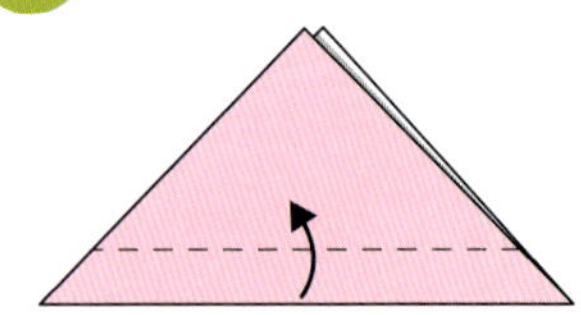

2 沿虚线将下部向上折。

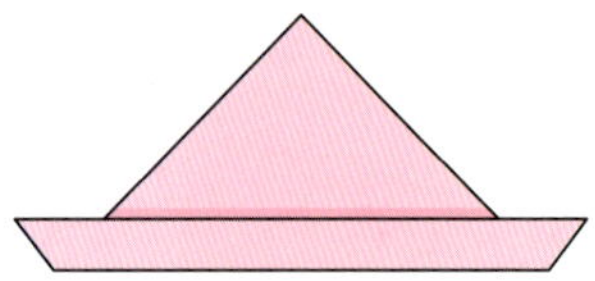

3 折后的状态。

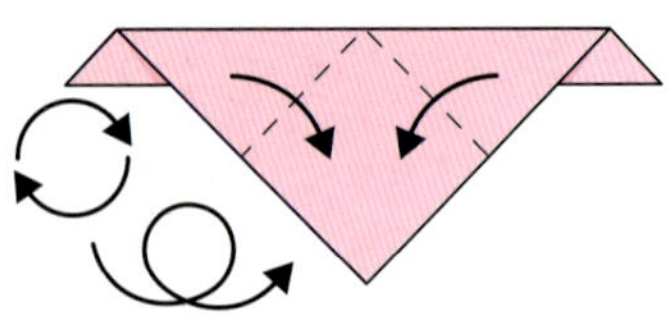

4 改变方向，翻过来。沿虚线将两侧向中间斜折。

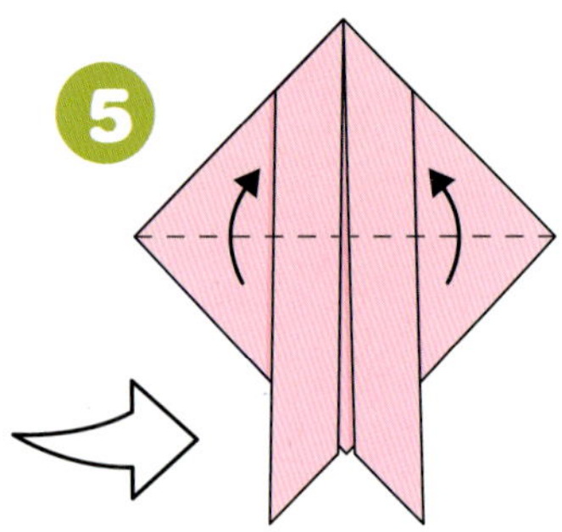

5 将上层折纸分别沿虚线向上折起。

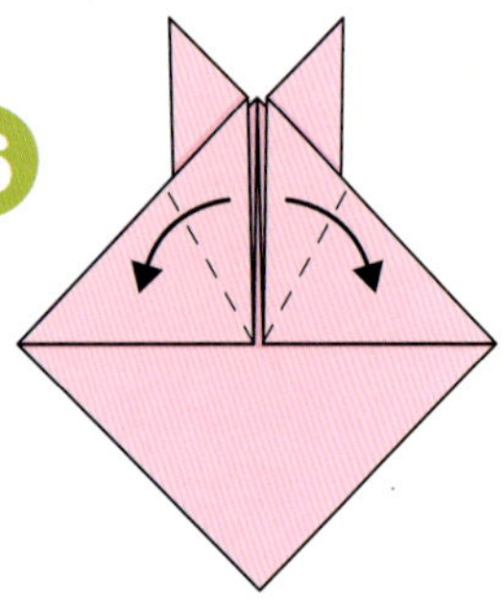

6 留出步骤2做出的带状宽度，沿虚线向下折。

7

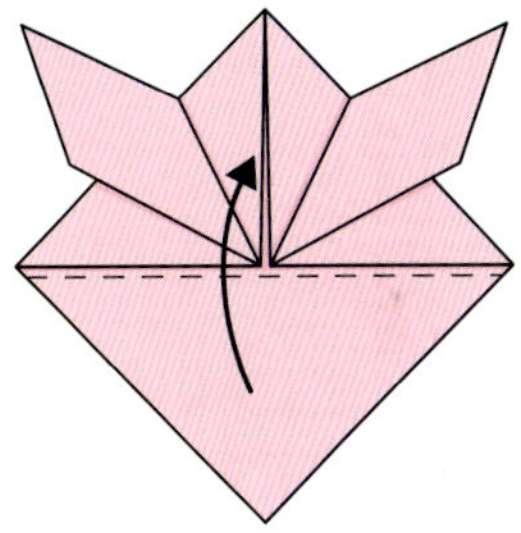

沿虚线将上层折纸向上折。

8

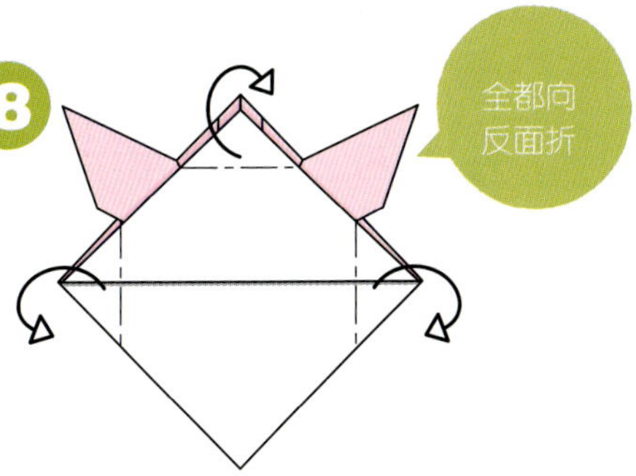

将上部和左右两侧沿虚线山形折。

9

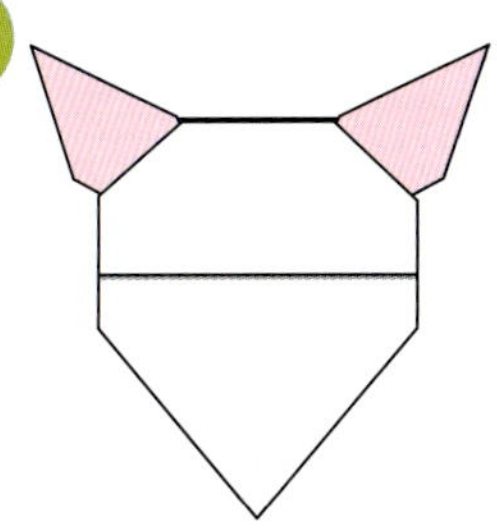

折好的状态。

10

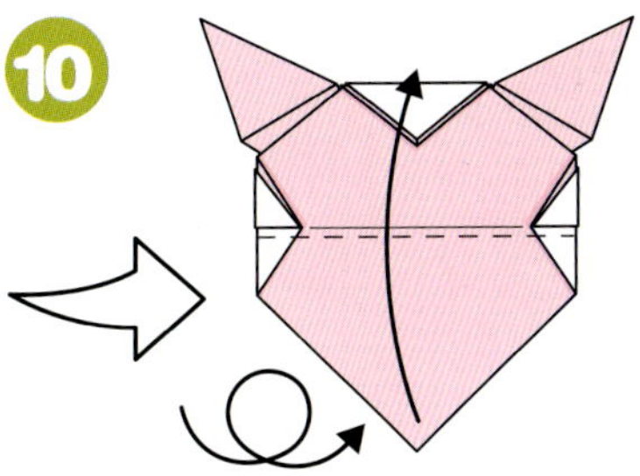

翻过来，沿虚线将下部向上折。

11

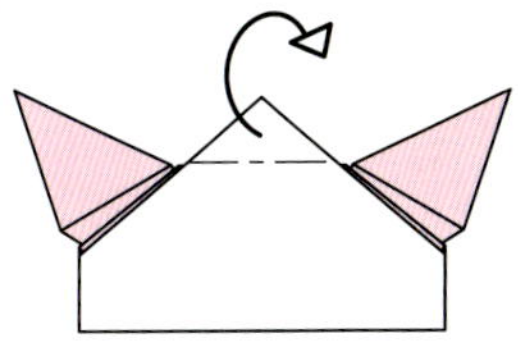

将步骤10折出的尖角沿虚线山形折，用胶水粘在内侧。

12

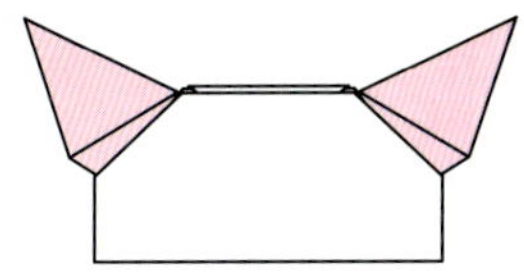

粘好后的状态。

13

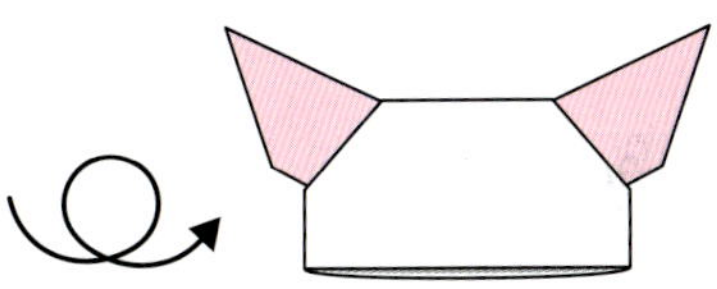

翻过来，完成。

用不同颜色的折纸折。将耳朵折下去就变成小狗。将耳朵剪成圆的、剪成尖的，画上不同的表情，还能变成青蛙、狸猫、猫咪等不同的小动物。

大班

项链挂坠

折好后穿上绳子就变成了项链挂坠。

穿上卡子就是头花，穿上别针就变成胸针了。

1

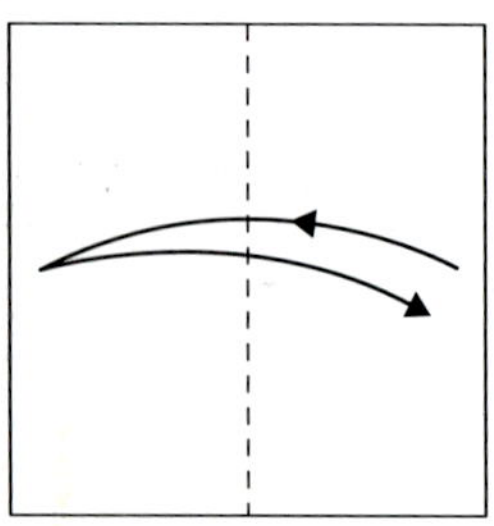

沿虚线对折，折出折痕。

2

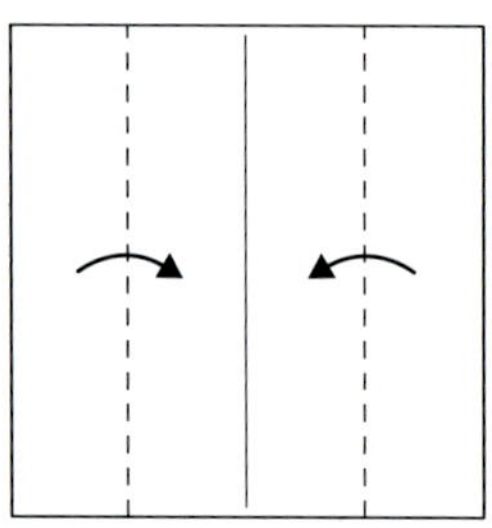

将两边沿虚线向折痕折叠。

3

向背面折

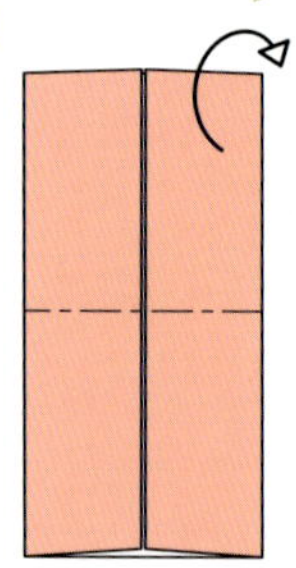

沿虚线整体山形折。

4

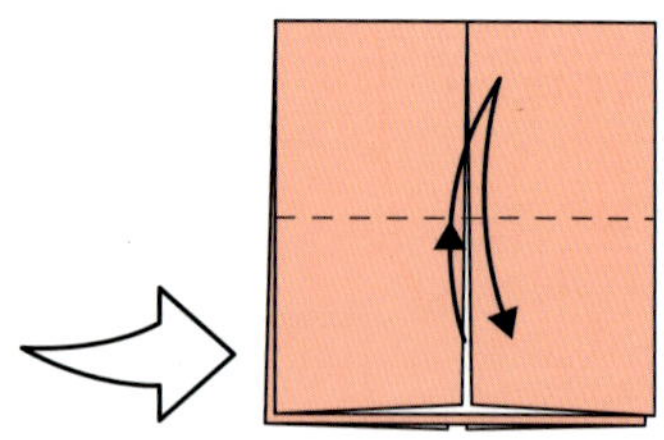

将上层折纸沿虚线向上折，折出折痕。

5

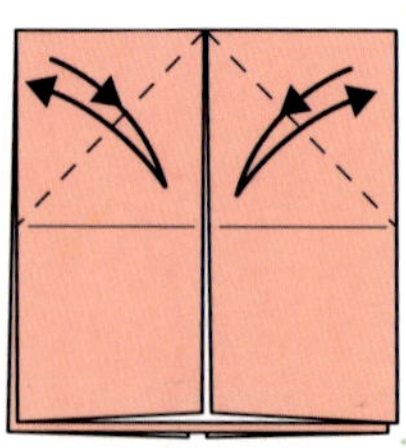

将上部沿虚线向中间折，折出折痕。

6

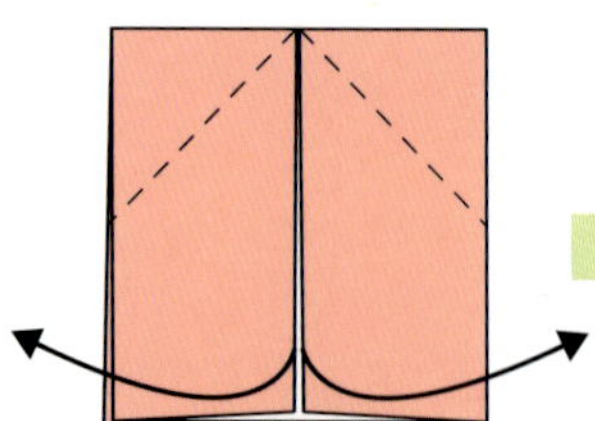

拉着下部的内侧撑开，按扁。

拉着这里向两边撑

拉着下部的内侧向两边撑展，然后按扁会比较容易。

7

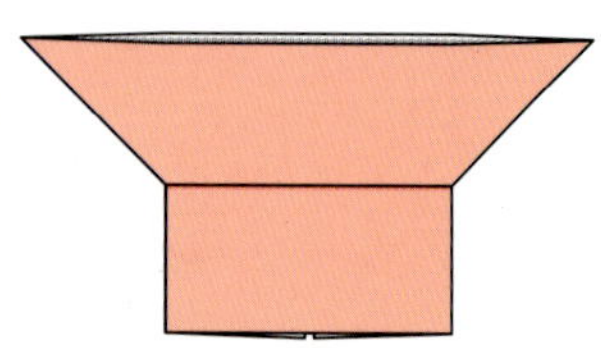

撑开后按扁的样子。

8

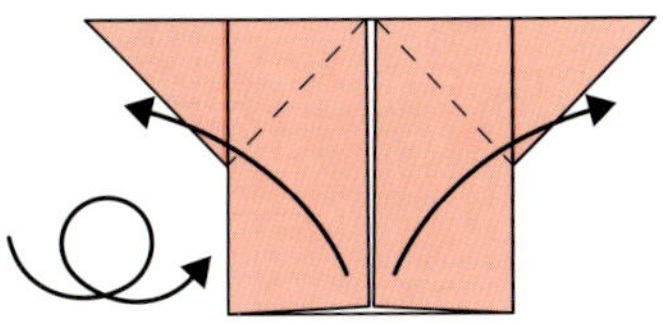

翻过来，按照步骤4 ~ 6的方法折叠。

9

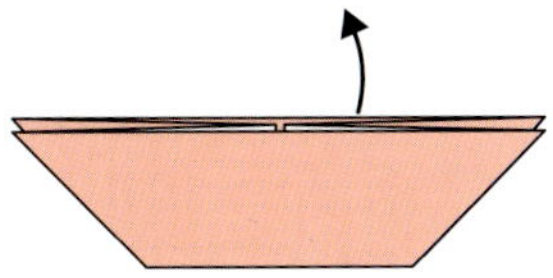

撑开后按扁的样子。 将后面的部分折起。

10

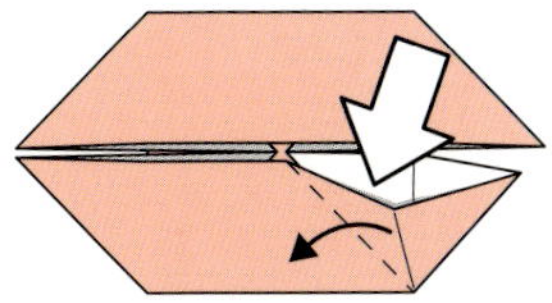

将手指伸进右下方的折纸中，打开后按扁。

11

将四角的折纸打开按扁

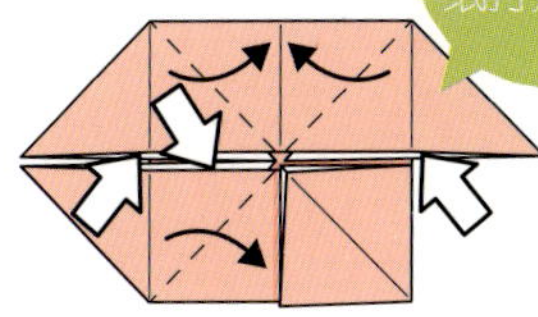

将剩下的三个角的折纸打开按扁。

12

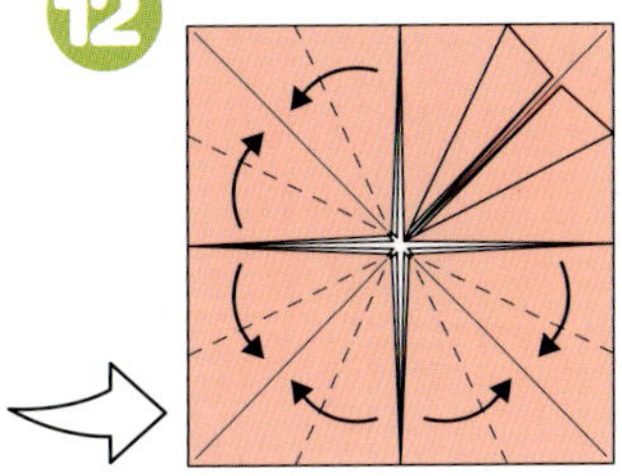

将步骤11折好的部分全部沿虚线谷形折。

13

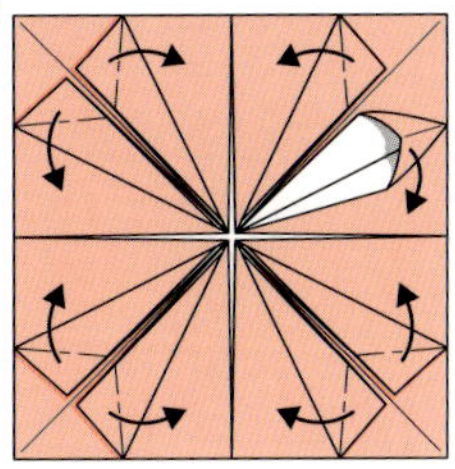

将手指伸进步骤12折叠的部分中打开按扁。

将手指插进折纸中，打开后按扁，就能折得很漂亮。

14

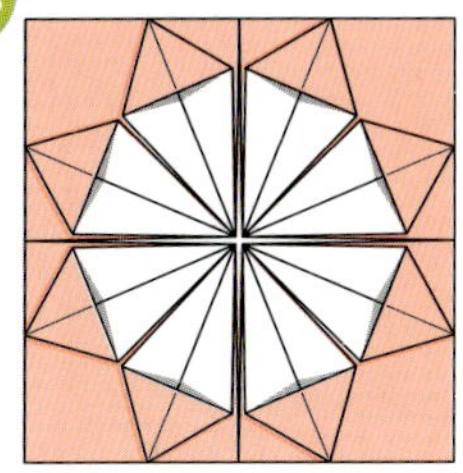

全部打开按扁后的状态。

15

全部向背面折

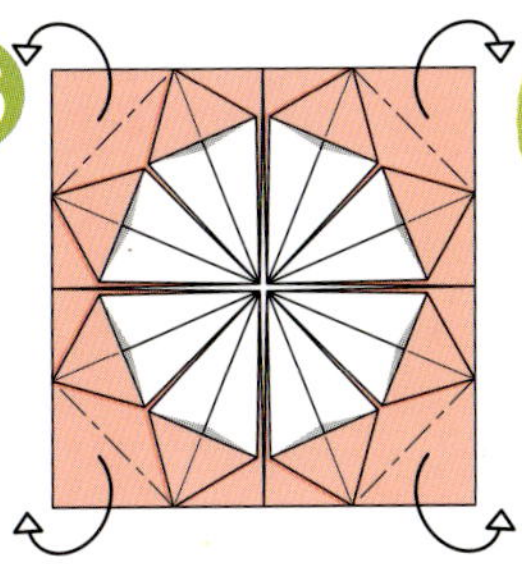

将折纸的四角沿虚线山形折。

16

用其他颜色的折纸剪出圆形花心贴在中间，完成。

用不同颜色的折纸制作即可变成项链挂坠，还可以按个人的喜好当做不同的东西哦。

园长的小总结

孩子们叠的折纸是世界上唯一的作品

孩子在成长过程中，年龄越小，个人差别越大。
在折纸的时候有的能按要求折，有的却按喜好折。
即使孩子不按要求折，家长也不能急躁哦！

折纸游戏中的忌讳　　建议家长这样和孩子玩

首先要夸奖孩子

孩子年龄越小，手指的末端神经发展越不完善。然而，孩子在不能按书中指示折纸时，大人总是情不自禁地会说："怎么这都做不好啊？"要是这样对孩子说的话，孩子就会对折纸失去兴趣，有时会不再想折。即使孩子不能按书上指示的折，请家长也不要急。孩子总是认为自己亲手做的就是最好的，所以家长也要夸奖孩子制作出了世界上唯一的作品。尽量不要评分，而是夸奖制作的过程。对于孩子，在折纸过程中的每一个小小的努力和小小的创意都需要大人的认可。如果能够这样做，孩子会积极地想折下一个作品。

如果孩子还小，还不能自己完成折纸，家长也可以先折出一部分，让孩子折另一部分，或者

折好后让孩子画上花纹或表情。

上面的图片是幼儿园年少组的作品，有的角没对齐，有的画得不好看，但是这样也是最好的。不管哪一个都是最棒的作品，因为无论怎么说，每一个都是这个世界上唯一的作品。

传统折纸

可能从比江户时代更早的时代开始就有了折纸，并且传承至今。

传统折纸中没有一条多余的线，全都是精美的形状，它们都是不断传承下来的作品。

纸鹤

提起折纸，首先想到的就是纸鹤吧。为了折出漂亮的纸鹤，注意把每一个角都小心地折整齐。

把手指插进折纸中间整体撑开，折叠。

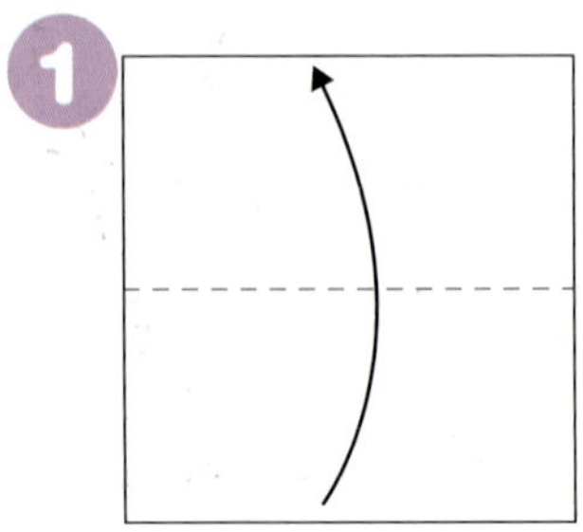

1 沿虚线对折。

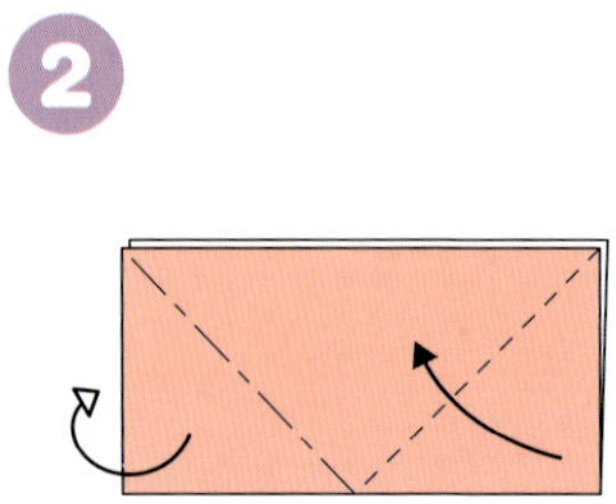

2 右侧沿虚线谷形折，左侧沿虚线山形折。

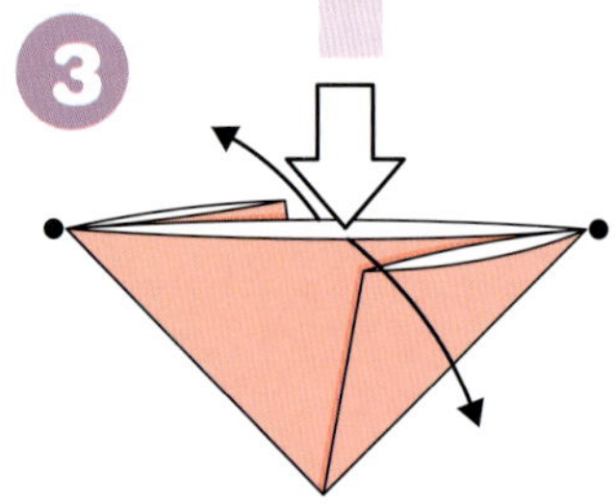

3 把手指插进折纸中间撑开，把标●的位置对在一起折扁。

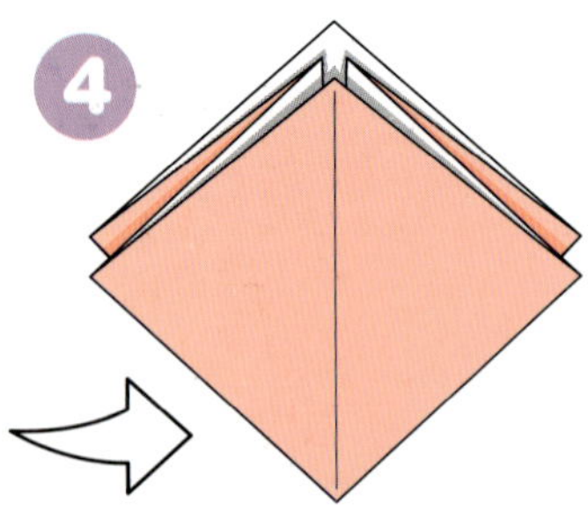

4 折好的样子。

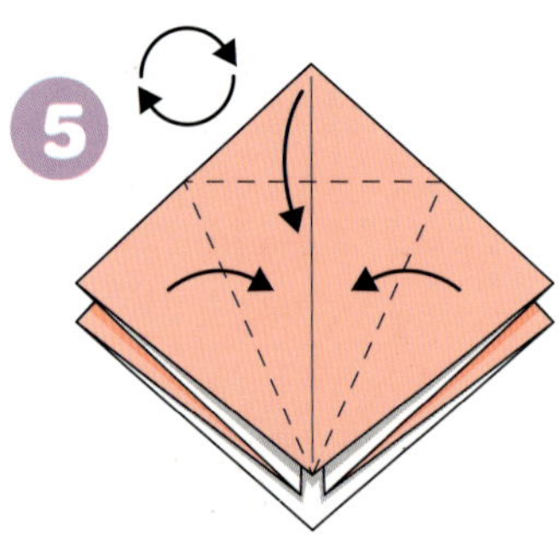

5 改变方向，将上层折纸沿虚线向中间折，折出折痕。

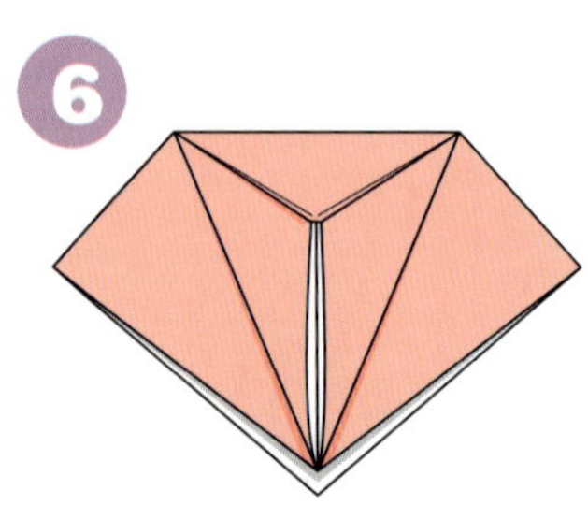

6 折折痕时的状态。

7

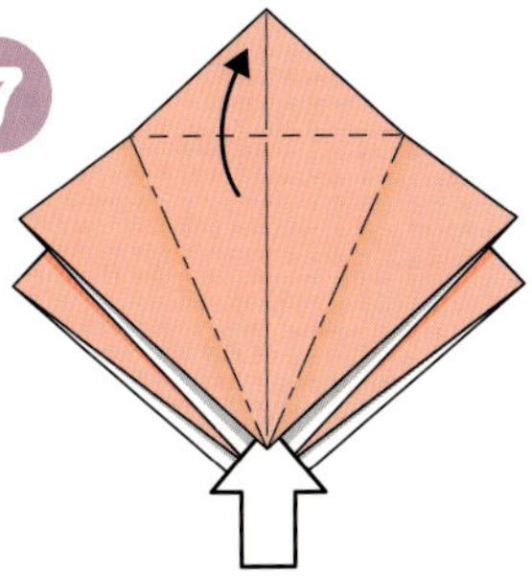

打开，将上层折纸花瓣折（参照P12）。

沿折痕向中间折叠。

8

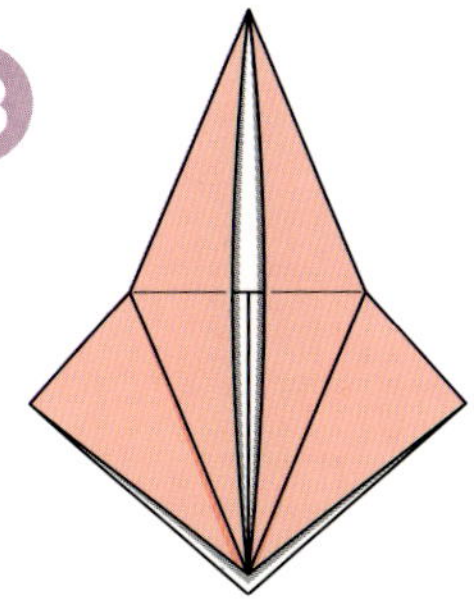

花瓣折后，背面也按照同样的方法花瓣折。

9

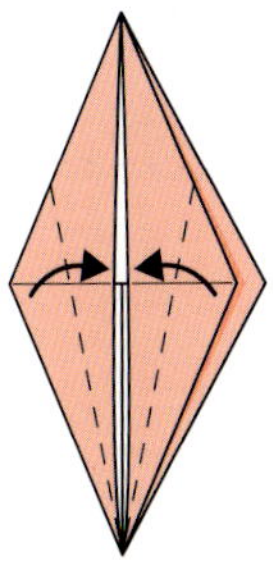

将上层折纸沿虚线向中间折。

10

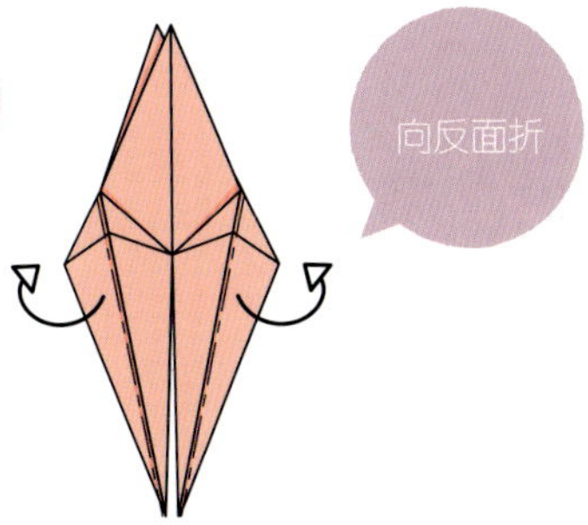

折后的状态。背面也同样折叠。

11

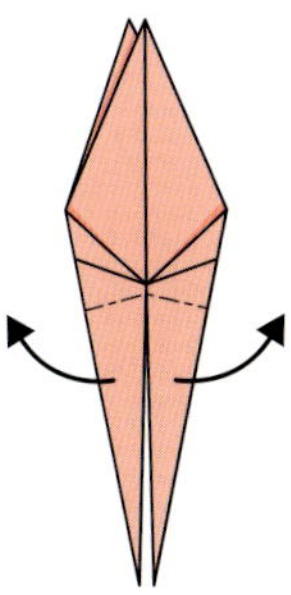

左右分别沿虚线内向反折（参照P11B式样），制作尾部和头部。

将头部和尾部分别向上折好。

12

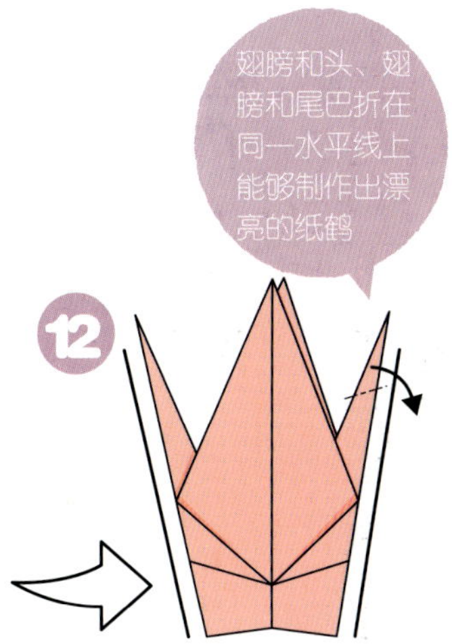

将一侧内向反折（参照P11B式样），做成头部。

13

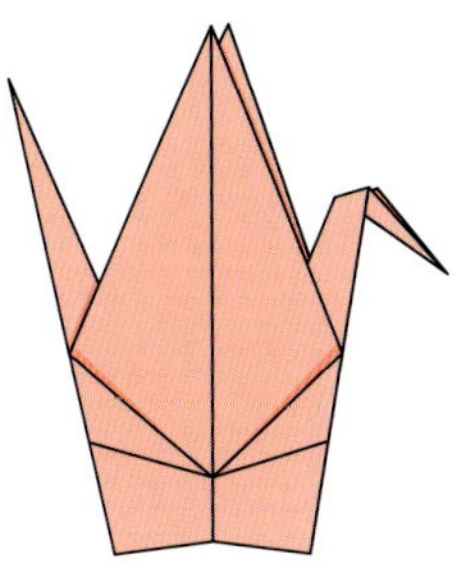

折好的状态。

14

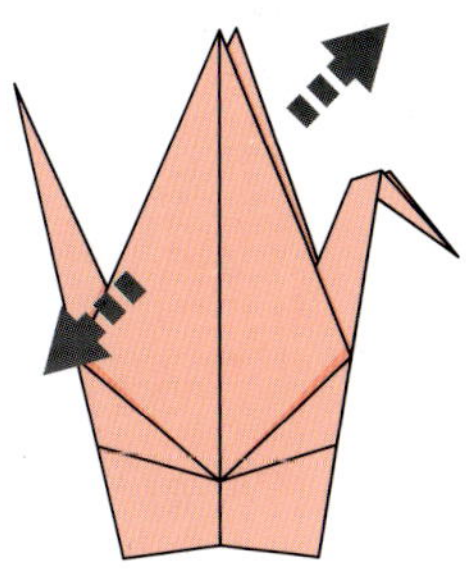

使翅膀伸开。 伸开翅膀后纸鹤本身也会吸入空气。

15

完成。

大班

蜻蜓

蜻蜓的折法和之前介绍的纸鹤的折法很相似。用红色的折纸折，可以做成红蜻蜓。

把手指插进折纸中间整体撑开，折叠。

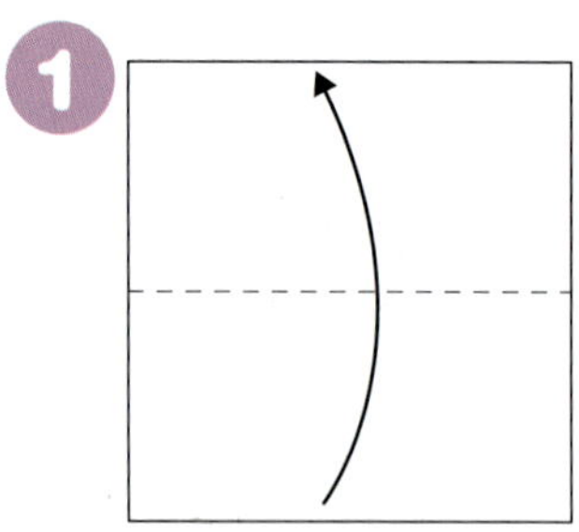

1 从中间对折。

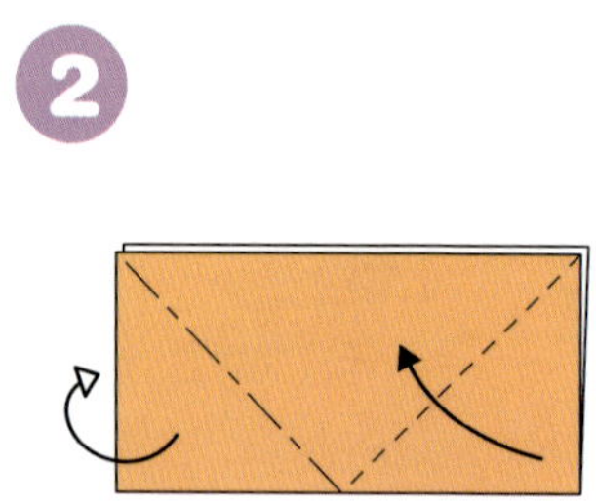

2 右边沿虚线谷形折，左边沿虚线山形折。

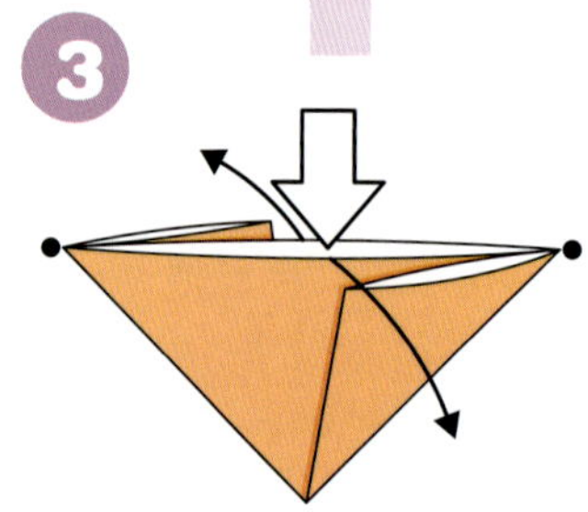

3 把手指插进折纸中间撑开，把标●的位置对在一起折扁。

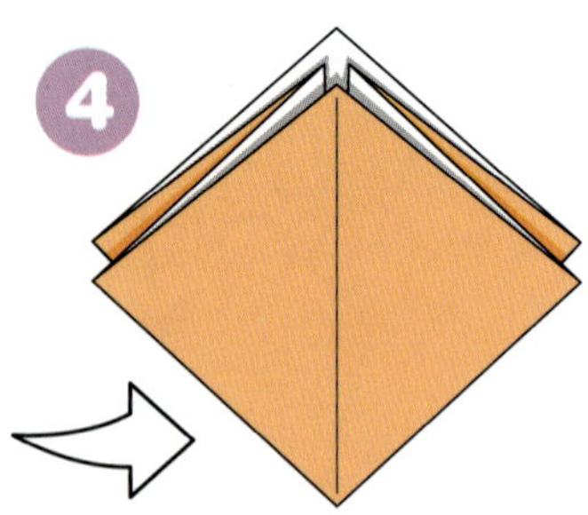

4 折好的样子。

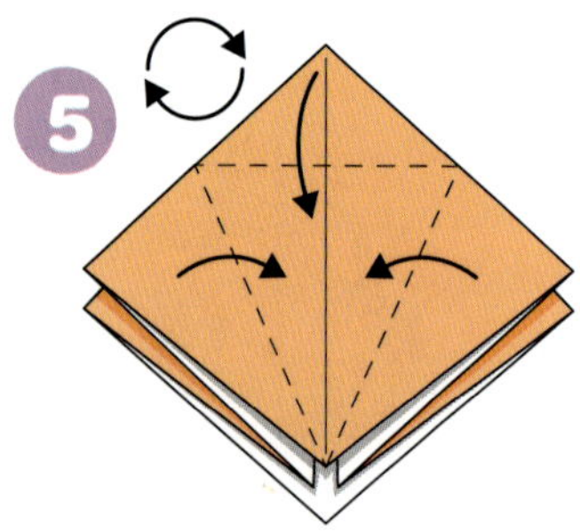

5 改变方向，将上层折纸向中间折，做折痕。

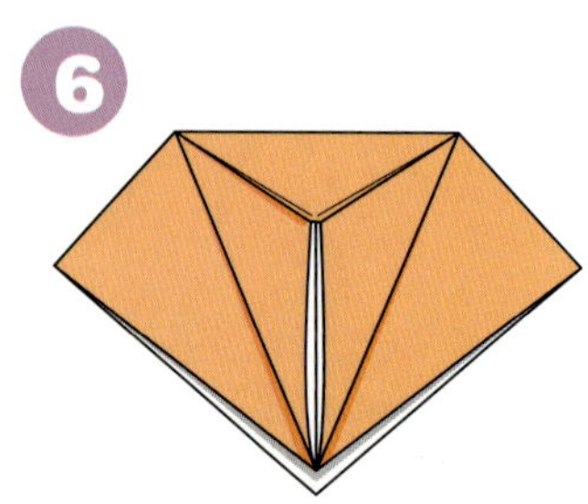

6 做折痕时的状态。

7

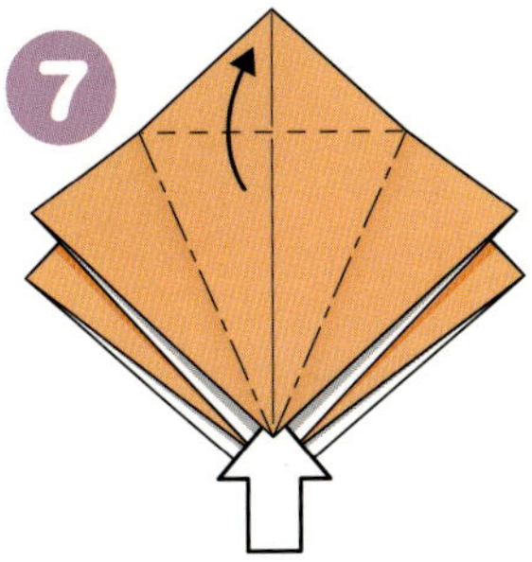

打开，将上层折纸花瓣折（参照P12）。

8

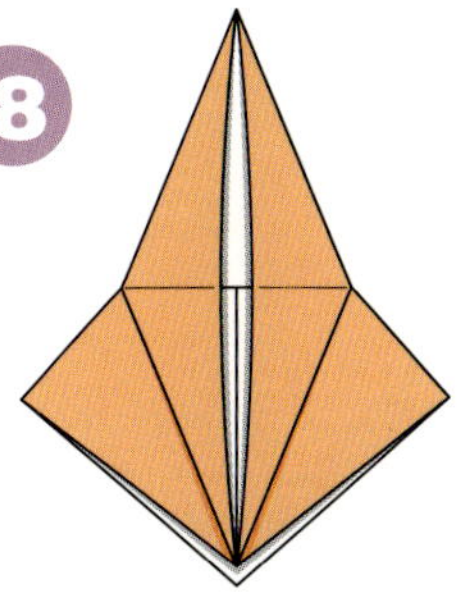

花瓣折后，背面也按照同样的方法花瓣折。

9

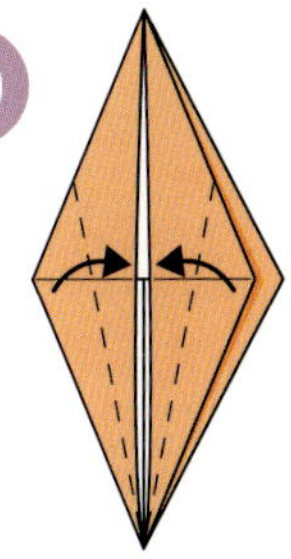

将上层折纸沿虚线向中间折。

10

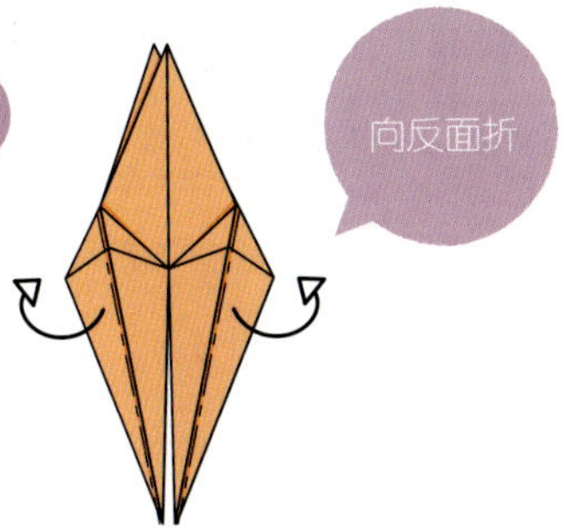

折好的状态。背面也同样折叠。

11

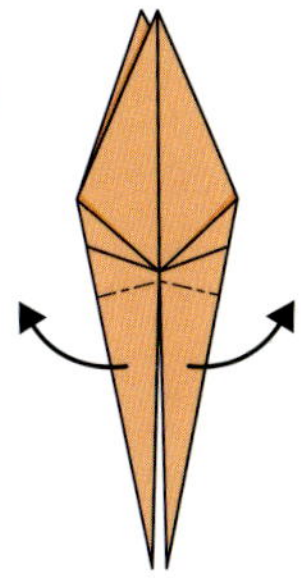

左右分别沿虚线内向反折（参照P11B式样），制作尾部和头部。

12

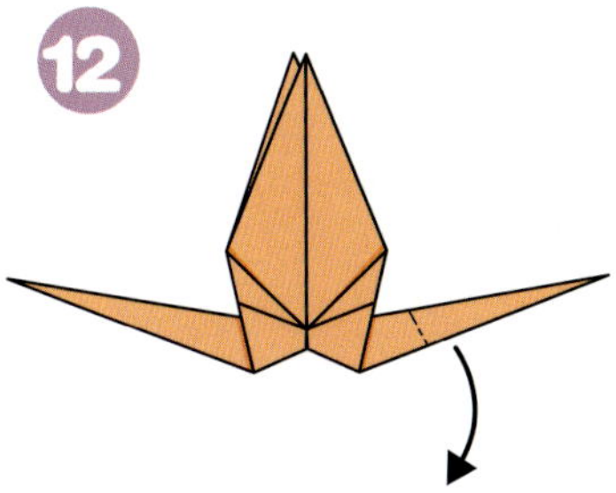

将一侧内向反折（参照P11B式样），制作头部。

13

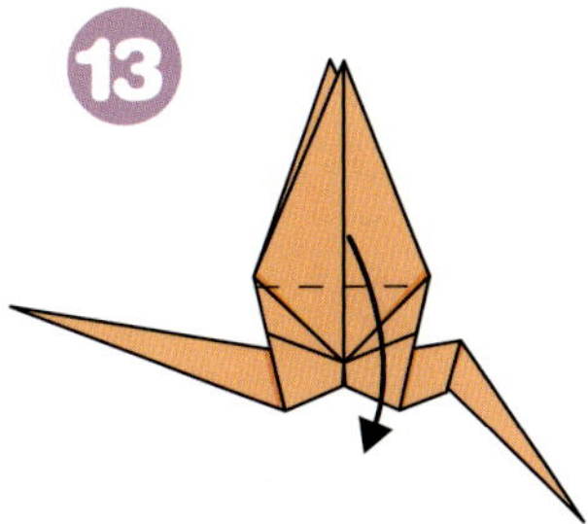

将上面的翅膀沿虚线谷形折。

14

将身体的三角部分山形折，插入身体和翅膀的中间。

15

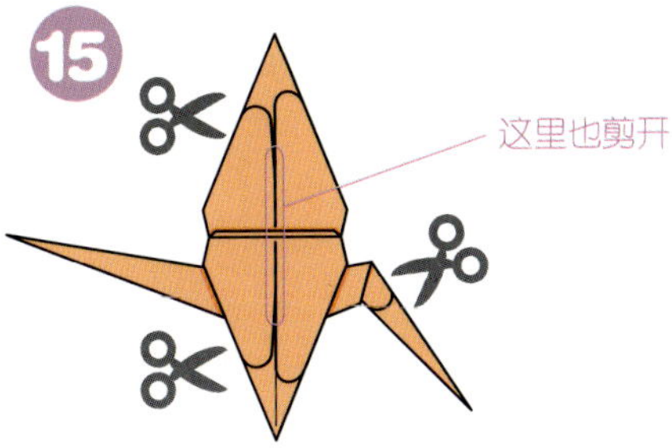

用铅笔画出蜻蜓翅膀和面部的线条，沿线条剪开。面部不要剪到内向反折的部分，剪出曲线形。

16

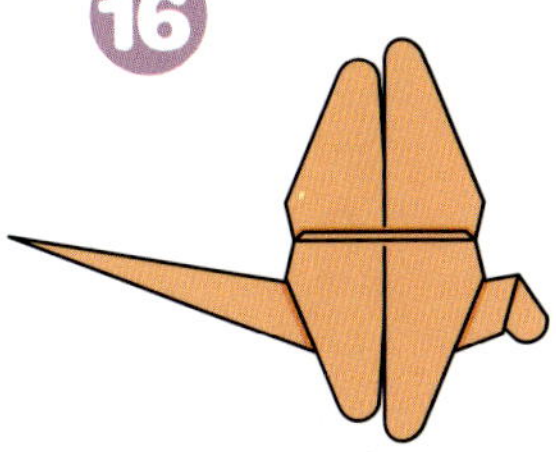

完成。

中班

头盔

孩子们喜欢能够戴在身上或是能够做游戏的折纸，头盔就是这样的折纸。做出大人、孩子能够戴的头盔一起做游戏吧。

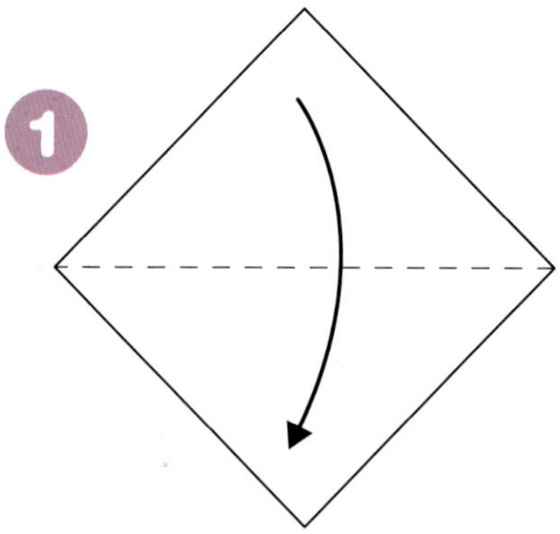

1 沿虚线对折。

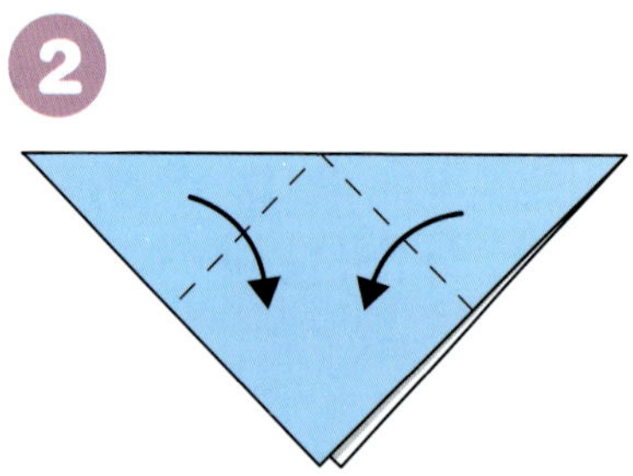

2 沿虚线向中间斜折。

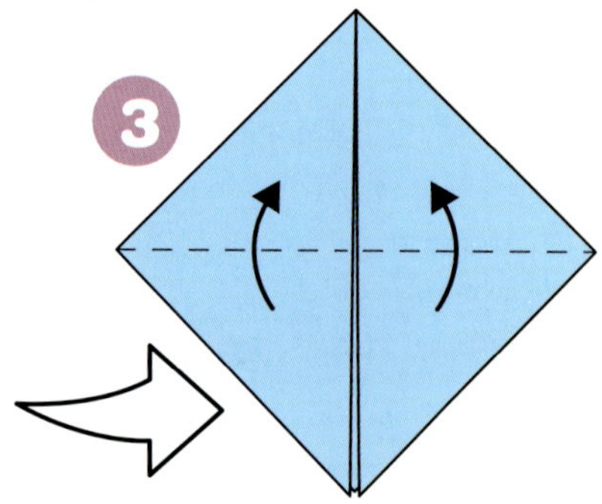

3 将上层折纸分别沿虚线向上折。

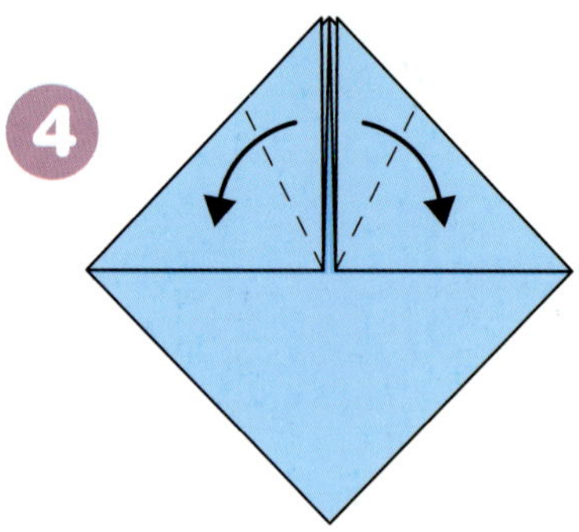

4 沿虚线斜折。

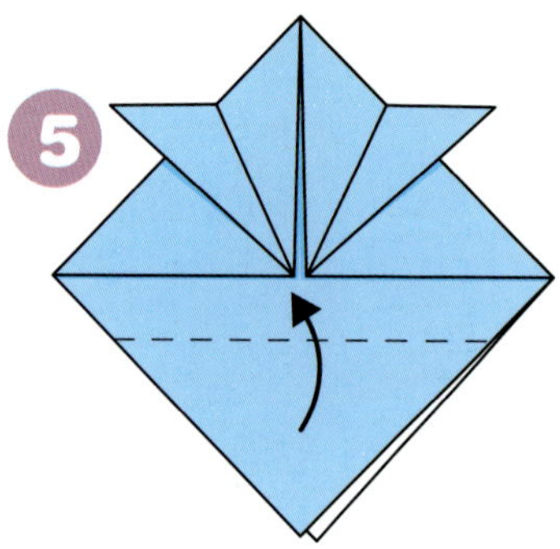

5 将上层折纸沿虚线向上折。

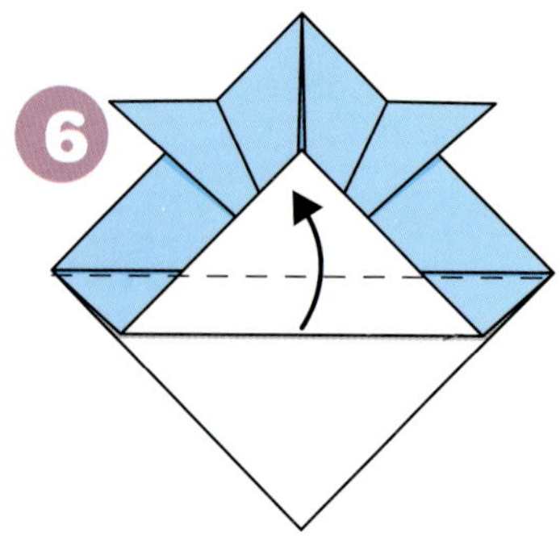

6 再次沿虚线向上折。

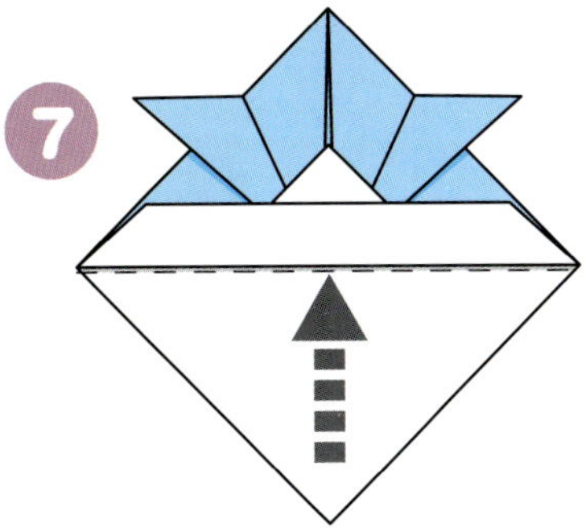

将下部的三角形插入头盔里面。

下面的部分全部插入头盔里面。

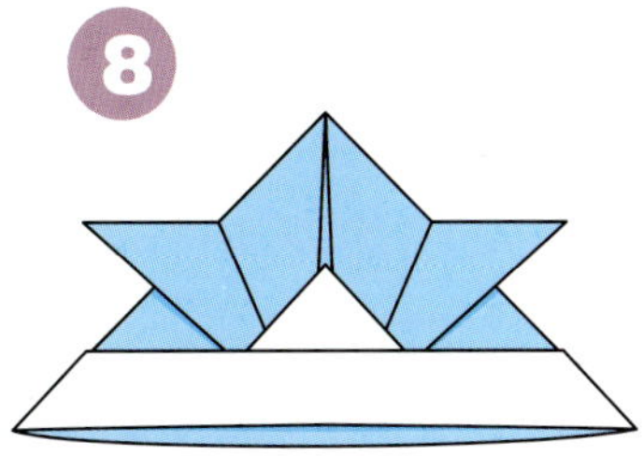

完成。

Column

将这款头盔的折法改变一下，就能做出不同式样的头盔。

在步骤1时，稍微向中间折偏一些，沿虚线山形折后，后续步骤同头盔的折法。

在步骤1时，稍微向中间折偏一些，沿虚线谷形折后，后续步骤同头盔的折法。

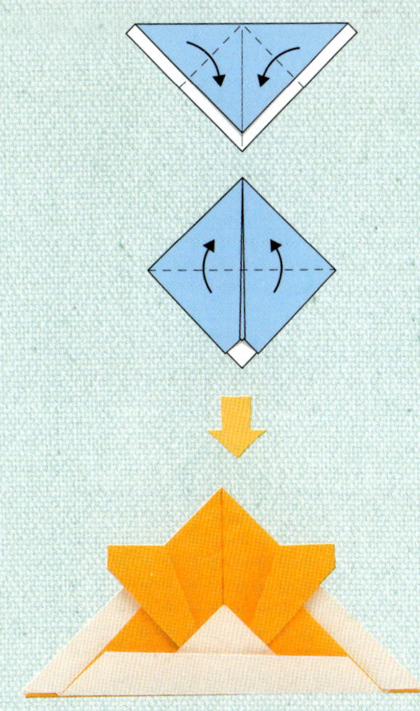

在步骤1时，将上部沿虚线谷形折，折出带状，再沿虚线山形折后，后续步骤同头盔的折法。

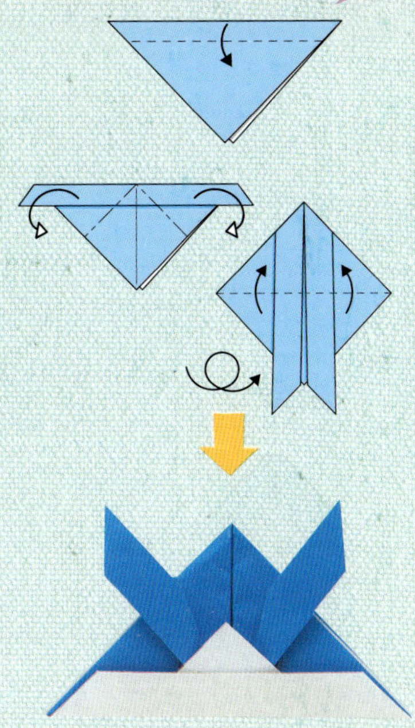

形成了不同触角的头盔

大班

乌龟

从之前介绍的头盔折法的半途改变一下，就变成了可爱的小乌龟。

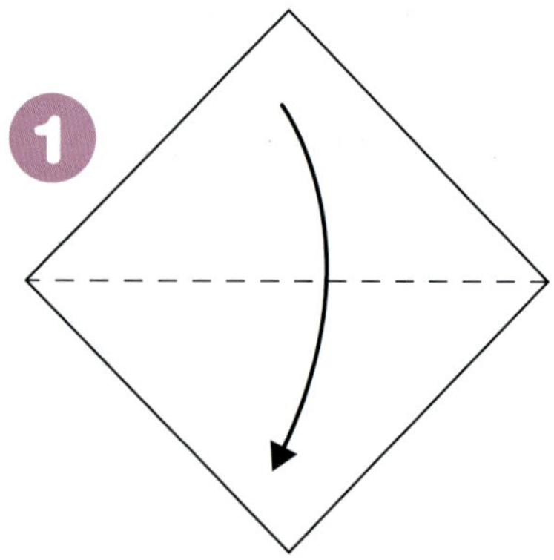

沿虚线对折。

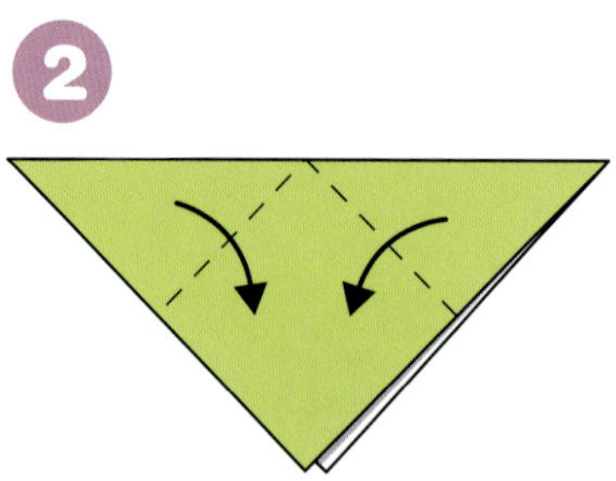

沿虚线向中间斜折。

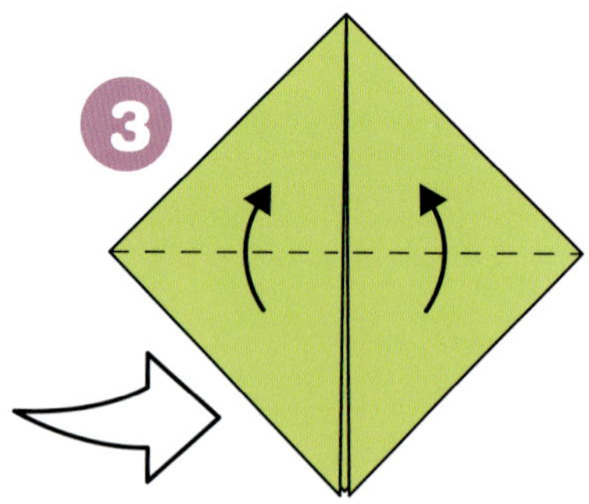

将上层折纸分别沿虚线向上折。

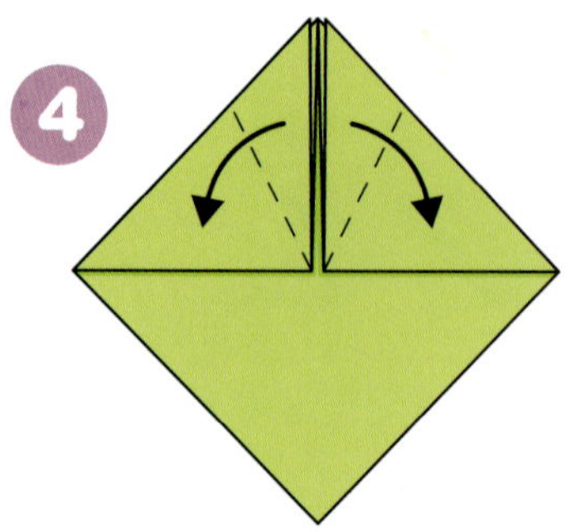

沿虚线斜折。

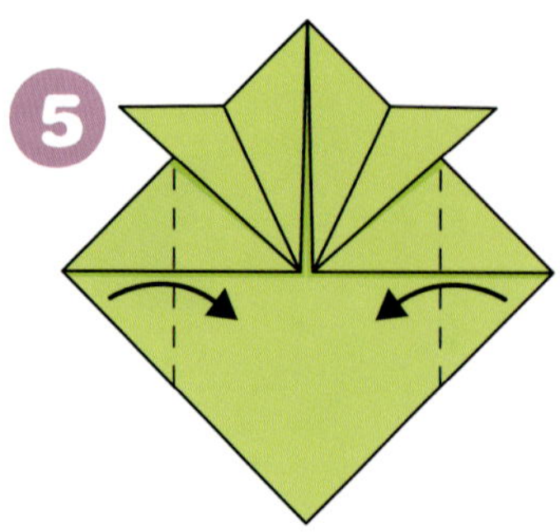

将两侧沿虚线向中间折。

6

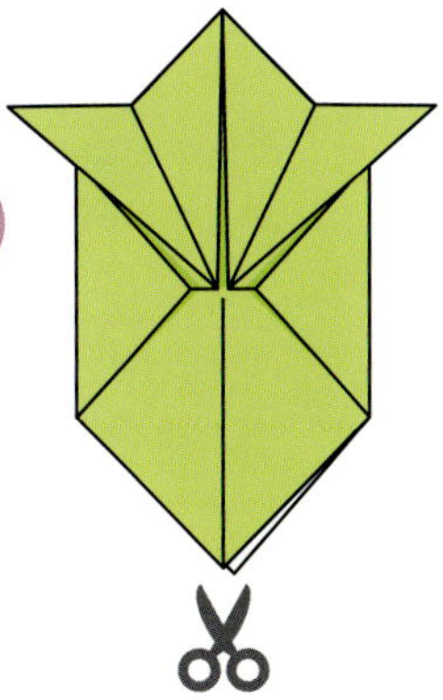

注意不要把两层都剪了，一定注意只剪上层折纸。

用剪刀剪开上层折纸。

7

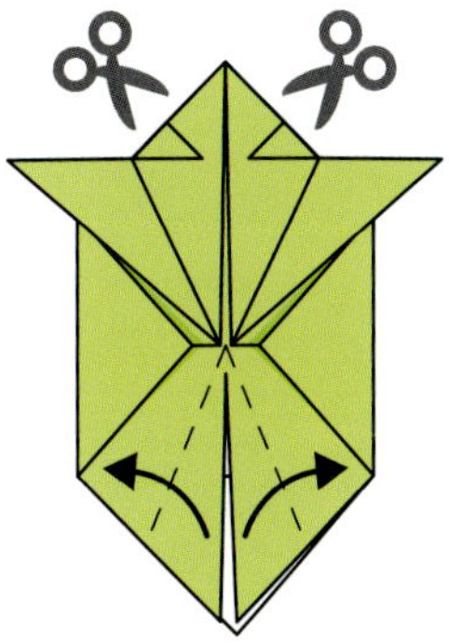

在上部左右两边分别剪掉一个三角形，制作小乌龟的头部。

下部沿虚线折叠打开。上部左右两边分别剪掉一个三角形。

8

下部打开、上部剪好的状态。

9

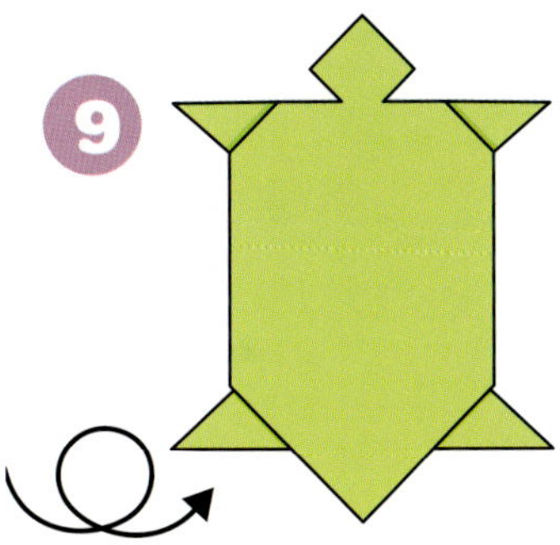

翻过来，完成。

改变折纸的大小，在乌龟的背部画上花纹。可以让大乌龟驮着小乌龟，样子一定很可爱。

大班

兔子气球

就像名字一样，最后吹入气体，做成圆圆的小兔子。前面的折法与气球（参照P90）基本一致。

1

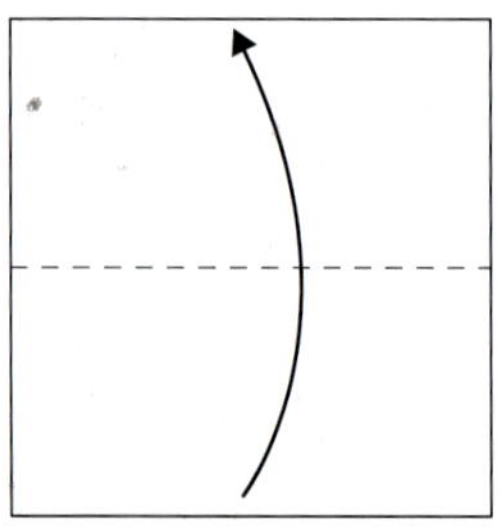

沿虚线对折。

2

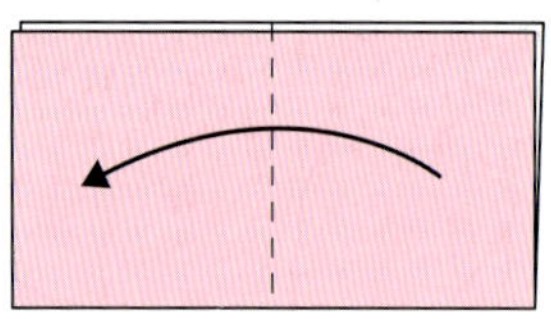

再沿虚线对折。

3

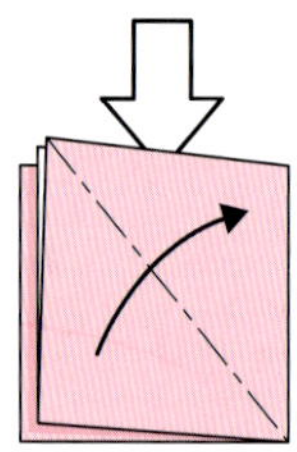

将手指插进上面的折纸中，打开。

将手指插入折纸中，向两侧撑开，按扁。

4

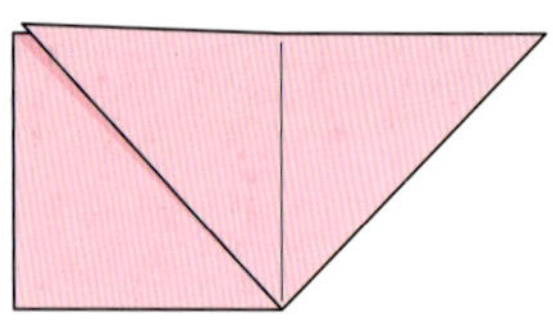

撑开按扁后的状态。背面也同样撑开按扁。

5

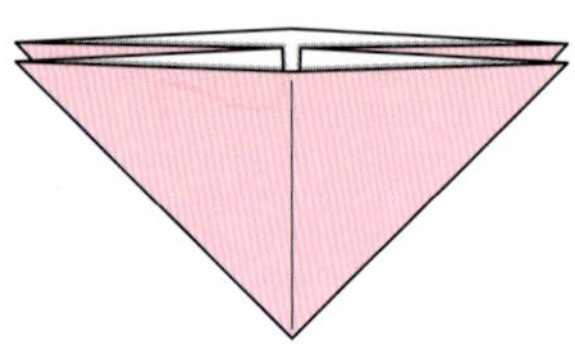

两面均撑开按扁后的状态。

6

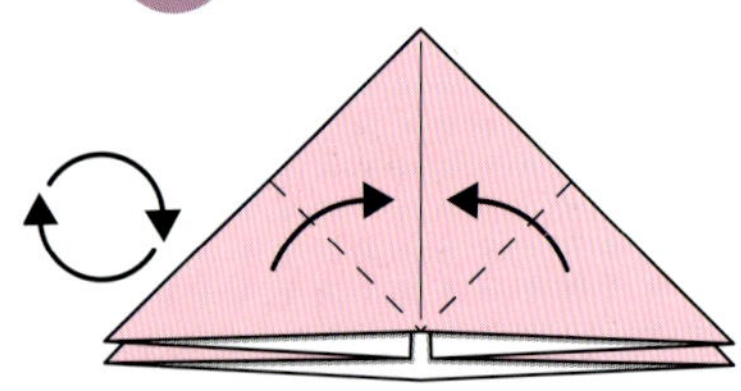

改变方向，将上层折纸的两侧沿虚线向中间折。

7

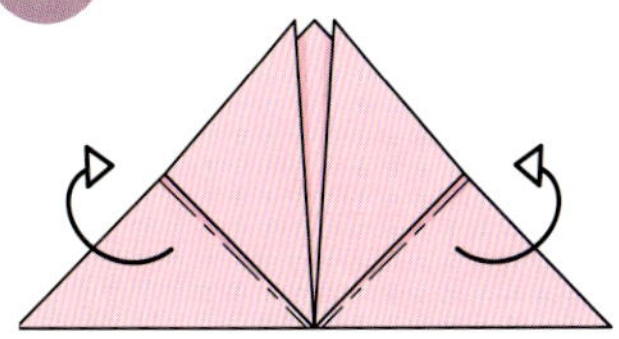

折好后的状态。反面也同样向中间折。

8

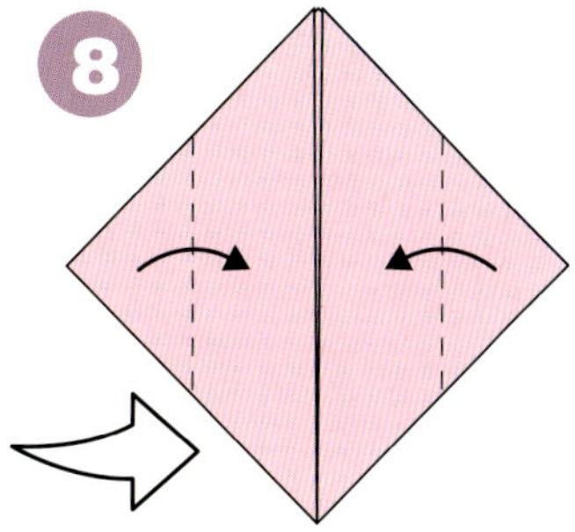

将上层折纸的两侧沿虚线向中间折。

9

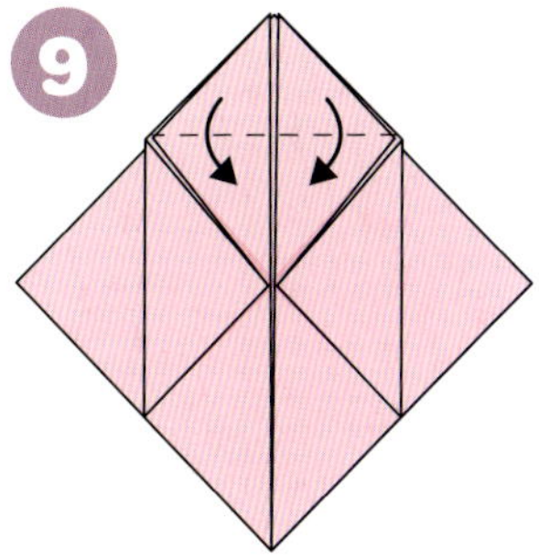

沿虚线将上部谷形折。

10

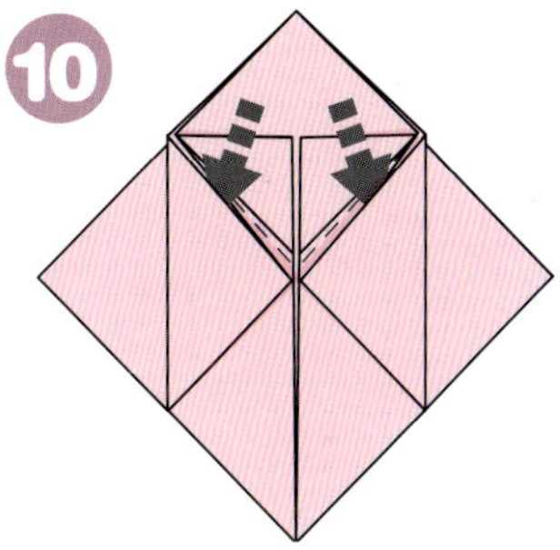

将上部折下来的三角形插入步骤8折叠的部分。

11

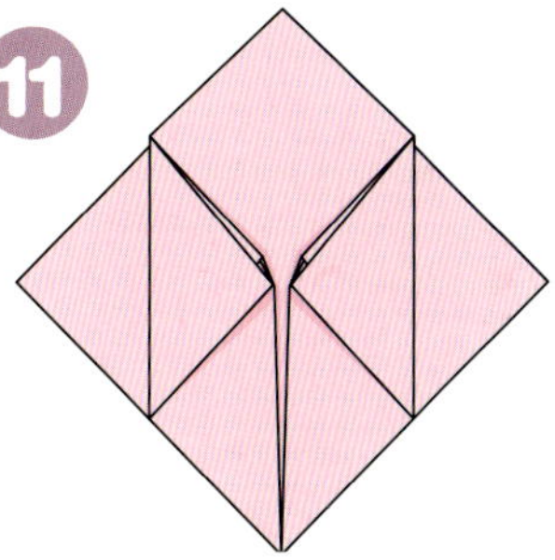

插入后的状态。

12

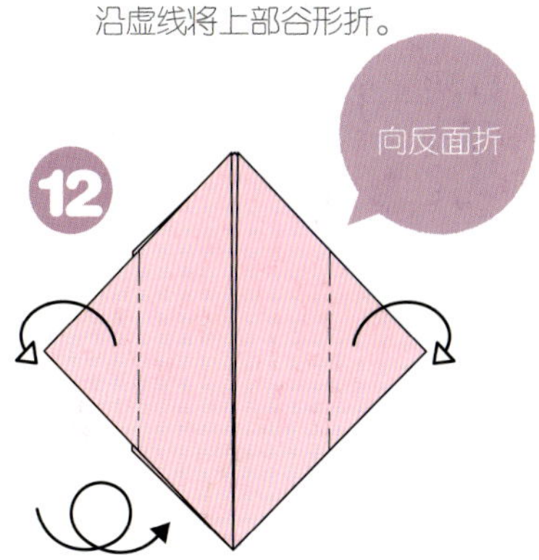

翻过来，沿虚线将两侧向中间山形折。

13

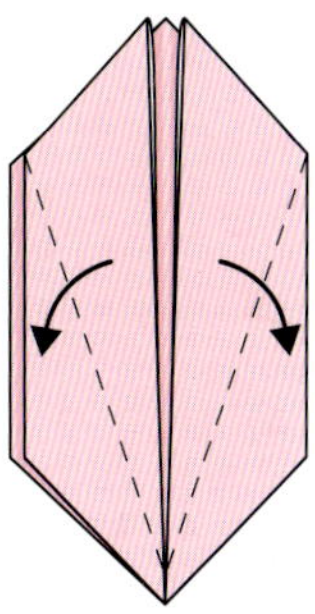

沿虚线谷形折。

14

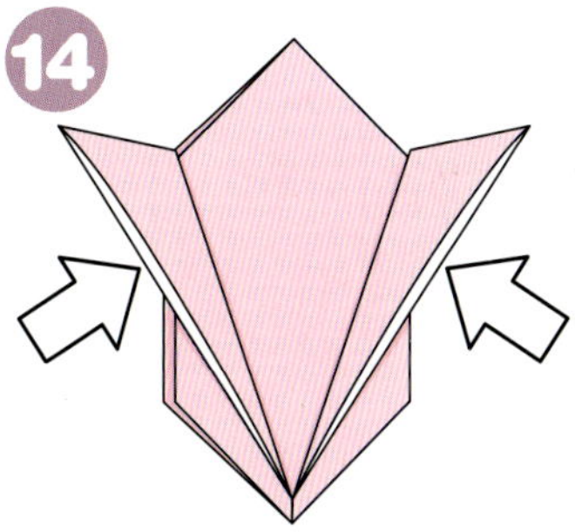

将手指插入撑开，做成耳朵。

15

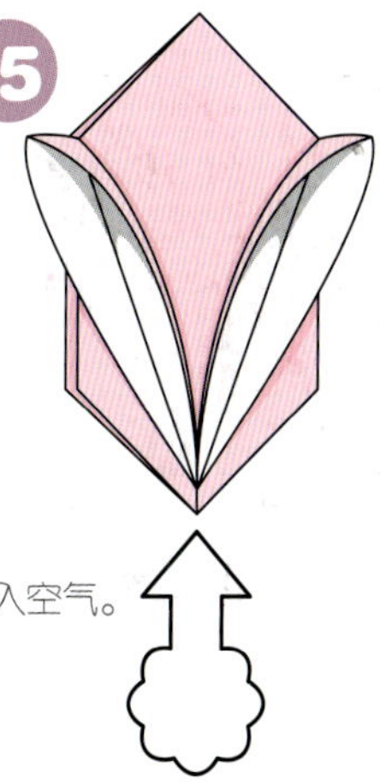

吹入空气。

16

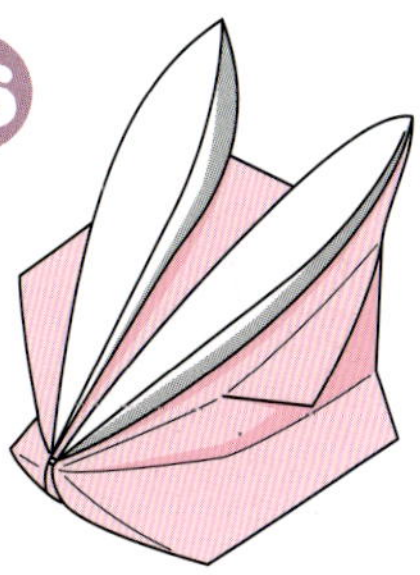

完成。

大班

小家伙

重复相同折法是这款折纸的特点。

重复的折法对于孩子来说是很容易记住的。

1

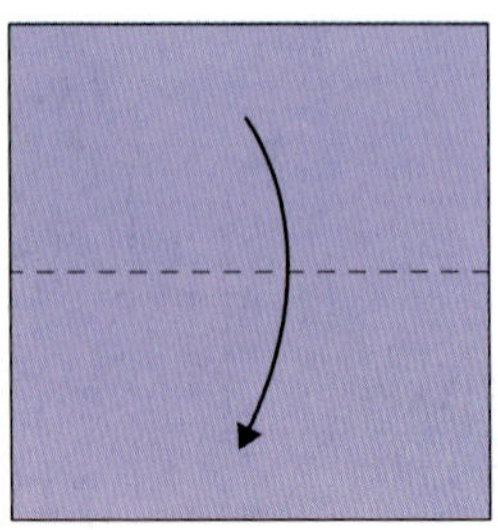

折纸的彩色部分朝上，沿虚线对折。

2

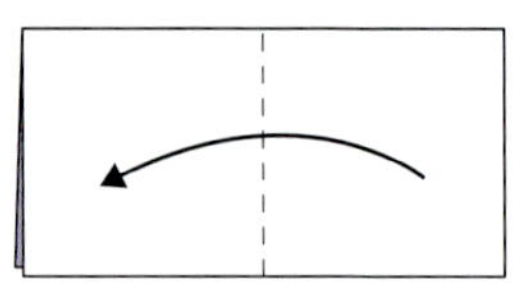

再沿虚线对折。

3

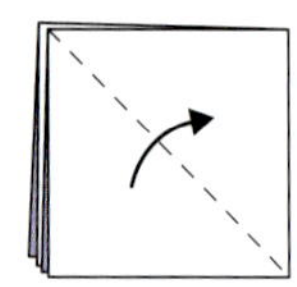

将上层折纸沿虚线向上斜折。背面也一样。

4

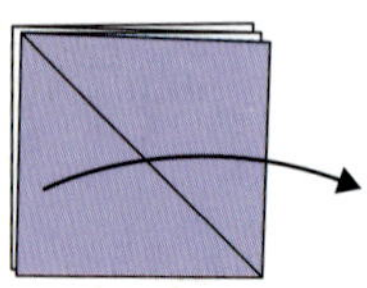

折后的状态。打开。

5

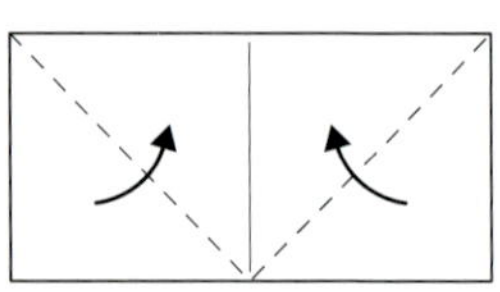

沿虚线向中间折。

6

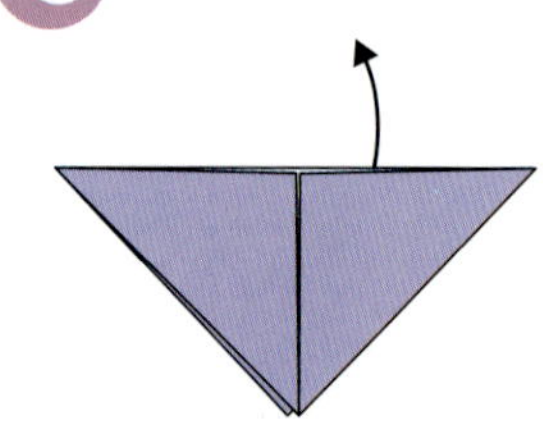

将背面折起，打开。

7

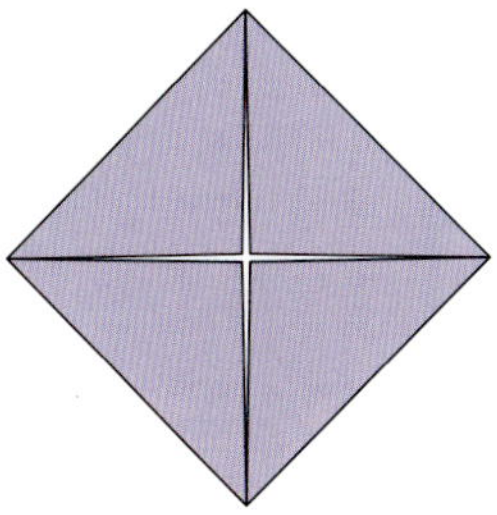

打开后的状态。

8

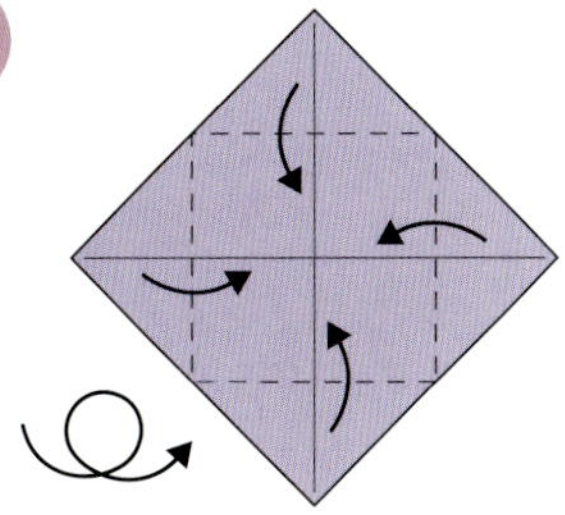

翻过来，将四个角沿虚线向中间折。

9

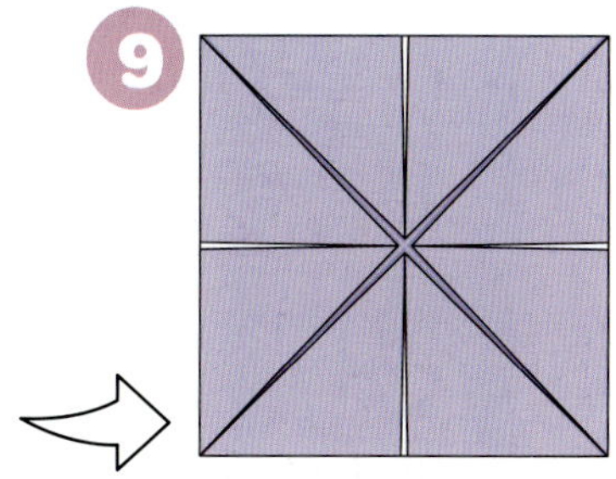

折后的状态。

10

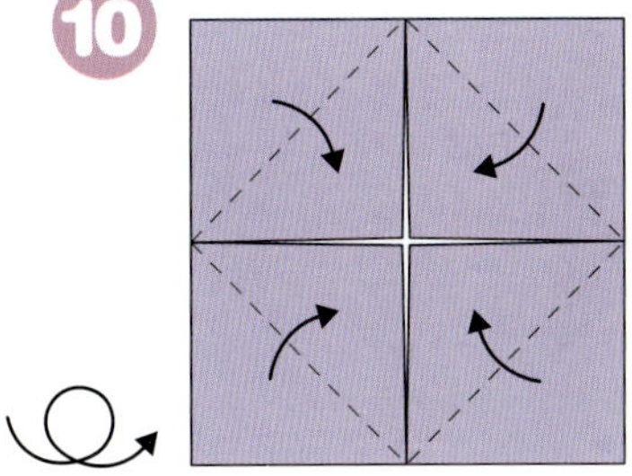

翻过来，再将四个角沿虚线向中间折。

11

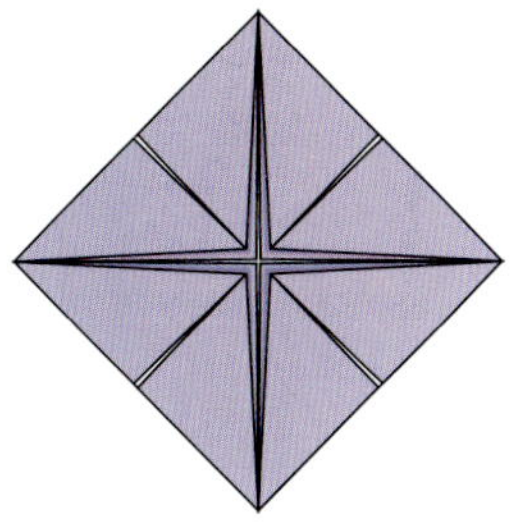

折好的状态。

12

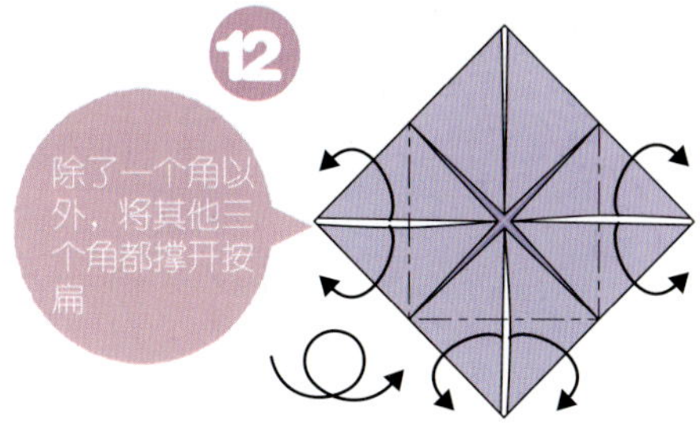

翻过来，留下一个角，将其他三个角撑开按扁。

13

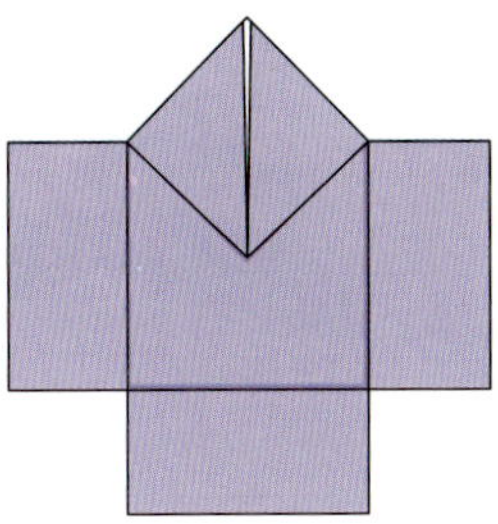

完成。

从缝隙部分伸进手指，打开按扁。

将照相机（参照P88）的折法中步骤⑰的造型上下对折，就能做成小家伙的裤子。将上半身和下半身插在一起可以组合起来。将上半身的袖口山形折，能够折成不同感觉的小家伙。

大班

尖角香盒

用小的折纸折，可以折成纸偶的小工具。
用大的折纸折，可以折成放点心的大盒子。
从古代传承至今的折纸，特点就在于它美丽的形状。

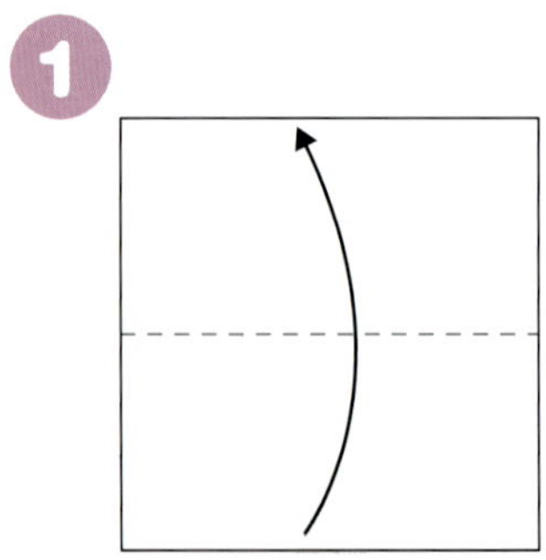

从中间对折。

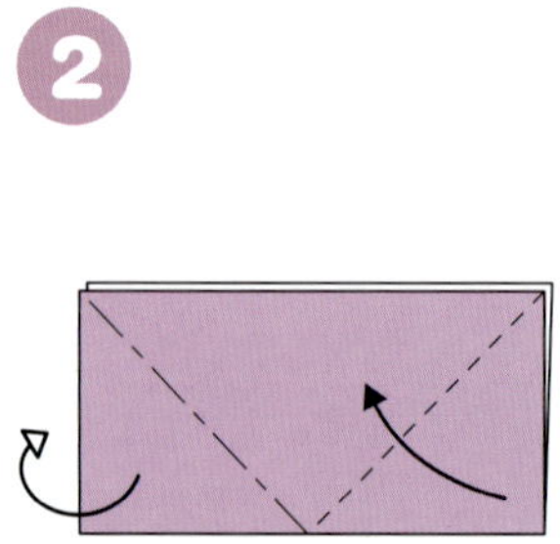

右边沿虚线谷形折，左边沿虚线山形折。

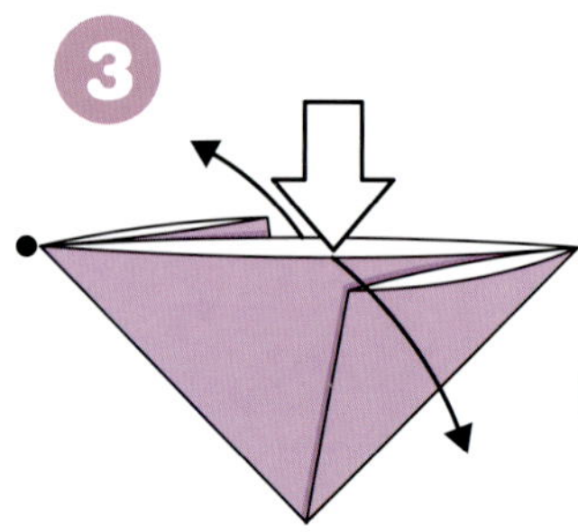

把手指插进折纸中间撑开，把标●的位置对在一起折扁。

把手指插进折纸中间整体撑开，折叠。

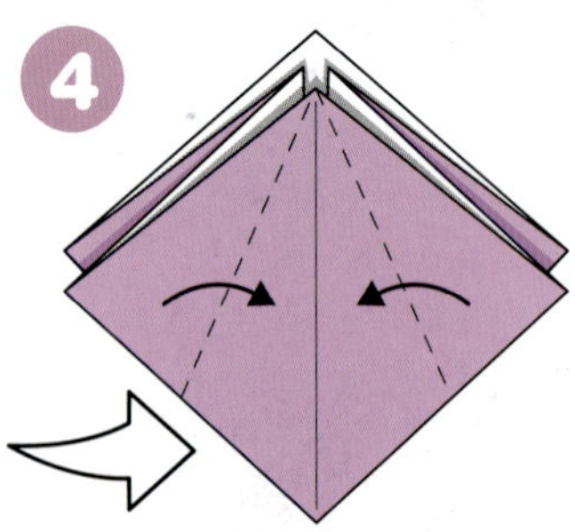

将上层折纸沿虚线向中间折叠。

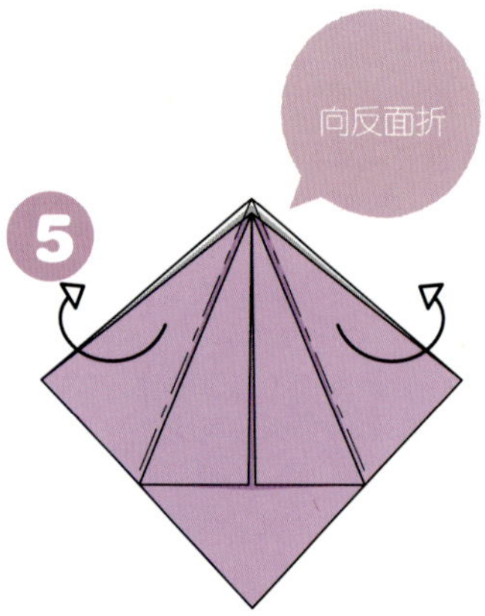

折好的状态。背面也一样折叠。

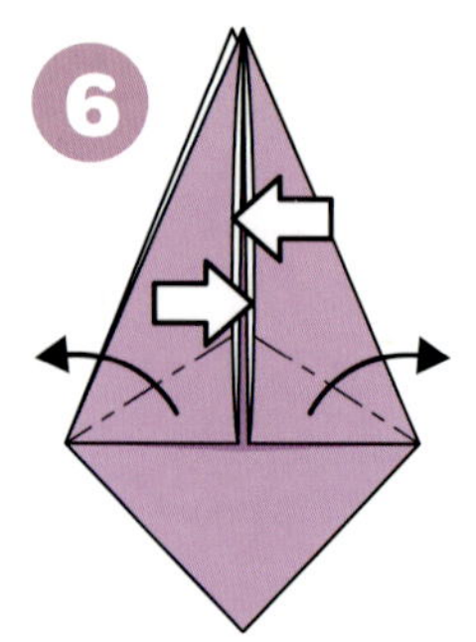

将手指分别插入折纸中撑开按扁。背面也一样。

将手指插入折纸缝隙，向两侧撑开，就能折得很漂亮。

7

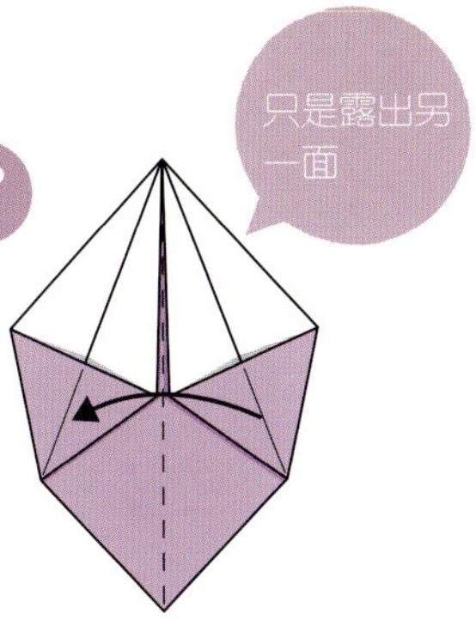

将上面的一侧沿虚线从中间折叠，露出另一面。背面也一样。

8

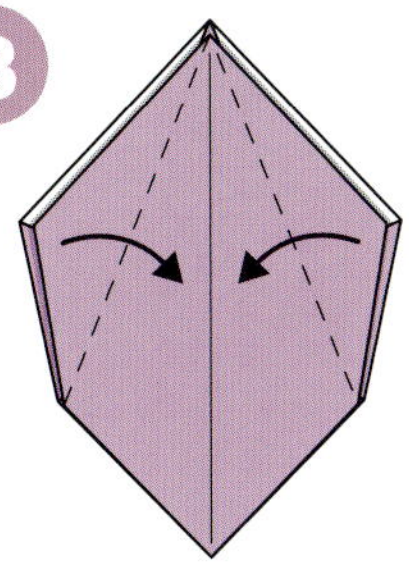

将上层折纸沿虚线向中间折。

9

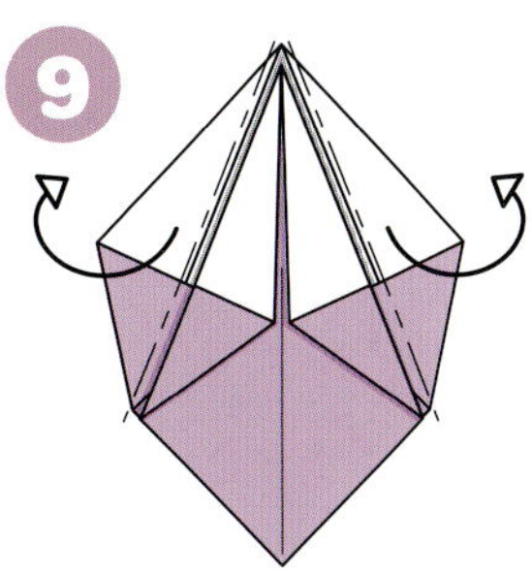

折好的状态。背面也一样。

10

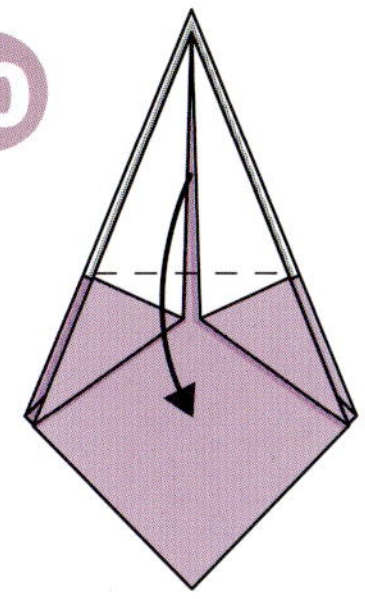

将上部沿虚线谷形折。

11

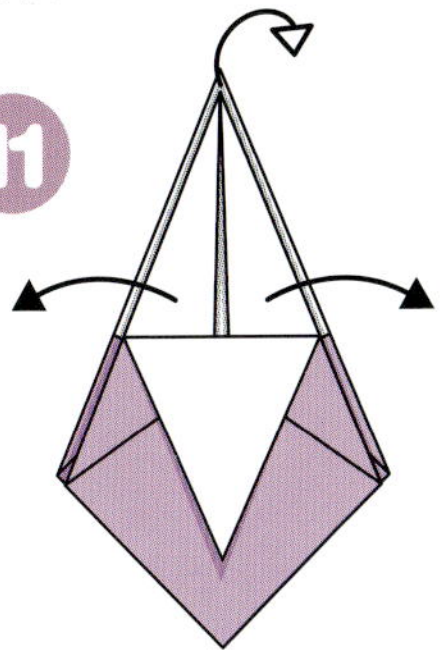

背面、左右同样谷形折。

12

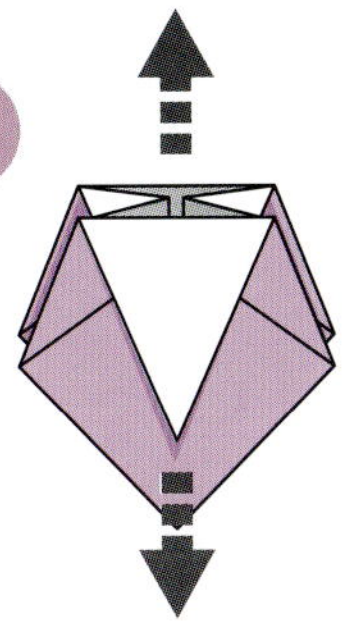

打开，将形状整理一下。

13

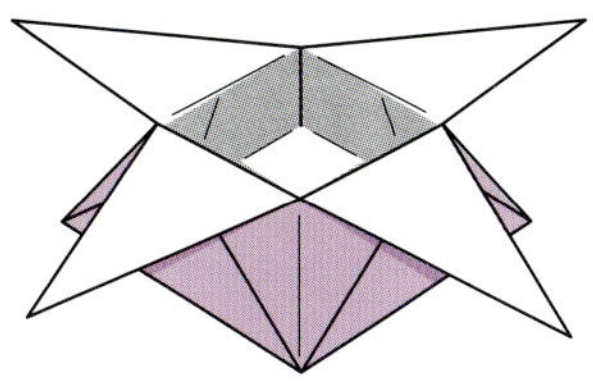

完成。

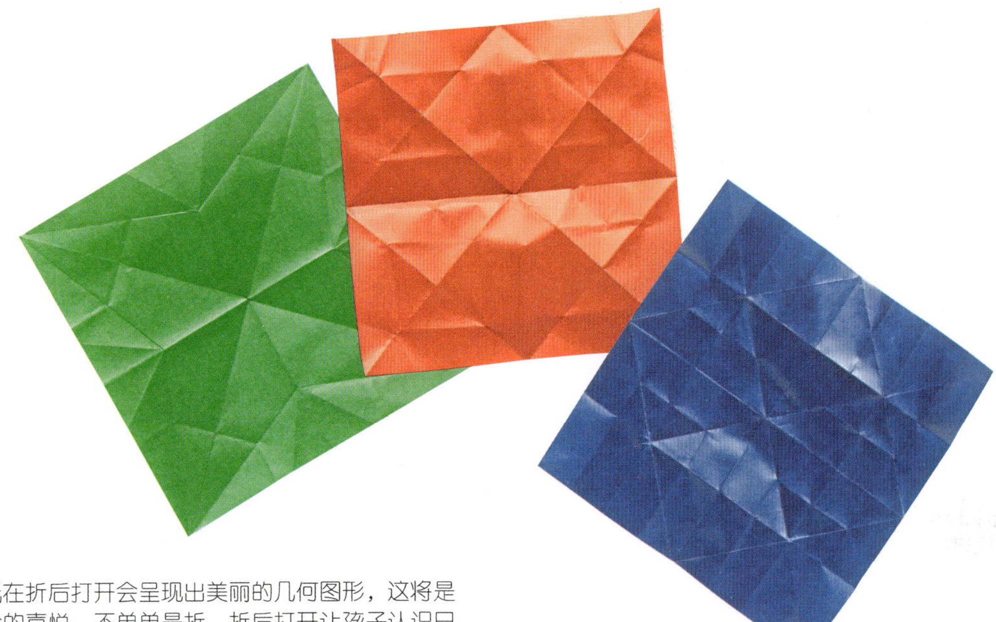

传统折纸在折后打开会呈现出美丽的几何图形，这将是跨越年龄的喜悦。不单单是折，折后打开让孩子认识日本的造型美也不错噢。

大班

三方

三方是古时候装供神食物的器皿。
它的特点在于底很深。

1

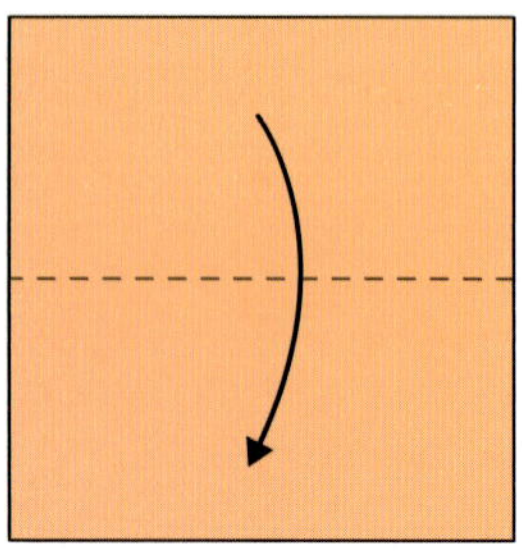

折纸的彩色部分朝上，沿虚线对折。

2

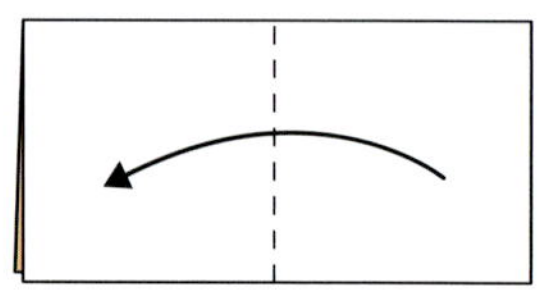

再次沿虚线对折。

3

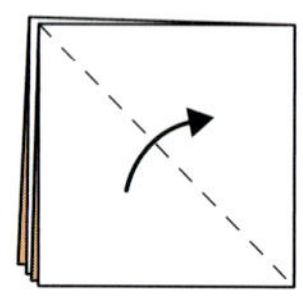

将上层折纸沿虚线斜折。背面也一样。

4

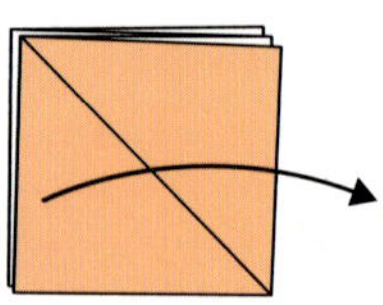

折好后打开。

5

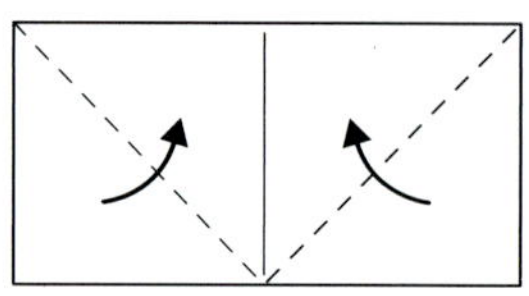

沿虚线向中间折。

6

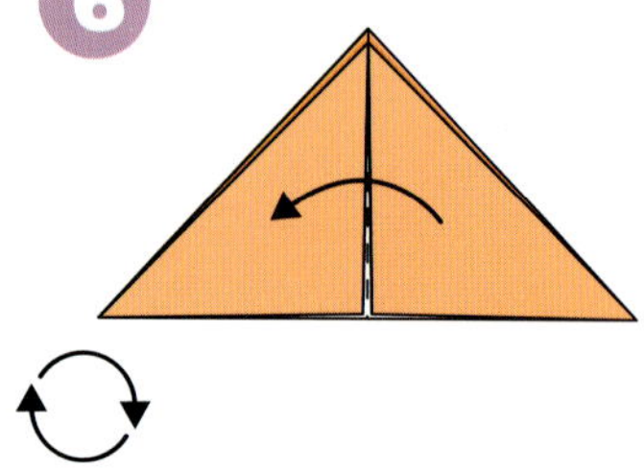

改变方向，沿虚线从中间谷形折。

7

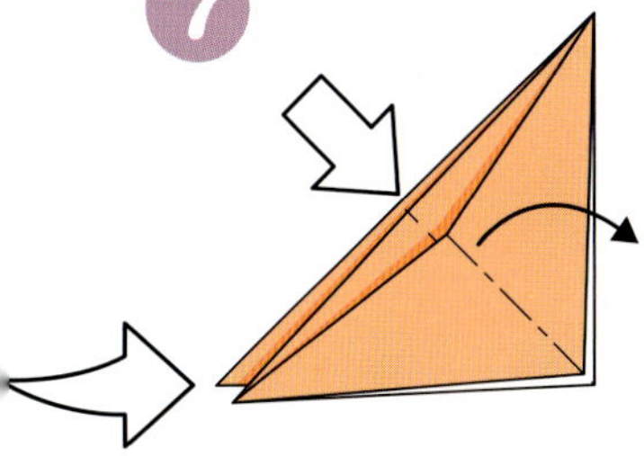

将手指插进侧面的折纸中，撑开按扁。

将手指插入折纸后，向两侧撑开并按扁。

8

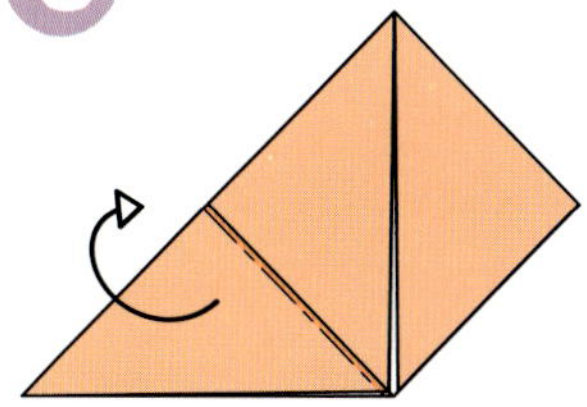

撑开按扁后的状态。背面也同样折叠。

9

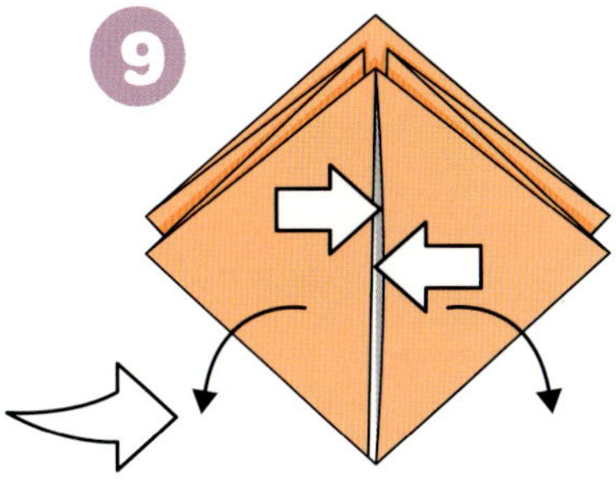

将手指插进折纸中，撑开按扁。

10

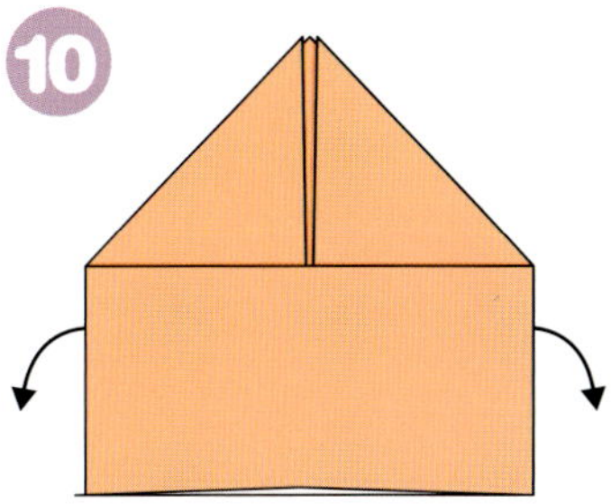

撑开按扁后的状态。背面也同样折叠。

11

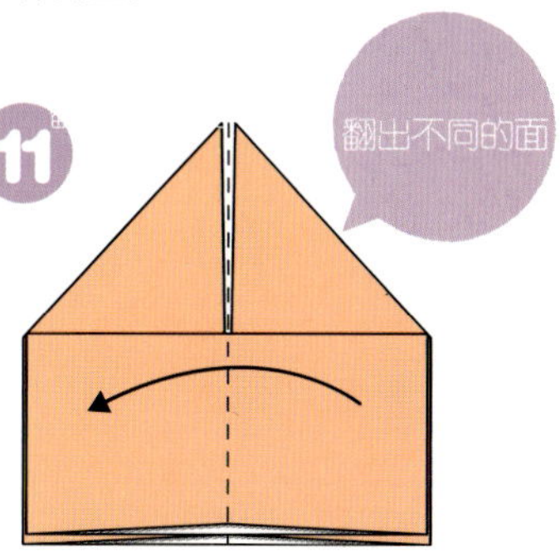

将上层折纸沿虚线谷形折，翻出不同的面。背面也一样。

12

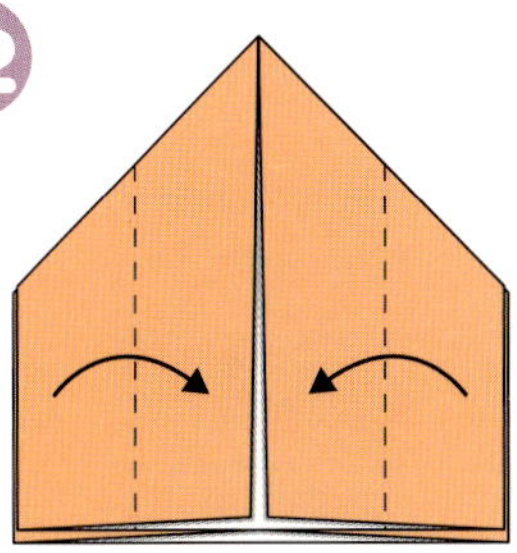

将上层折纸沿虚线向中间折。背面也一样。

13

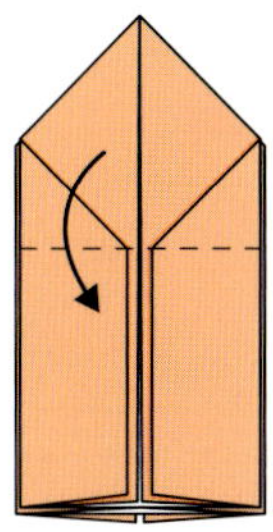

将上部沿虚线谷形折。背面也一样。

14

打开，整理形状。

15

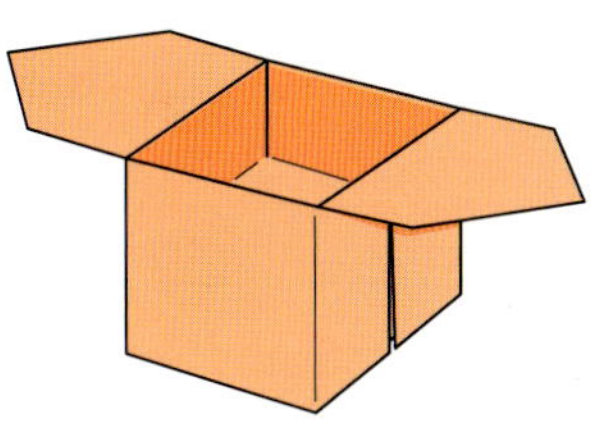

完成。

用不同颜色的折纸折叠，折出来后可以当做孩子生日聚会的器皿，也可以用来装巧克力或其他糖果，当然在大人们聚会的时候也可以用哦。

大班

有脚三方

比前面介绍的三方要稍难点。

不同之处在于，这个三方有四个脚。

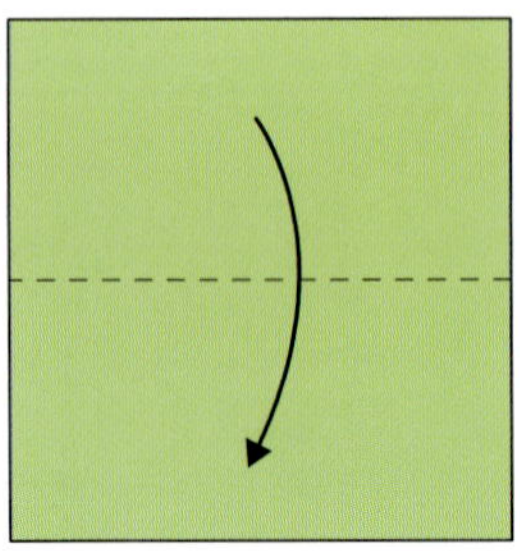

1 折纸的彩色部分朝上，沿虚线对折。

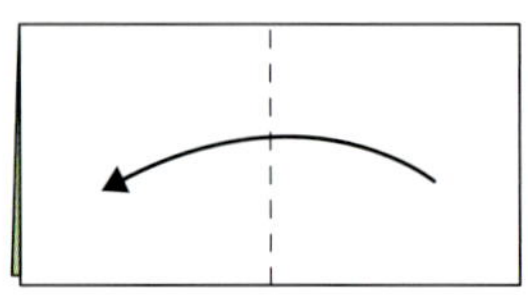

2 再次沿虚线对折。

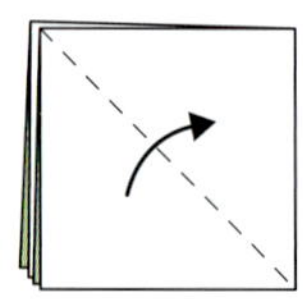

3 将上层折纸沿虚线斜折。背面也一样。

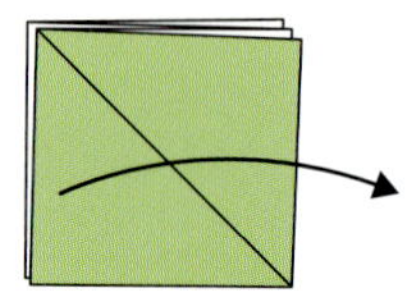

4 折好后打开。

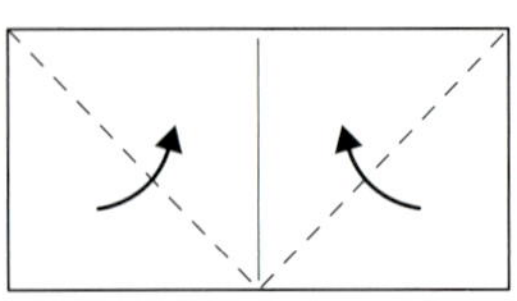

5 沿虚线向中间折。

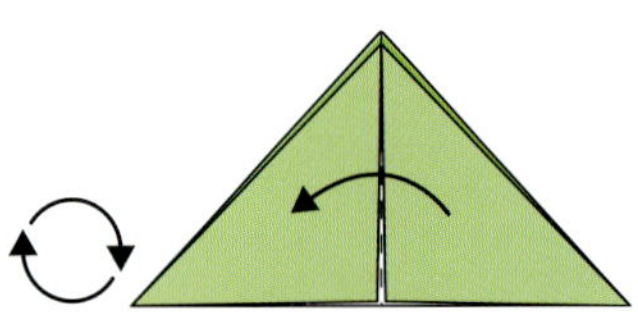

6 改变方向，沿虚线谷形折。

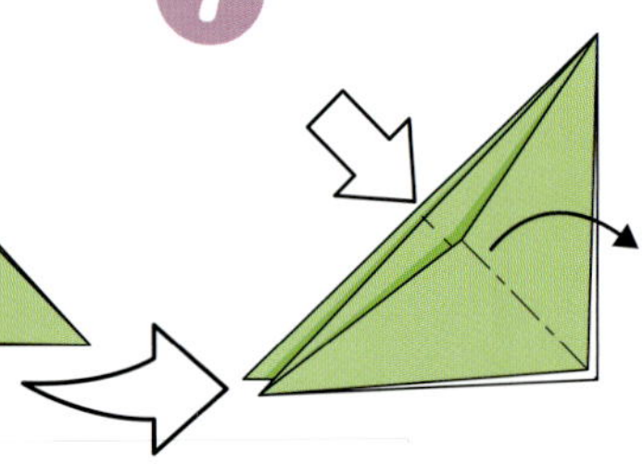

7 将手指插进侧面的折纸中，撑开按扁。

将手指插入折纸后，向两侧撑开并按扁。

8

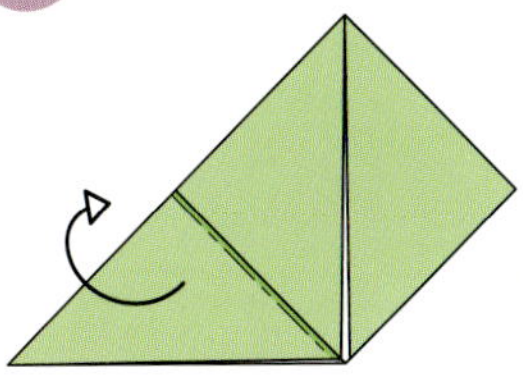

撑开按扁后的状态。背面也同样折叠。

9

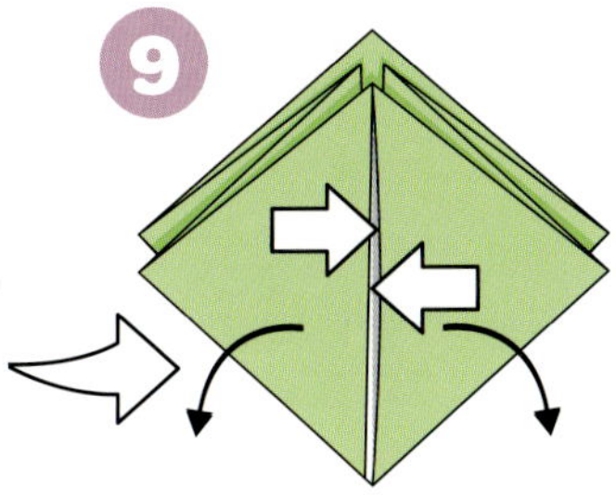

将手指插进折纸中，撑开按扁。

10

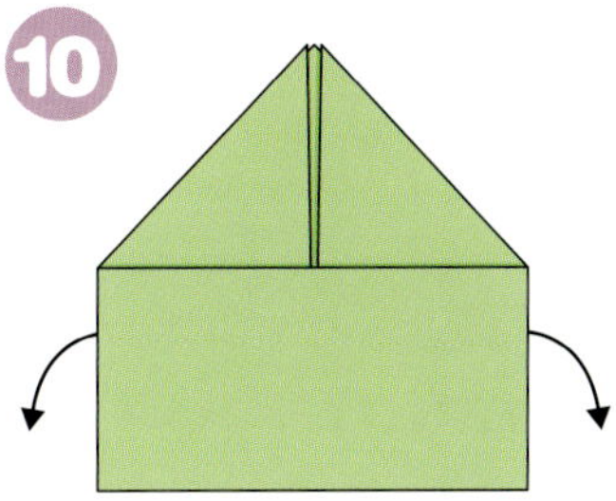

撑开按扁后的状态。背面也同样折叠。

11

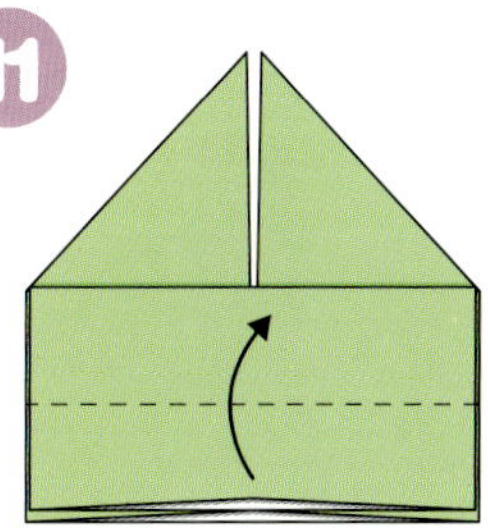

将上层折纸沿虚线向上折叠。

12

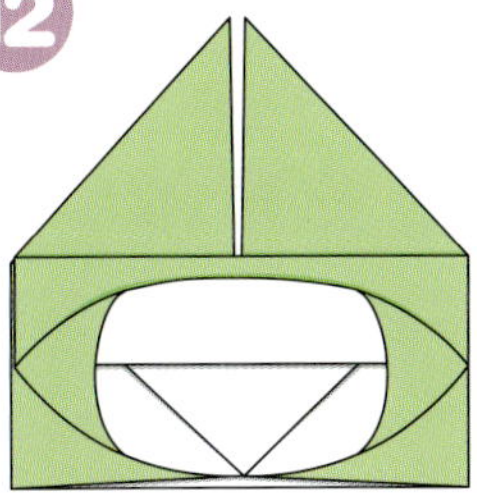

将步骤⑪折叠的部分的两侧撑开按扁。

从两侧折能够折得很漂亮。

13

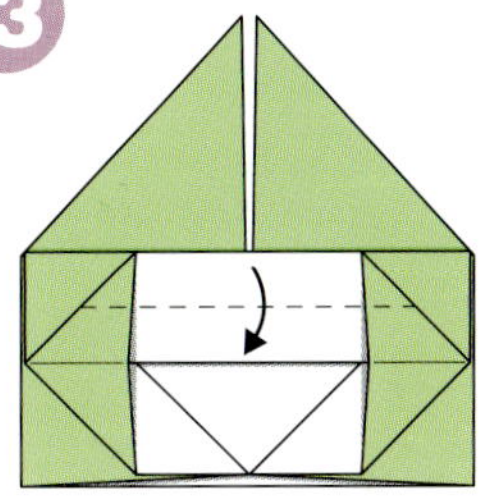

沿虚线将上部谷形折。背面也按照步骤⑪～⑬折叠。

14

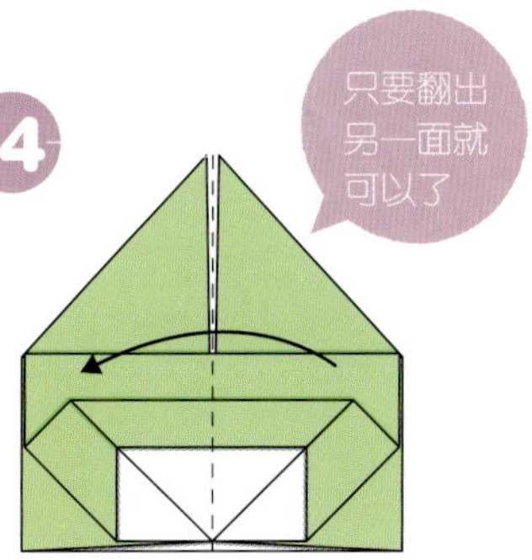

将上层折纸谷形折，翻出另一面。背面也一样。

15

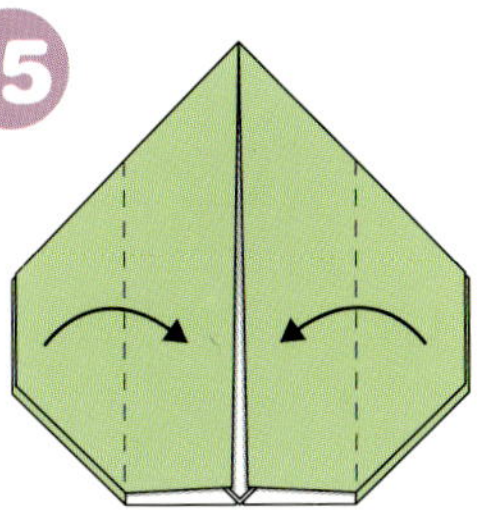

将上层折纸的两侧沿虚线向中间折。背面也一样。

16

将下部阴影部分折到里面。背面也一样。

将角折进内侧。

17

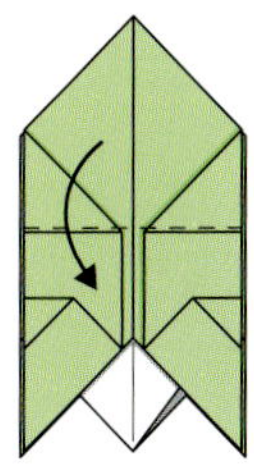

沿虚线谷形折。背面也一样。

18

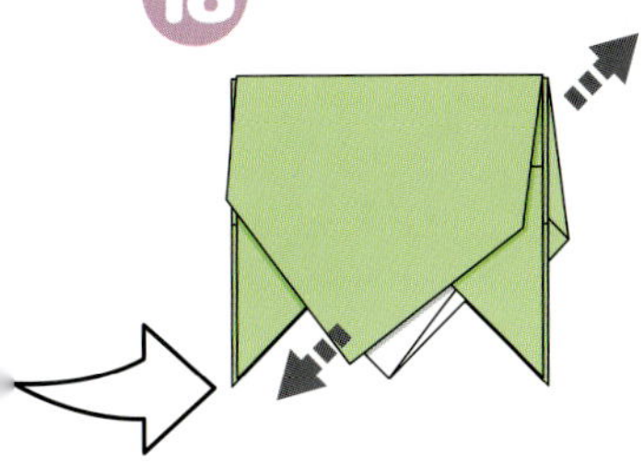

打开，整理形状。

19

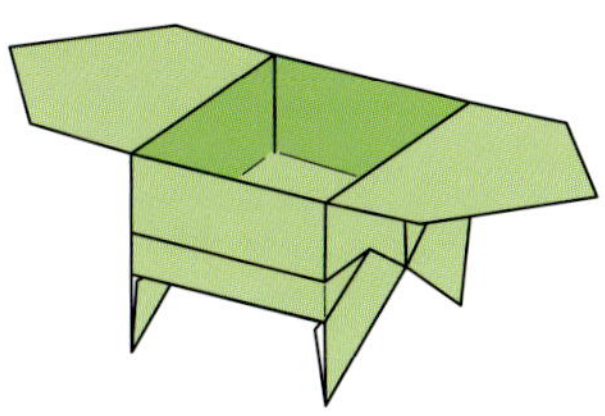

完成。

大班

哄人船

在制作哄人船的过程中，能够做出两艘小船和一架风车。

哄人船能够像变魔术一样地玩。

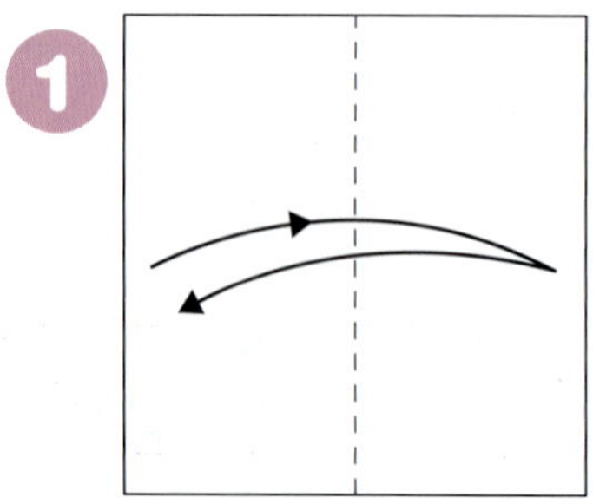

沿虚线在折纸中间折出折痕。

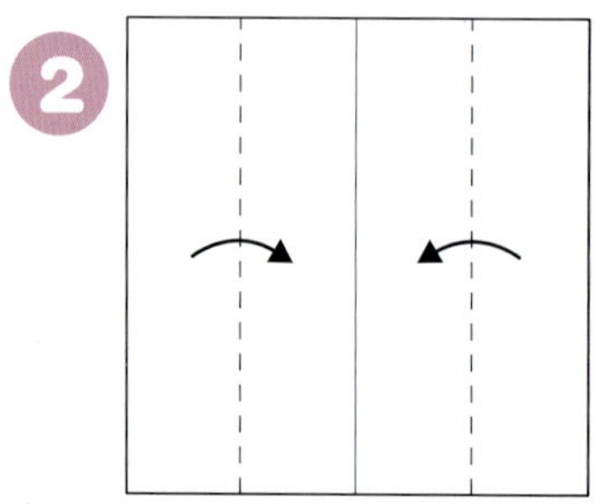

将两侧向折痕折叠。

沿虚线从中间山形折。

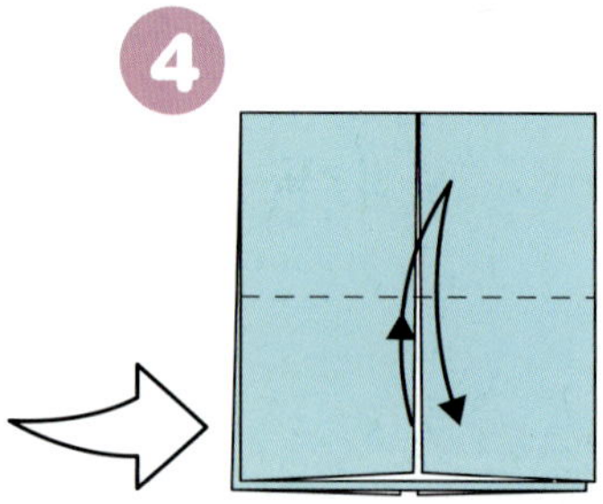

将上层折纸沿虚线折出折痕。

将上部的角沿虚线折出折痕。

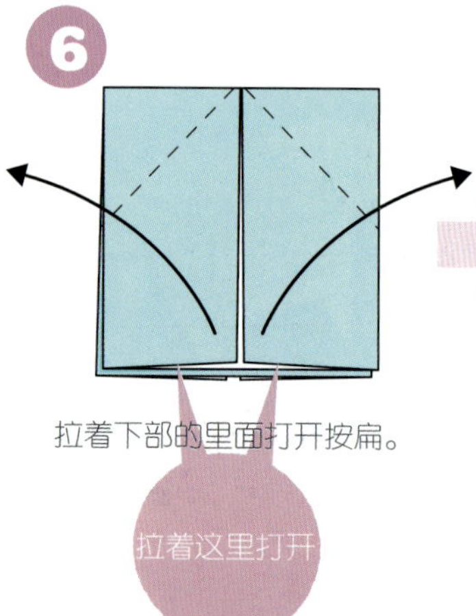

拉着下部的里面打开按扁。

捏着内侧向两侧拉，能够折得很漂亮。

7

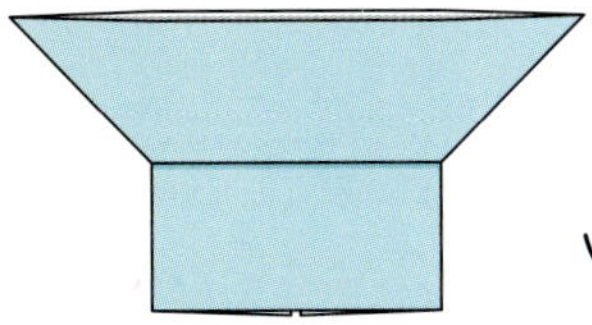

打开按扁后的状态。

8

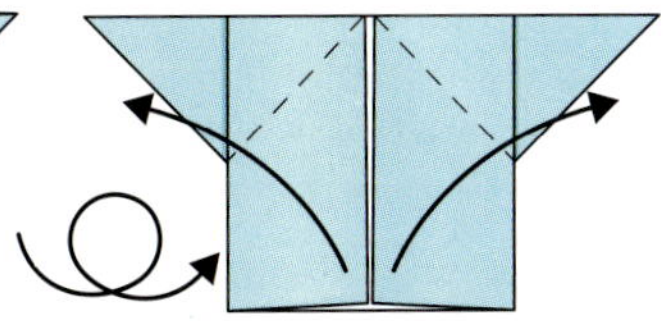

翻过来，按照步骤4～6打开按扁。

9

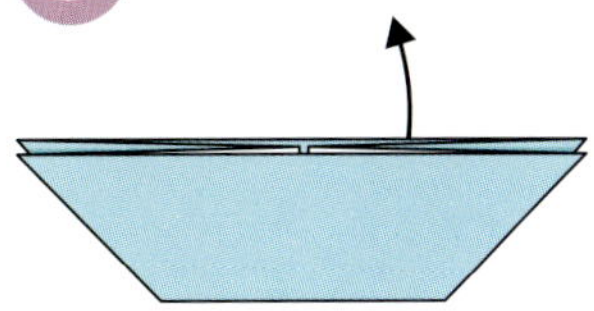

两面均打开按扁后的状态。将背面向上折。

如果不将背面向上折的话，就是两艘小船。

10

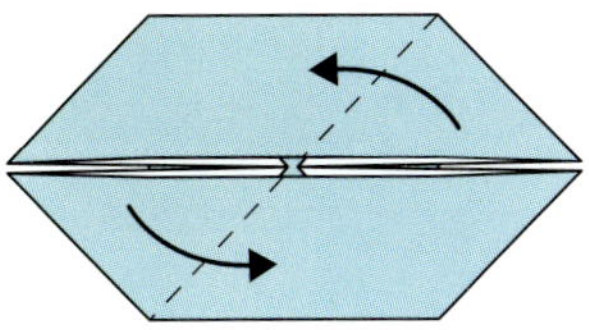

将右上和左下部分沿虚线折叠。

11

折好的状态。

做出了四个叶片，完成了风车。把它穿在小棍子上做游戏吧。

12

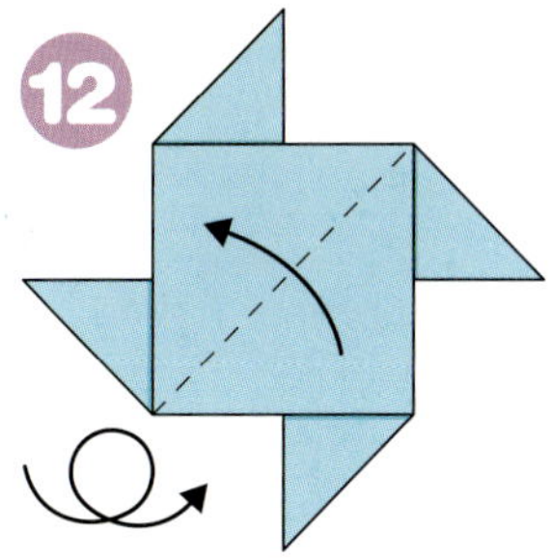

翻过来，沿虚线斜折。

13

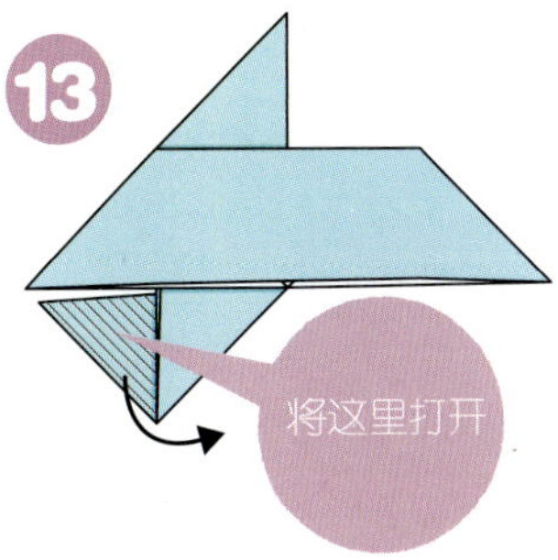

将阴影部分折到下面。

14

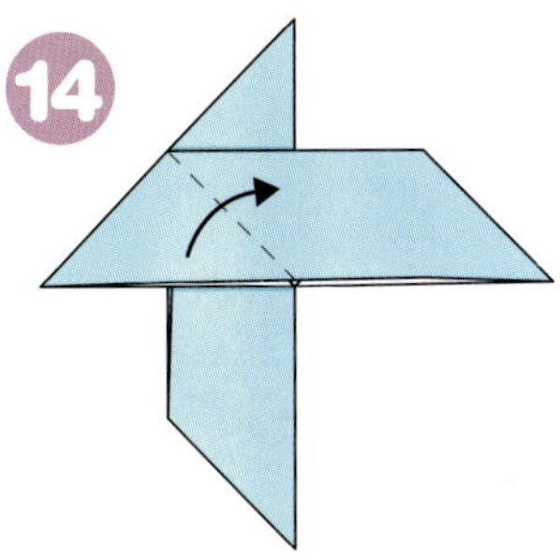

沿虚线将左侧折上去。

15

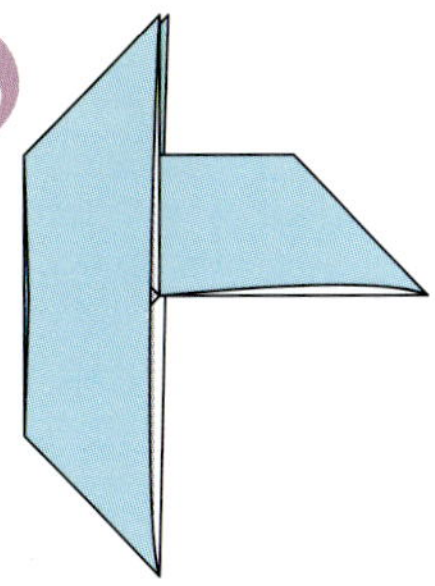

折好的状态。

16

改变方向，完成。

Column

哄人船的玩法

让孩子拿着哄人船“帆”的部分。
孩子确认拿着的位置后，闭上眼睛。
在孩子闭着眼睛的时候，将两侧的底部折过去。
然后，“帆”的部分就变成“船底”了。
睁开眼睛的孩子肯定会吓一大跳。
为什么呢？

园长的
小总结

来叠男孩女孩都着迷的纸飞机

能够活动身体的折纸游戏，不管是男孩还是女孩都喜欢！
这里介绍两种不同的折法。
在投掷纸飞机的时候，一定要注意周围的安全。

尖头飞机

除了用折纸外，还能用广告纸折哦。尖头飞机能够直直地飞。

小班

1

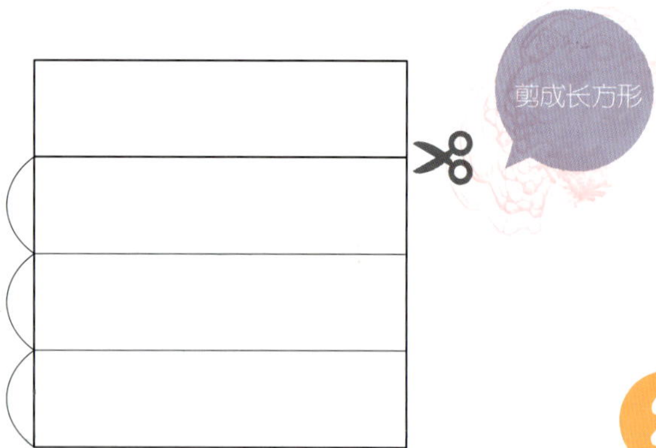

剪掉折纸的1/4。

2

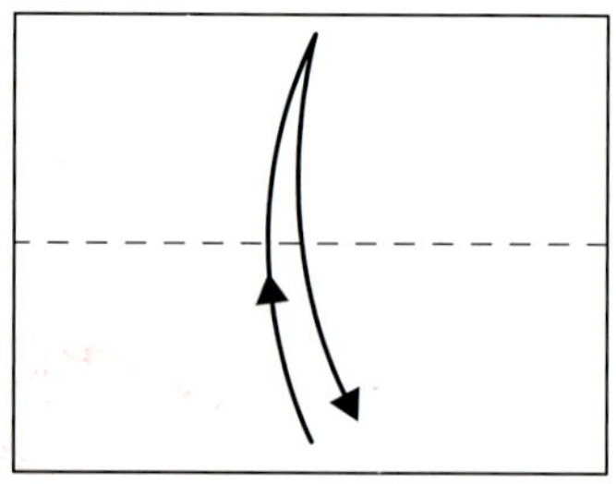

沿虚线从中间对折，折出折痕。

3

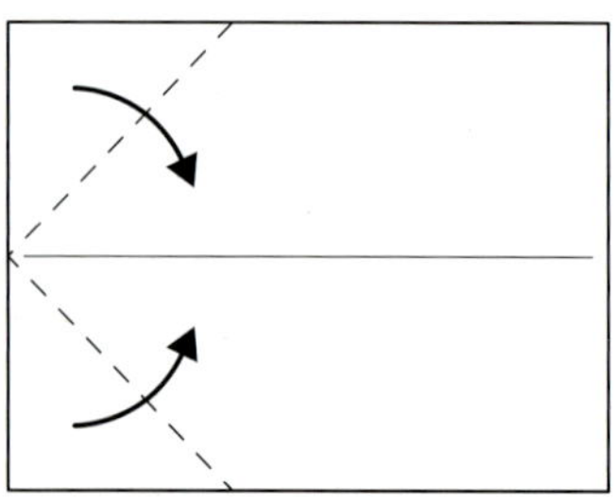

沿虚线向折痕折叠。

4

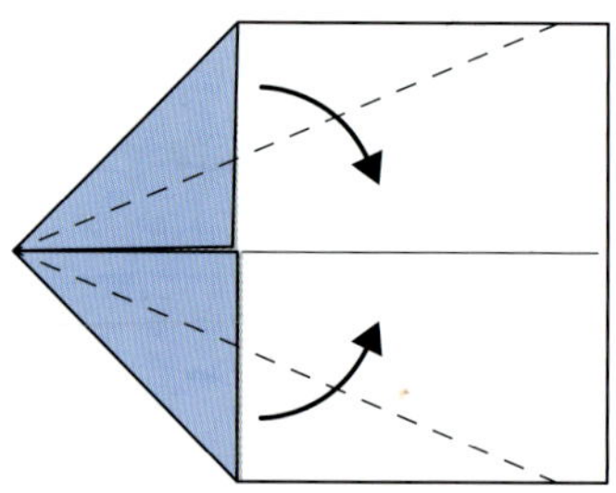

再沿虚线向折痕折叠。

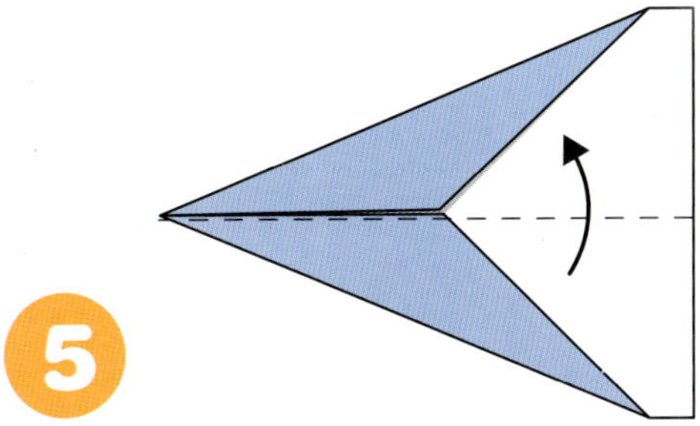

沿虚线整体谷形折。

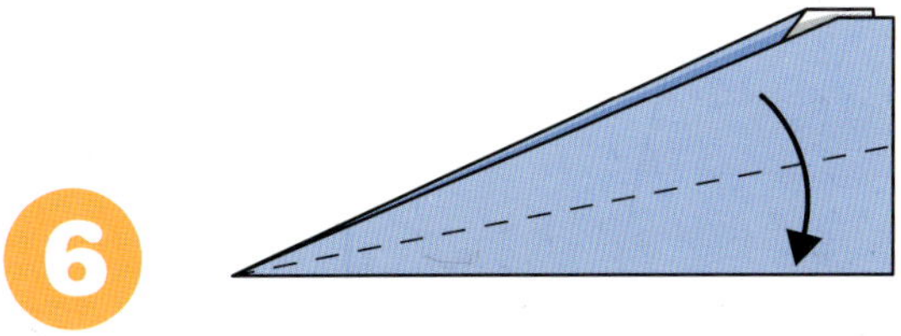

调整翅膀的角度，沿虚线折叠。反面也一样。

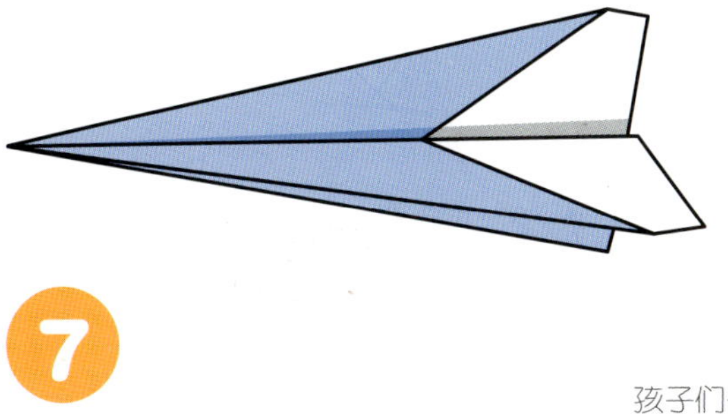

完成。

孩子们一起喊着“一、二、三”，同时抛出纸飞机。

在幼儿园，掷纸飞机也是非常受孩子们喜爱的游戏。除了用折纸外，还可以用长方形的广告纸折。有的孩子用牛奶盒制作出收纳盒来保管自己的纸飞机。

平头飞机

宽翅膀的飞机，可以旋转着飞翔。

大班

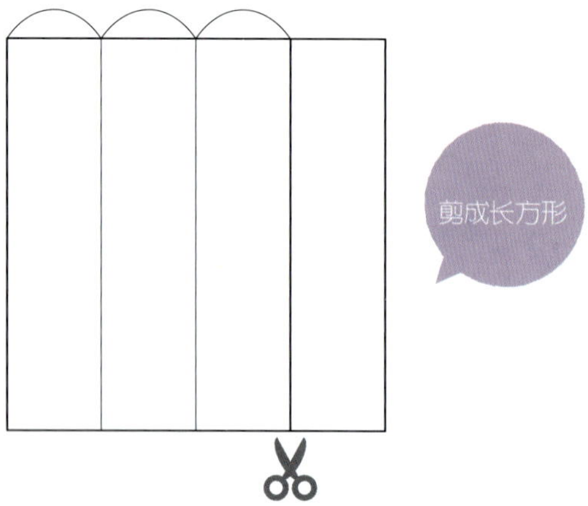

1 用剪刀剪掉折纸的1/4。

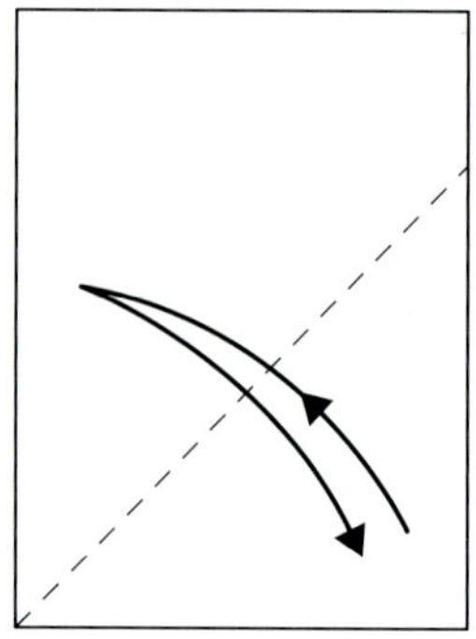

2 将右下角沿虚线向上斜折，折出折痕。

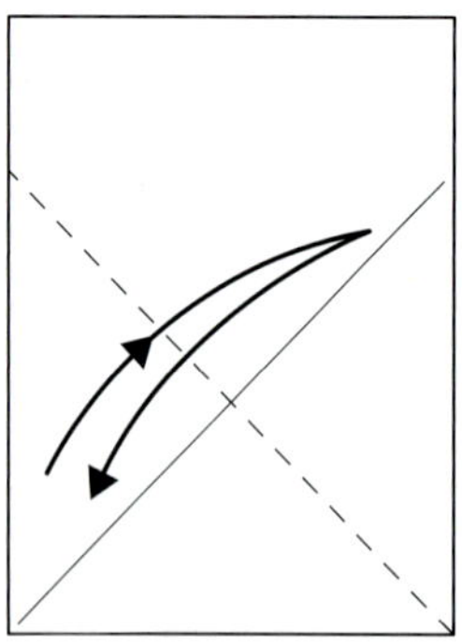

3 左下角也同样沿虚线斜折，折出折痕。

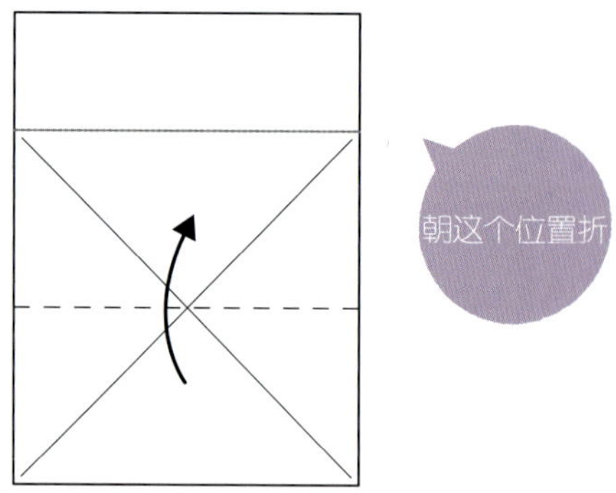

4 沿虚线向上折。

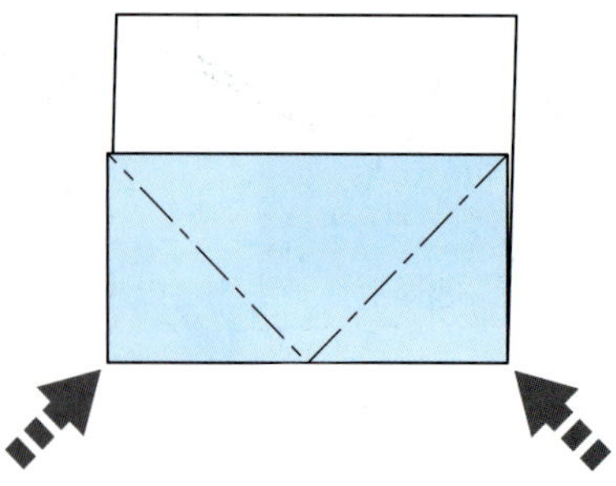

5 将下部两侧的角沿折痕向内侧折，将飞机头部做成三角形。

将手指插进纸中间会比较好折。

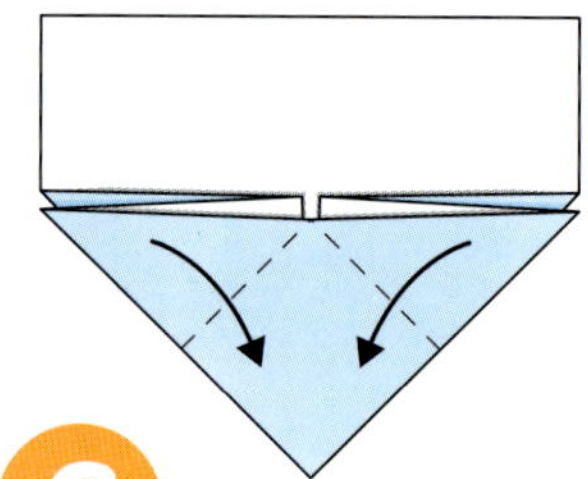

6 沿虚线谷形折。

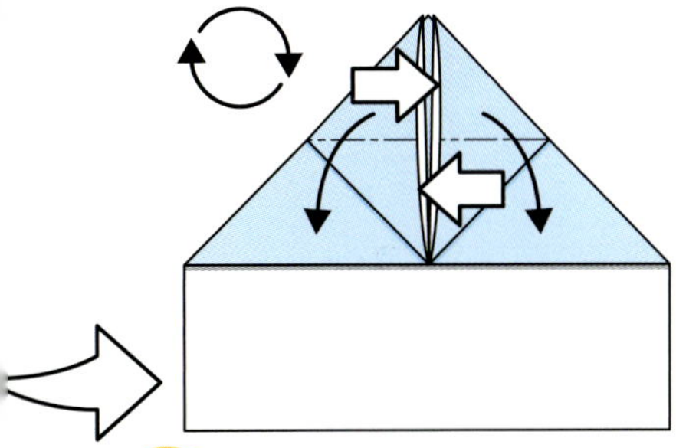

将手指插进折纸中，
整体撑开按扁。

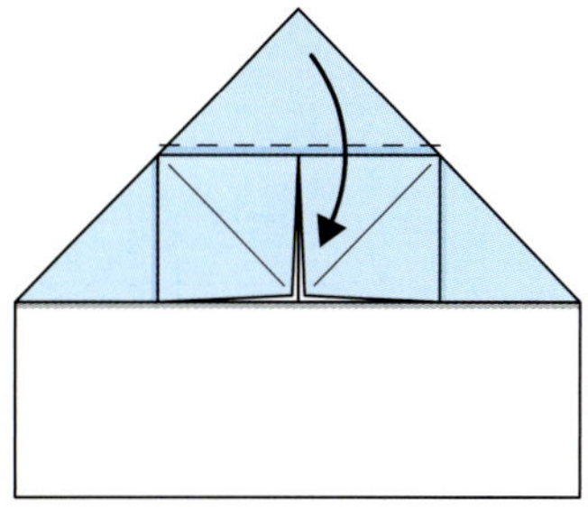

7

改变方向，将手指插进折纸中，撑开按扁。

8

将上部沿虚线谷形折。

将折纸撑开后把两角插
进去。

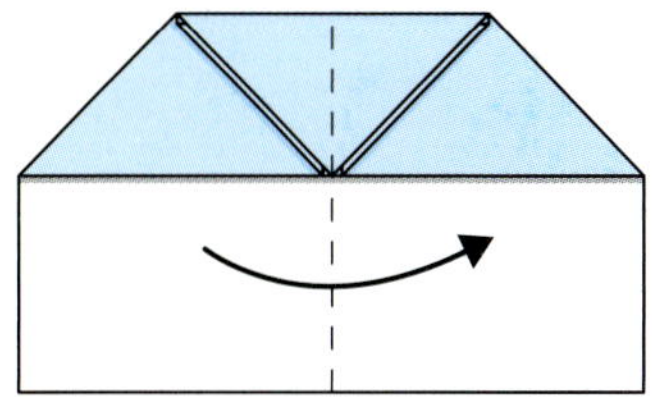

9

将步骤7折叠的左右两角分别插进折纸中。

10

沿虚线从中间整体谷形折。

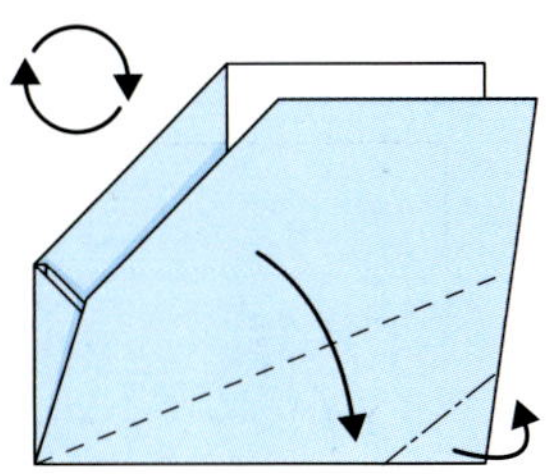

11

改变方向，将右下角沿虚线内向反折（参照P11B式样）。
调整翅膀的角度，沿虚线折叠。背面也一样。

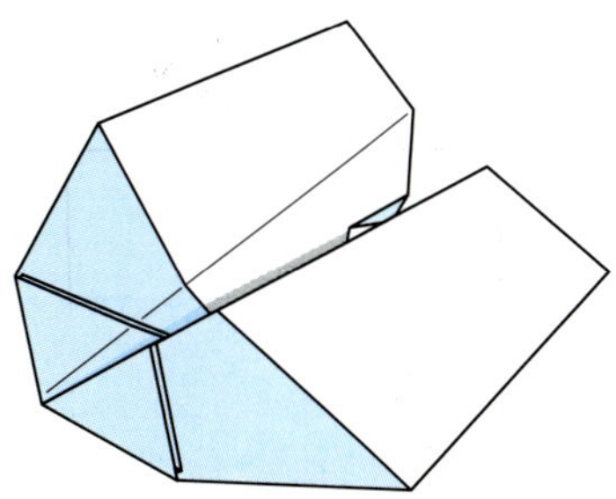

12

完成。

图书在版编目（CIP）数据

园长教你做：60款亲子入门折纸/(日)川并知子著；佟晓南译.—郑州：河南科学技术出版社，2012.6（2016.7重印）
ISBN 978-7-5349-5684-3

Ⅰ．①园… Ⅱ．①川… ②佟… Ⅲ．①折纸-技法（美术）-少儿读物 Ⅳ．①J528.2-49

中国版本图书馆CIP数据核字(2012)第095258号

出版发行：河南科学技术出版社
地址：郑州市经五路66号　邮编：450002
电话：（0371）65737028　65788613
网址：www.hnstp.cn
策划编辑：刘　欣
责任编辑：葛鹏程
责任校对：柯　姣
封面设计：张　伟
责任印制：张艳芳
印　　刷：北京盛通印刷股份有限公司
经　　销：全国新华书店
幅面尺寸：210 mm × 260 mm　印张：8　字数：160千字
版　　次：2012年6月第1版　2016年7月第7次印刷
定　　价：32.80元

如发现印、装质量问题，影响阅读，请与出版社联系。

河南科学技术出版社畅销少儿益智手工类图书

会动的小手工 动物
定价：12.00 元

会动的小手工 交通
定价：12.00 元

会动的小手工 玩具
定价：12.00 元

会动的小手工 礼品
定价：12.00 元

3D 纸模小玩具 海洋动物
定价：12.00 元

3D 纸模小玩具 现代交通
定价：12.00 元

3D 纸模小玩具 可爱动物
定价：12.00 元

3D 纸模小玩具 军事武器
定价：12.00 元

3D 纸模小玩具 远古巨兽
定价：12.00 元

3D 纸模小玩具 著名建筑
定价：12.00 元

玩转组合折纸 七彩花球
定价：32.80 元

215 款简单好玩的剪纸
定价：28.00 元

玩转组合折纸 绚丽多面体
定价：32.80 元

一起玩会飞的折纸
定价：29.90 元

疯狂纸艺 瓦楞纸趣玩
定价：24.00 元

创意趣味画 一笔画
定价：16.80 元

创意趣味画 二笔画
定价：16.80 元

亲子简笔画总动员
定价：18.00 元

快乐阶梯涂色画 第 1 阶
定价：12.00 元

快乐阶梯涂色画 第 2 阶
定价：12.00 元

快乐阶梯涂色画 第 3 阶
定价：12.00 元

快乐阶梯涂色画 第 4 阶
定价：12.00 元

快乐阶梯涂色画 第 5 阶
定价：12.00 元

快乐阶梯涂色画 第 6 阶
定价：12.00 元

折纸大全
定价：28.00 元

亲子折纸总动员
定价：18.00 元

亲子卡通折纸
定价：23.00 元

彩泥大全
定价：28.00 元

简笔画大全
定价：28.00 元

剪纸大全
定价：28.00 元